JLPT 콕콕 찍어주마 N2 청해 4th EDITION

지은이 송현종
감　수 박성길, 도리이 마이코
펴낸이 정규도
펴낸곳 (주)다락원

초판 1쇄 발행 2003년 10월 13일
개정2판 1쇄 발행 2010년 5월 27일
개정3판 1쇄 발행 2017년 12월 11일
개정3판 6쇄 발행 2025년 3월 24일

책임편집 송화록, 이경숙
디자인 이선주, 하태호(표지)

다락원 경기도 파주시 문발로 211
내용문의: (02)736-2031 내선 460~465
구입문의: (02)736-2031 내선 250~252
Fax: (02)732-2037
출판등록 1977년 9월 16일 제406-2008-000007호

Copyright © 2017, 송현종

저자 및 출판사의 허락 없이 이 책의 일부 또는 전부를 무단 복제·전재·발췌할 수 없습니다. 구입 후 철회는 회사 내규에 부합하는 경우에 가능하므로 구입문의처에 문의하시기 바랍니다. 분실·파손 등에 따른 소비자 피해에 대해서는 공정거래위원회에서 고시한 소비자 분쟁 해결 기준에 따라 보상 가능합니다. 잘못된 책은 바꿔 드립니다.

ISBN 978-89-277-1178-0 18730
　　　978-89-277-1168-1 (set)

http://www.darakwon.co.kr

- 다락원 홈페이지를 방문하시면 상세한 출판정보와 함께 동영상강좌, MP3자료 등 다양한 어학 정보를 얻으실 수 있습니다.
- 파이널 테스트 문제의 스크립트와 해석은 다락원 홈페이지 학습자료실에서 다운로드 받으시거나 교재 안의 QR코드를 통해 바로 확인하실수 있습니다.

머리말

본서는 2010년부터 새롭게 실시된 일본어 능력시험의 유형에 맞춰 발간된 『청해 콕콕 찍어주마 시리즈』의 개정판입니다. 본 개정판을 집필하면서 2010년부터 최근까지 출제된 시험 문제를 철저히 분석하여 보다 다양한 시험 유형과 일본어 어휘를 접할 수 있도록 전력을 다하였음을 자부합니다.

본서의 특징은 크게 세 가지가 있습니다.

첫째, 개정판에서는 문제 선택지의 난이도를 좀 더 높인 새로운 문제를 추가하였고, 일본의 문화, 사회, 경제, 과학, 교육, 날씨 등의 여러 분야에서 다양한 어휘를 접할 수 있도록 하여 수험생들의 고득점 취득에 도움이 되도록 하였습니다.

둘째, 최근 시험에 자주 등장하는 문제 동향을 꼼꼼하게 재분석하여 만든 파이널 테스트 1회분을 추가하였습니다. 기존의 파이널 테스트에 비하여 난이도가 높고, 시험에 자주 출제되는 학교, 회사에서의 상황을 설정한 문제가 조금 더 추가되었습니다.

셋째, 실전문제 해설 파트에 친절한 해답풀이와 함께 상세한 문법 설명을 덧붙여 혼자서 공부하는 수험생들의 든든한 길잡이가 되도록 하였습니다.

일본어 능력시험의 출제 내용은 실생활에서 자주 접할 수 있는 실전에 가까운 과제 해결 능력을 평가하는 문제 형태를 다루고 있습니다. 따라서 높은 수준의 어휘가 나와서 당황하거나, 경험하지 못한 상황 설정 때문에 선택지 선택이 까다로워 시간을 낭비할 수 있으니, 본서를 통해 다양한 분야의 어휘와 다양한 형태의 문제를 접하고 실력을 키워서 일본어 능력시험에 합격하시기를 진심으로 바랍니다.

끝으로 이 책의 출판에 도움을 주신 (주)다락원 정규도 사장님과 일본어출판부 직원 여러분에게 이 자리를 빌어 감사드립니다.

저자 송현종 드림

● JLPT 일본어 능력시험에 대하여

1. **목적 및 주최** | JLPT 일본어 능력시험은 원칙적으로 일본 국내외에서 일본어를 모국어로 하지 않는 사람을 대상으로 한다. 일본어를 공부하거나 사용하는 사람들의 일본어 능력을 측정하고 인정하는 것을 목적으로 한다. 일본 정부가 세계적으로 공인하는 유일한 일본어 시험으로 국제교류기금과 재단법인 일본국제교육지원협회가 주최한다.

2. **실시 횟수** | 매년 7월과 12월 첫째 주 일요일에 연 2회 실시한다. 하지만 주관 부서의 사정에 따라 변경될 수도 있으니 http://www.jlpt.or.kr/ 에서 확인하기 바란다.

3. **레벨** | 시험은 N1, N2, N3, N4, N5로 나뉘어져 있어 수험자가 자신에게 맞는 레벨을 선택하면 된다. 각 레벨에 따라 N1~N2는 언어지식(문자·어휘·문법)·독해, 청해의 두 섹션으로, N3~N5는 언어지식(문자·어휘), 언어지식(문법)·독해, 청해의 세 섹션으로 나뉘어져 있다.

4. **시험결과 통지와 합격 여부** | JLPT 일본어 능력시험은 다음 예와 같이 각 과목의 ①구분별 득점과 구분별 득점을 합계한 ②총점을 통지하며, 이 두 가지 기준에 따라 합격 여부를 판정한다. 즉, 총점이 합격점 이상이고, 각 구분별 득점(과목별 점수)이 기준점 이상이어야 합격이 된다.

〈 일반 수험자 합격 기준점 〉

2016. 12월 시험 기준

레벨	합격점/만점	기준점		
		언어지식	독해	청해
N2	90점 / 180점	19점 / 60점	19점 / 60점	19점 / 60점

* 2016년 12월 시험에서는 총점으로는 100점, 기준점으로는 각각 19점이 모두 넘어야 합격이 되었다. 만약 한 과목이라도 19점을 넘기지 못하면 총점이 100점을 넘더라도 불합격이 된다. 이 점수는 매년 달라진다.

A씨의 성적표

① 구분별 득점			② 총점
언어지식	독해	청해	
60 / 60	30 / 60	15 / 60	105 / 180

불합격

* 총점은 105점으로 합격점은 충족하지만, 청해가 15점으로 기준점 19점을 넘지 못했다. 따라서 A씨는 불합격이다.

B씨의 성적표

① 구분별 득점			② 총점
언어지식	독해	청해	
40 / 60	30 / 60	35 / 60	105 / 180

합격

* 총점은 105점으로 합격점을 충족하며, 구분별 득점도 모두 19점 이상이므로 B씨는 합격이다.

5. 시험 내용 | 각 레벨의 인정 기준을 【읽기】, 【듣기】라는 언어행동으로 나타낸다. 각 레벨에는 이 언어행동을 실현하기 위한 언어지식이 필요하다.

레벨	구성 (항목 / 시간)		인정 기준
N1	언어지식 (문자·어휘·문법) 독해	110분	폭넓은 장면에서 사용되는 일본어를 이해할 수 있다.
	청해	60분	【읽기】 • 폭넓은 화제에 대해 쓰여진 신문의 논설, 논평 등 논리적으로 약간 복잡한 문장이나 추상도가 높은 문장 등을 읽고, 문장의 구성이나 내용을 이해할 수 있다. • 다양한 화제의 내용에 깊이 있는 내용을 읽고, 이야기의 흐름이나 상세한 표현 의도를 이해할 수 있다.
	계	170분	【듣기】 • 폭넓은 장면에 있어 자연스러운 속도의 정리된 회화나 뉴스, 강의를 듣고 이야기의 흐름이나 내용, 등장인물의 관계나 내용의 논리구성 등을 상세하게 이해하거나 요지를 파악할 수 있다.
N2	언어지식 (문자·어휘·문법) 독해	105분	일상적인 장면에서 사용되는 일본어의 이해에 더해, 보다 폭넓은 장면에서 사용되는 일본어를 어느 정도 이해할 수 있다.
	청해	50분	【읽기】 • 폭넓은 화제에 대해 쓰여진 신문이나 잡지의 기사·해설, 평이한 논평 등 요지가 명쾌한 문장을 읽고 문장의 내용을 이해할 수 있다. • 일반적인 화제에 관한 내용을 읽고, 이야기의 흐름이나 표현 의도를 이해할 수 있다.
	계	155분	【듣기】 • 일상적인 장면에 더해 폭넓은 장면에서, 비교적 자연스러운 속도의 정리된 회화나 뉴스를 듣고 이야기의 흐름이나 내용, 등장인물의 관계를 이해하거나 요지를 파악할 수 있다.
N3	언어지식(문자·어휘)	30분	일상적인 장면에서 사용되는 일본어를 어느 정도 이해할 수 있다.
	언어지식(문법)·독해	70분	【읽기】 • 일상적인 화제에 대해 쓰여진 구체적인 내용을 나타내는 문장을 읽고 이해할 수 있다. • 신문의 표제어 등에서 정보의 개요를 캐치할 수 있다. • 일상적인 장면에서 눈으로 보는 범위의 난이도가 약간 높은 문장은 대체표현이 주어지면 요지를 이해할 수 있다.
	청해	40분	
	계	140분	【듣기】 • 일상적인 장면에서 비교적 자연스러운 속도의 정리된 회화를 듣고 이야기의 구체적인 내용을 등장인물의 관계 등과 맞춰서 거의 이해할 수 있다.
N4	언어지식(문자·어휘)	30분	기본적인 일본어를 이해할 수 있다.
	언어지식(문법)·독해	60분	【읽기】 • 기본적인 어휘나 한자로 쓰여진, 일상생활 중에서도 우리 주변의 화제의 문장을 읽고 이해할 수 있다.
	청해	35분	【듣기】 • 일상적인 장면에서 약간 천천히 이야기하는 대화라면 내용을 거의 이해할 수 있다.
	계	125분	
N5	언어지식(문자·어휘)	25분	기본적인 일본어를 어느 정도 이해할 수 있다.
	언어지식(문법)·독해	50분	【읽기】 • 히라가나나 가타카나, 일상생활에서 사용되는 기본적인 한자로 쓰여진 정형적 어구나 글, 문장을 읽고 이해할 수 있다.
	청해	30분	【듣기】 • 교실이나 신변적인 일상생활 중에서도 자주 접하는 장면으로, 천천히 이야기하는 짧은 대화라면 필요한 정보를 캐치할 수 있다.
	계	105분	

6. 결과 발표 | 합격자에 한해 교부되는 급수별 「일본어 능력 인정서」와 함께 응시자 전원에게 합격·불합격의 결과를 알려주는 통지서, 인정 결과 및 성적에 관한 증명서를 교부한다.

이 책의 구성 및 활용

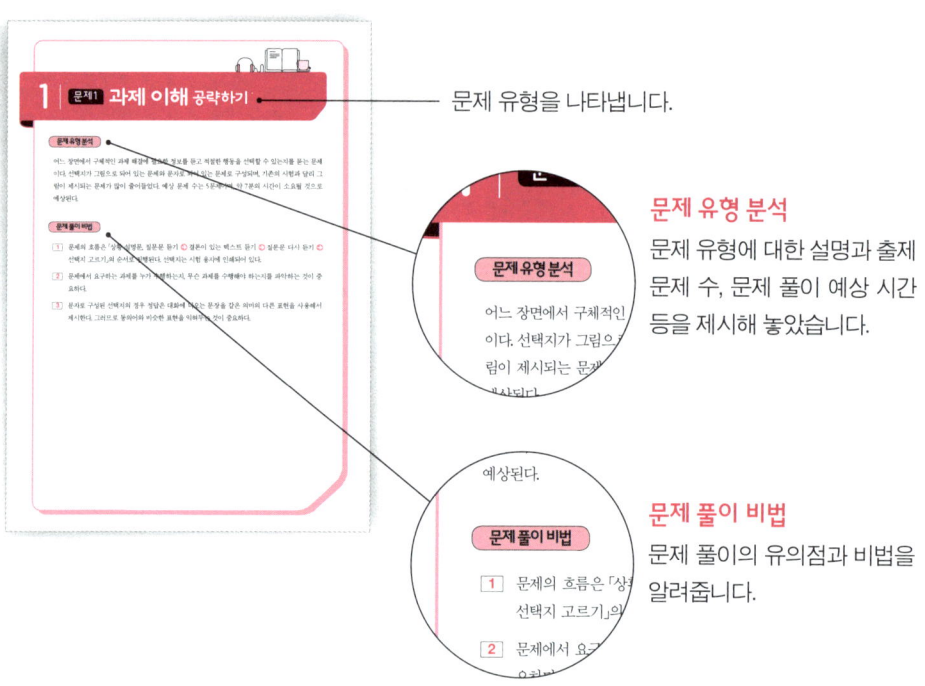

문제 유형 분석
문제 유형에 대한 설명과 출제 문제 수, 문제 풀이 예상 시간 등을 제시해 놓았습니다.

문제 풀이 비법
문제 풀이의 유의점과 비법을 알려줍니다.

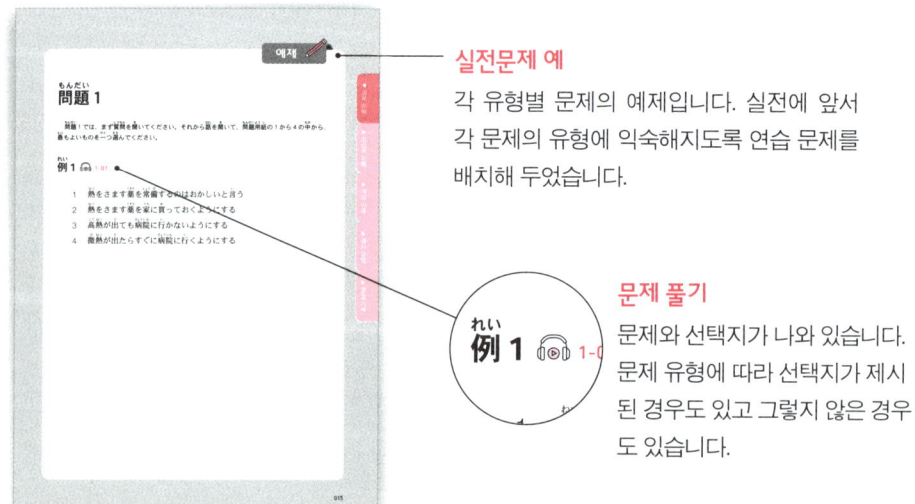

실전문제 예
각 유형별 문제의 예제입니다. 실전에 앞서 각 문제의 유형에 익숙해지도록 연습 문제를 배치해 두었습니다.

문제 풀기
문제와 선택지가 나와 있습니다. 문제 유형에 따라 선택지가 제시된 경우도 있고 그렇지 않은 경우도 있습니다.

실전문제

문제 유형별 실전문제입니다. 실전과 같은 자세로 집중하여 문제를 풀어 봅시다.

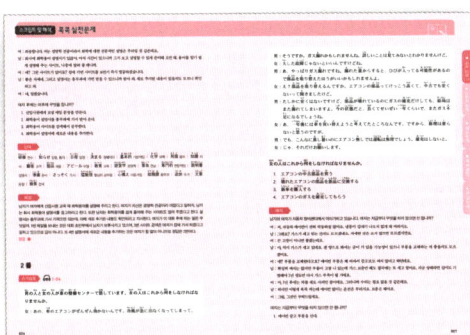

실전문제 스크립트와 해설

스크립트에 대한 해석, 단어, 문제 해설이 정리되어 있습니다. 해당 TRACK 번호로 간편하게 음성 파일을 찾아서 들을 수 있습니다.

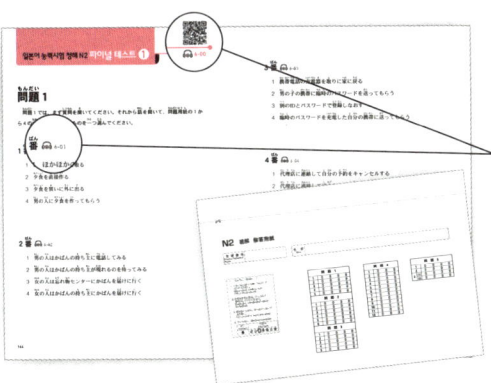

파이널 테스트 및 해답용지

청해 파이널 테스트 3회분이 실려 있습니다.
시험에 사용되는 해답용지도 함께 제공됩니다.
MP3 파일은 파이널 테스트 회차당 전체 파일과 문제당 개별 파일 두 가지 버전으로 제공되며, 곰플레이어 등 재생플레이어로 자신에 맞게 속도를 조절해 가며 듣기 연습해 보세요.

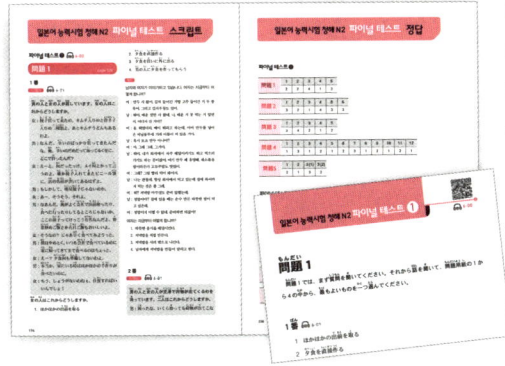

파이널 테스트 스크립트 및 정답

청해 파이널 테스트의 스크립트와 해석, 정답이 실려 있습니다. 파이널 테스트 문제 상단의 QR코드를 통해서도 바로 확인할 수 있습니다.

차례

머리말 003
JLPT 일본어 능력시험에 대하여 004
이 책의 구성 및 활용 006

Part 1 N2 청해 문제 유형 분석하기

N2 청해 문제 유형 분석 010

Part 2 N2 청해 문제 유형별 공략하기

1. 문제1 **과제 이해** 공략하기 014
2. 문제2 **포인트 이해** 공략하기 040
3. 문제3 **개요 이해** 공략하기 062
4. 문제4 **즉시 응답** 공략하기 080
5. 문제5 **종합 이해** 공략하기 106

Part 3 N2 청해 실전 공략하기

1. 파이널 테스트 144
2. 파이널 테스트 스크립트 174
3. 파이널 테스트 정답 235
4. 해답용지 237

점수를 UP시키는
N2 청해

Part 1

N2 청해
문제 유형 분석하기

N2 청해 문제 유형 분석

점수를 UP시키는 N2 청해

일본어 능력시험 N2 청해의 문제 유형은 총 다섯 가지이며, 기존 시험보다 시험에서 차지하는 청해의 비중이 늘었다. 시험 시간은 50분이고 배점은 60점 만점이다. 시험의 내용은 폭넓은 장면에서 사용되는 일본어를 이해할 수 있는지를 묻는다. 폭넓은 장면에서 자연스러운 속도의 결론이 있는 회화나 뉴스, 강의를 듣고 이야기의 흐름이나 내용, 등장인물의 관계나 내용의 논리 구성 등을 상세하게 이해하거나 요지를 파악할 수 있어야 한다.

문제 유형

1. **問題 1** (과제 이해)

   ❶ 예상 문제 수는 5문제이며, 약 10분의 시간이 소요될 것으로 예상합니다.

   ❷ 과제 이해 유형은 어느 장면에서 구체적인 과제 해결에 필요한 정보를 듣고 적절한 행동을 선택할 수 있는지를 묻는 문제입니다. 지시나 조언을 하고 있는 대화를 듣고, 그것을 받아들인 다음의 행동으로 어울리는 것을 고릅니다. 선택지는 문자나 그림으로 제시되고, 그림은 될 수 있는 한 실제 장면에서 볼 수 있는 형태로 나타내며, 현실의 커뮤니케이션 장면에 가까운 형태입니다. 과제를 명확하게 하기 위해서 문제의 텍스트를 듣기 전에 상황 설명과 질문이 음성으로 제시됩니다.

   > **문제의 흐름**
   > 1. 상황 설명문과 질문문을 듣는다.
   > 2. 결론이 있는 텍스트를 듣는다.
   > 3. 질문문을 다시 듣는다.
   > 4. 선택지에서 정답을 고른다. (선택지는 인쇄되어 있음.)

2. 問題 2 (포인트 이해)

❶ 예상 문제 수는 6문제이며, 약 14분의 시간이 소요될 것으로 예상합니다.

❷ 포인트 이해 유형은 내용의 포인트를 좁혀서 들을 수 있는지를 묻는 문제입니다. 현실의 커뮤니케이션에서 듣는 사람은 말하는 사람의 발화(發話)에서 듣는 사람 자신이 알고 싶은 것과 흥미가 있는 것을 들으려고 합니다. 시험에서는 수험자가 어떤 부분에 중점을 두고 들어야 하는지를 미리 의식할 수 있도록 문제의 텍스트를 듣기 전에 상황 설명과 질문을 음성으로 나타내고, 또 문제 책자에 인쇄되어 있는 선택지를 읽는 시간이 주어집니다. N1, N2, N3 레벨에서는 화자의 심정이나 사건의 이유 등을 이해할 수 있는가, N4, N5 레벨에서는 일정, 장소 등의 구체적인 정보를 이해할 수 있는가를 주로 묻습니다.

> **문제의 흐름**
> 1. 상황 설명문과 질문문을 듣는다.
> 2. 포즈 (포즈 사이에 선택지를 읽는다.)
> 3. 결론이 있는 텍스트를 듣는다.
> 4. 질문문을 다시 듣는다.
> 5. 선택지에서 정답을 고른다. (선택지는 인쇄되어 있음.)

3. 問題 3 (개요 이해)

❶ 예상 문제 수는 5문제이며, 약 11분의 시간이 소요될 것으로 예상합니다.

❷ 개요 이해 유형은 텍스트 전체에서 화자의 의도나 주장 등을 이해할 수 있는가를 묻는 문제입니다. 일부 낱말이나 발화(發話) 전체를 이해할 수 있는지, 또 전달하려는 메시지가 무엇인지 이해하는 것은 일상생활에서도 요구되는 듣기 방법입니다. 이와 같은 문제는 발화의 일부만을 묻는 문제와 비교해서 보다 고도의 능력을 요합니다. 전체를 이해하는 듣기 방법을 묻는 문제이므로 질문과 선택지는 사전에 제시되지 않습니다.

> **문제의 흐름**
> 1. 상황 설명문을 듣는다.
> 2. 결론이 있는 텍스트를 듣는다.
> 3. 질문문을 듣는다.
> 4. 음성 선택지를 듣고 정답을 고른다. (선택지는 음성으로만 들려줌.)

4. 問題 4 (즉시 응답)

❶ 예상 문제 수는 12문제이며, 약 7분의 시간이 소요될 것으로 예상합니다.

❷ 즉시 응답 유형은 상대방의 발화(發話)에 대해 어떤 응답을 하는 것이 어울리는지 즉시 판단할 수 있는가를 묻는 문제로 모든 레벨에서 출제됩니다. 짧은 발화이며, 그것에 대한 응답(선택지)은 음성으로 제시됩니다.

> **문제의 흐름**
> 1. 짧은 문장을 듣는다.
> 2. 음성 선택지를 듣고 정답을 고른다. (선택지는 음성으로만 들려줌.)
> ※ 1과 2는 일대일 대화입니다.

5. 問題 5 (종합 이해)

❶ 예상 문제 수는 3문제이며, 8분의 시간이 소요될 것으로 예상합니다.

❷ 종합 이해 유형은 내용이 보다 복잡하고 정보량이 많은 텍스트에 대한 내용 이해를 묻는 질문입니다. 예를 들면 발화자(發話者)가 3명인 회화나 2종류의 음성 텍스트(예 : 어떤 뉴스와 그것에 대해서 서로 이야기하고 있는 텍스트를 듣는 문제) 등이 포함됩니다. 이런 텍스트를 이해하려면 복수의 정보를 비교·종합해야 하므로 고도의 능력을 요합니다.

> **문제의 흐름**
>
> **1번, 2번**
> 1. 상황 설명문을 듣는다.
> 2. 긴 텍스트를 듣는다.
> 3. 질문문을 듣는다.
> 4. 음성 선택지를 듣고 정답을 고른다. (선택지는 음성으로만 들려줌.)
>
> **3번**
> 1. 상황 설명문을 듣는다.
> 2. 긴 텍스트를 듣는다.
> 3. 질문1 의 질문문을 듣는다.
> 4. 선택지에서 정답을 고른다. (선택지는 인쇄되어 있음.)
> 5. 질문2 의 질문문을 듣는다.
> 6. 선택지에서 정답을 고른다. (선택지는 인쇄되어 있음.)

점수를 UP시키는
N2 청해

Part 2

N2 청해 **문제 유형별 공략하기**

1. 문제1 과제 이해 공략하기
2. 문제2 포인트 이해 공략하기
3. 문제3 개요 이해 공략하기
4. 문제4 즉시 응답 공략하기
5. 문제5 종합 이해 공략하기

1 | 문제1 과제 이해 공략하기

문제 유형 분석

어느 장면에서 구체적인 과제 해결에 필요한 정보를 듣고 적절한 행동을 선택할 수 있는지를 묻는 문제이다. 선택지가 그림으로 되어 있는 문제와 문자로 되어 있는 문제로 구성되며, 기존의 시험과 달리 그림이 제시되는 문제가 많이 줄어들었다. 예상 문제 수는 5문제이며, 약 10분의 시간이 소요될 것으로 예상된다.

문제 풀이 비법

1. 문제의 흐름은 「상황 설명문, 질문문 듣기 ➔ 결론이 있는 텍스트 듣기 ➔ 질문문 다시 듣기 ➔ 선택지 고르기」의 순서로 진행된다. 선택지는 시험 용지에 인쇄되어 있다.

2. 문제에서 요구하는 과제를 누가 수행하는지, 무슨 과제를 수행해야 하는지를 파악하는 것이 중요하다.

3. 문자로 구성된 선택지의 경우 정답은 대화에 나오는 문장을 같은 의미의 다른 표현을 사용해서 제시한다. 그러므로 동의어와 비슷한 표현을 익혀두는 것이 중요하다.

問題 1

問題 1 では、まず質問を聞いてください。それから話を聞いて、問題用紙の 1 から 4 の中から、最もよいものを一つ選んでください。

例 1 🎧 1-01

1　熱をさます薬を常備するのはおかしいと言う
2　熱をさます薬を家に買っておくようにする
3　高熱が出ても病院に行かないようにする
4　微熱が出たらすぐに病院に行くようにする

예제

例2 🎧 1-02

1

2

3

4

스크립트 및 해석 예제

例1

스크립트 🎧 1-01

男の人と女の人が話しています。女の人は男の人の話を聞いた後、どうしますか。

男：どうしたの？顔色が悪いよ。
女：きのうの夜、咳がひどくてね、眠れなかったの。
男：病院へは行ってみたかい？最近、インフルエンザが流行っているそうだよ。
女：行ってみたけど、ただのかぜだって言われたわ。熱もそんなに高くないし。
男：そうか。微熱でも、長引くと良くないから、気をつけたほうがいいと思うよ。
女：わかったわ。一応、咳止めと鼻水のお薬もらって来たから、飲みながら様子を見てみるわ。
男：熱さましの薬はないのか。夜中に高熱が出たらどうするんだよ。
女：熱が高くなかったから、飲まなくてもいいって言ってたわ。
男：それくらい、家に常備しておかないとなあ。
女：わかったわよ～。もう、心配性ね。

女の人は男の人の話を聞いた後、どうしますか。
1. 熱をさます薬を常備するのはおかしいと言う
2. 熱をさます薬を家に買っておくようにする
3. 高熱が出ても病院に行かないようにする
4. 微熱が出たらすぐに病院に行くようにする

해석

남자와 여자가 이야기하고 있습니다. 여자는 남자의 이야기를 들은 뒤에 어떻게 합니까?

남 : 왜 그래? 안색이 나빠.
여 : 어젯밤에 기침이 심해서 잠을 못 잤어.
남 : 병원에는 가 봤어? 요새 독감이 유행하고 있다던데.
여 : 가 봤는데 그냥 감기라는 말을 들었어. 열도 그다지 높지 않고.
남 : 그렇구나. 미열이라도 오래가면 안 좋으니까 조심하는 게 좋을 거야.
여 : 알았어. 일단 기침약과 콧물약을 받아 왔으니까 먹으면서 상태를 볼게.
남 : 열 내리는 약은 없어? 한밤중에 고열이 나면 어쩌려고?
여 : 열이 높지 않아서 먹지 않아도 된다고 했어.
남 : 그 정도는 집에 상비해 둬야지.
여 : 알았어. 정말 걱정이 많은 사람이야.

| 스크립트 및 해석 | 예제 |

여자는 남자의 이야기를 들은 뒤에 어떻게 합니까?
1. 열을 내리게 하는 약을 상비하는 것은 이상하다고 말한다.
2. 열을 내리게 하는 약을 집에 사 두도록 한다.
3. 고열이 나도 병원에 가지 않도록 한다.
4. 미열이 나면 바로 병원에 가도록 한다.

정답 ❷

例2

| スクリプト |  1-02 |

> お母さんと男の子が話しています。男の子は体が冷えたら、何を着るつもりですか。
> 女：雨が降りそうね。寒くなりそうだから、半袖と半ズボンはもうやめなさい。
> 男：いやだよ。サッカーやらなきゃいけないし、汗かくからこのままでいいよ。
> 女：何を言ってるの。汗かいたら風邪引くわよ。だから、長袖に長ズボンをはいて行きなさい。
> 男：汗かいたら、タオルで拭けばいいんだよ。
> 女：それじゃあ、長袖だけでもいいから着て行きなさい。
> 男：動く時、邪魔になるんだってば。
> 女：もう言うこと聞かない子ね。じゃあ、薄いコートを持って行って、体が冷えたら着なさい。
> 男：うーん。それならサッカー部の長袖の運動着があるからいいよ。
> 女：じゃあ、心配ないわね。
>
> 男の子は体が冷えたら、何を着るつもりですか。

해석

엄마와 아들이 이야기하고 있습니다. 아들은 몸이 식으면 무엇을 입을 생각입니까?
여 : 비가 올 것 같네. 추워질 것 같으니까 반팔과 반바지는 이제 그만 입으렴.
남 : 싫어. 축구를 하지 않으면 안 되고, 땀을 흘리니까 이대로 괜찮아.
여 : 무슨 소리야. 땀 흘리면 감기 걸려. 그러니까 긴팔에 긴바지를 입고 가.
남 : 땀 흘리면 수건으로 닦으면 돼.

여 : 그럼 긴팔만이라도 좋으니까 입고 가.
남 : 움직일 때 방해가 된다니까.
여 : 정말 말 안 듣는 아이네. 그럼 얇은 코트를 가지고 가서 몸이 식으면 입어.
남 : 음. 그거라면 축구부 긴팔 운동복이 있으니까 괜찮아.
여 : 그럼, 걱정 없겠네.

아들은 몸이 식으면 무엇을 입을 생각입니까?

정답 ❸

콕콕 실전문제 　　　　　　　　　　　　／9

問題 1

問題1では、まず質問を聞いてください。それから話を聞いて、問題用紙の1から4の中から、最もよいものを一つ選んでください。

1番　🎧 1-03

1　新入社員に送るメールの文章を作る
2　化学用語の説明書を総務課に行ってもらってくる
3　化学用語のサイトを検索して勉強する
4　化学用語の説明書に新しい内容を追加する

2番　🎧 1-04

1　エアコンの中古部品を買う
2　壊れたエアコンの部品を新品に交換する
3　新車を購入する
4　エアコンのガスを補充してもらう

3番 🎧 1-05

1. 司会者の台本を練習する
2. 歌のコーラスを練習する
3. コンサートの参加者たちに会いに行く
4. 着替える衣装を準備する

4番 🎧 1-06

1. 救急箱、懐中電灯、お米
2. 救急箱、食材、ゴミ袋
3. 懐中電灯、お米、ゴミ袋
4. 懐中電灯、食材、ゴミ箱

5番 🎧 1-07

1. 今まで通り両親がいる自宅
2. 食事をくれる学生マンション
3. 自炊しないといけない学生マンション
4. 学校から遠いけど安いアパート

6番 🎧 1-08

1 山下さんが怒っていたと伝える
2 山下さんが電話をくれといっていたと伝える
3 山下さんがまたかけなおすと伝える
4 山下さんが元気なようだと伝える

7番 🎧 1-09

1 お客さんの背丈より高いタンスを注文する
2 お客さんの背丈と横の幅を計ってみる
3 女性の好みのタンスを製作する
4 お客さんが指した写真のタンスを注文する

8番 🎧 1-10

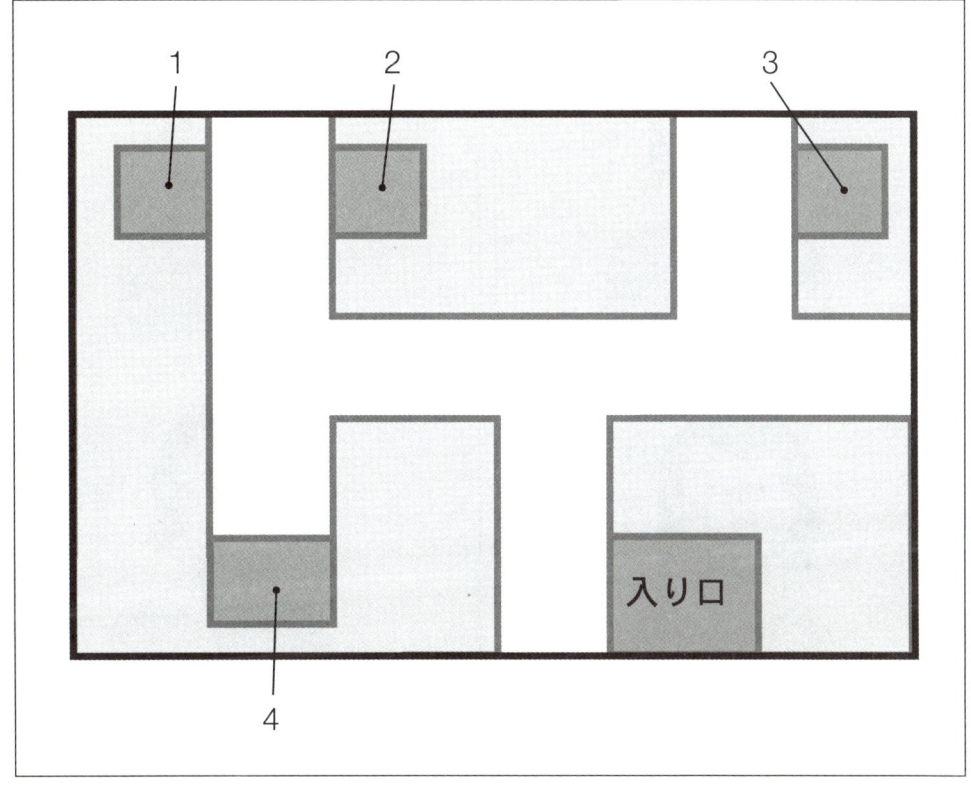

9番 🎧 1-11

스크립트 및 해석 | 콕콕 실전문제

1番

스크립트 🎧 1-03

会社で男の先輩と女の後輩が話しています。女の後輩はこの後、何をしますか。

女：先輩。今日中に新入社員に研修のお知らせメールを送ればいいんですか。

男：まだ日程が決まってないから、ちょっと待ってて。

女：はい。

男：それから、今井さん。新入社員の研修の時に、会社で使われる基本的な化学用語について説明してくれるかな？うちの会社は、化学についての基本的な知識がないと、顧客に製品のアピールができないから教育が必要なんだよ。

女：すみません。私は経営学専攻ですので、化学についての専門的な説明は無理だと思います。

男：会社に化学用語の説明書があるじゃないか。まだ時間はあるから、それみて説明できるように準備して来ればいいよ。用語を分かりやすく説明してくれてるサイト、後で教えてあげるから。

女：え、そんなサイトがあるんですか。家に帰ったらサイトを見ながら、さっそく猛勉強します。

男：いい心構えだね。それと、説明書は総務課に行けばもらえるから、もらってきて。新しく追加された内容があるかも、チェックしてきてね。

女：はい。わかりました。

女の後輩はこの後、何をしますか。
1. 新入社員に送るメールの文章を作る
2. 化学用語の説明書を総務課に行ってもらってくる
3. 化学用語のサイトを検索して勉強する
4. 化学用語の説明書に新しい内容を追加する

해석

회사에서 남자 선배와 여자 후배가 이야기하고 있습니다. 여자 후배는 이후에 무엇을 합니까?

여 : 선배님. 오늘 중으로 신입사원에게 연수 안내 메일을 보내면 될까요?

남 : 아직 일정이 확정되지 않았으니까 조금 기다려 봐.

여 : 네.

남 : 그리고 이마이 씨. 신입사원 연수 때 회사에서 사용되는 기본적인 화학용어에 대해서 설명해 줄래? 우리 회사는 화학에 관한 기본적인 지식이 없으면 고객에게 제품 어필을 할 수 없어서 교육이 필요하거든.

스크립트 및 해석 | 콕콕 실전문제

여 : 죄송합니다. 저는 경영학 전공이라서 화학에 대한 전문적인 설명은 무리일 것 같은데요.
남 : 회사에 화학용어 설명서가 있잖아. 아직 시간이 있으니까 그거 보고 설명할 수 있게 준비해 오면 돼. 용어를 알기 쉽게 설명해 주는 사이트 나중에 알려 줄 테니까.
여 : 네? 그런 사이트가 있어요? 집에 가면 사이트를 보면서 즉시 열공하겠습니다.
남 : 좋은 자세네. 그리고 설명서는 총무과에 가면 받을 수 있으니까 받아 와. 새로 추가된 내용이 있을지도 모르니 확인하고 와.
여 : 네, 알겠습니다.

여자 후배는 이후에 무엇을 합니까?
1. 신입사원에게 보낼 메일 문장을 만든다.
2. 화학용어 설명서를 총무과에 가서 받아 온다.
3. 화학용어 사이트를 검색해서 공부한다.
4. 화학용어 설명서에 새로운 내용을 추가한다.

단어

研修 연수 | 知らせ 알림, 통지 | 日程 일정 | 決まる 정해지다 | 基本的 기본적임 | 化学 화학 | 用語 용어 | 知識 지식 | 顧客 고객 | 製品 제품 | アピール 어필 | 教育 교육 | 経営学 경영학 | 専攻 전공 | 専門的 전문적임 | 説明書 설명서 | 準備 준비 | さっそく 즉시 | 猛勉強 열심히 공부함 | 心構え 마음가짐 | 総務課 총무과 | 追加 추가 | 文章 문장 | 検索 검색

해설

남자가 여자에게 신입사원 교육 때 화학용어를 설명해 주라고 한다. 여자가 자신은 경영학 전공이라 어렵다고 말하자, 남자는 회사 화학용어 설명서를 참고하라고 한다. 또한 남자는 화학용어를 쉽게 풀이해 주는 사이트도 알려 주겠다고 한다. 설명서는 총무과에 가서 가져오면 되는데, 이때 새로 추가된 내용도 확인하라고 지시한다. 여자가 이 대화 후에 하는 일은 무엇일까. 1번 메일을 보내는 것은 대화 초반부에서 남자가 보류시키고 있으며, 3번 사이트 검색은 여자가 집에 가서 하겠다고 말하고 있으므로 답이 아니다. 또 4번 설명서에 새로운 내용을 추가하는 것은 여자가 할 일이 아니므로 정답은 2번이다.

정답 ❷

2番

스크립트  1-04

男の人と女の人が車の整備センターで話しています。女の人はこれから何をしなければなりませんか。

女: あの、車のエアコンがぜんぜん効かないんです。冷風が急に出なくなってしまって。

男：そうですか。ガス漏れかもしれませんね。詳しいことは見てみないとわかりませんけど。
女：大した故障じゃないといいんですけどね。
男：あ、やっぱりガス漏れですね。漏れた量からすると、ひびが入ってる可能性があるので部品を取り替えたほうがいいかもしれませんよ。
女：え？部品を取り替えるんですか。エアコンの部品ってけっこう高くて、中古でも安くないって聞きましたけど。
男：たしかに安くはないですけど、部品が壊れているのにガスの補充だけしても、結局はまた漏れてしまいますよ。今の状態だと、長くてせいぜい一年くらいで、またガス不足になるでしょうね。
女：あ、一年後には車を買い替えようと考えてたところなんです。ですから、修理は要らないと思うのですが。
男：でも、こんなに蒸し暑いのにエアコン無しでは運転は無理でしょう。補充はしないと。
女：じゃ、それだけお願いします。

女の人はこれから何をしなければなりませんか。

1. エアコンの中古部品を買う
2. 壊れたエアコンの部品を新品に交換する
3. 新車を購入する
4. エアコンのガスを補充してもらう

해석

남자와 여자가 자동차 정비센터에서 이야기하고 있습니다. 여자는 지금부터 무엇을 하지 않으면 안 됩니까?

여 : 저, 자동차 에어컨이 전혀 작동하질 않아요. 냉풍이 갑자기 안 나오게 돼서요.
남 : 그래요? 가스가 새고 있는 건지도 모르겠네요. 자세한 것은 보지 않으면 모르겠지만요.
여 : 큰 고장이 아니면 좋겠는데요.
남 : 아, 역시 가스가 새고 있네요. 샌 양으로 봐서는 금이 가 있을 가능성이 있으니 부품을 교체하는 게 좋을지도 모르겠어요.
여 : 네? 부품을 교체한다고요? 에어컨 부품은 꽤 비싸서 중고로도 싸지 않다고 하던데요.
남 : 확실히 싸지는 않지만 부품이 고장 나 있는데 가스 보충만 해도 결국에는 또 새고 말아요. 지금 상태라면 길어도 기껏해야 1년 정도로 다시 가스 부족이 될 거예요.
여 : 아, 1년 후에는 차를 새로 사려던 참이에요. 그러니까 수리는 필요 없을 것 같은데요.
남 : 하지만 이렇게 푹푹 찌는데 에어컨 없이는 운전은 무리지요. 보충은 해야죠.
여 : 그럼, 그것만 부탁드릴게요.

여자는 지금부터 무엇을 하지 않으면 안 됩니까?

1. 에어컨 중고 부품을 산다.

스크립트 및 해석 콕콕 실전문제

2. 고장 난 에어컨 부품을 신품으로 교환한다.
3. 새 차를 구입한다.
4. 에어컨 가스를 보충받는다.

단어

整備 정비 | センター 센터 | エアコン 에어컨 | 効く 효과가 있다 | 冷風 냉풍 | ガス 가스 | 漏れ 샘, 누락 | 詳しい 상세하다 | 大した 대단한, 굉장한 | 故障 고장 | 漏れる 새다, 누락되다 | 量 양 | ~からすると ~에서 보면 | ひびが入る 금이 가다 | 可能性 가능성 | 取り替える 교체하다 | 中古 중고 | 壊れる 고장나다 | 補充 보충 | せいぜい 기껏, 고작 | 買い替える 새로 사다 | 修理 수리 | 要る 필요하다 | 蒸し暑い 무덥다 | ~無し ~없음 | 新品 새 제품 | 交換する 교환하다 | 新車 새 차 | 購入する 구입하다

해설

여자는 자동차 에어컨이 작동이 안 돼서 정비센터에 왔다. 남자는 가스가 새고 있으니 부품을 교체해야 한다고 말한다. 여자가 부품 교체는 비용이 많이 들 것 같다고 말하자 남자는 고장 난 채로 가스를 충전하면 1년 정도 지나면 다시 샌다고 말한다. 여자는 1년 후에는 새 차를 살 계획이라고 말하며 수리할 필요가 없을 것 같다고 말한다. 남자는 이렇게 더운데 에어컨 없이는 운전을 못하니 가스 충전만이라도 하라고 말하고 여자는 그렇게 해 달라고 한다. 따라서 여자가 지금부터 해야 할 일은 4번이다.

정답 ❹

3番

스크립트  1-05

大学のコンサートホールで男の学生と女の学生が話しています。女の学生はこの後、どうしますか。

男：今日のコンサートの司会者なんだけど、鈴木さんにお願いしてもいいかな。村山さんが熱を出してしまって体調が悪いらしいんだ。

女：え？でも私、コンサートの途中で歌のコーラスを入れないといけないから、無理じゃないかな。

男：大丈夫。司会者は最初と最後だけ登場すればいいからね。台本もあるから、今から練習すれば十分間に合うよ。

女：そう？よかった。言葉が思いつかなかったら、頭が真っ白になってしまって変なこと言うかもしれないからね。今から練習するから、早く渡して。あ、でもコーラスの練習、始まりそうだわ。

男：そっちの練習が済んだらでいいよ。台本は短いし覚える必要もないからね。焦らず全体リハーサルの時に、一度練習したらいいと思うよ。ただ、リハーサル始まる前に、司会者として参加者たちと簡単な顔合わせをしておいたほうがいいんじゃないかな。

女：ええ？そんなこともするの？コーラスのリハーサルで、何回も会ってるから、わざわざそんなことしなくてもいいわよ。あと、衣装替えとかはないわよね？

男：うん。今のままでいいよ。どうせ更衣室もないからね。

女：わかった。

女の学生はこの後、どうしますか。

1. 司会者の台本を練習する
2. 歌のコーラスを練習する
3. コンサートの参加者たちに会いに行く
4. 着替える衣装を準備する

해석

대학교 콘서트홀에서 남학생과 여학생이 이야기하고 있습니다. 여학생은 이후에 어떻게 합니까?

남 : 오늘 콘서트 사회자 말인데 스즈키 씨에게 부탁해도 될까? 무라야마 씨가 열이 나서 컨디션이 안 좋은 모양이야.

여 : 뭐? 하지만 나는 콘서트 도중에 노래 코러스를 넣어야 해서 무리 아닐까?

남 : 괜찮아. 사회자는 처음과 마지막에만 등장하면 되니까. 대본도 있으니까 지금부터 연습하면 충분히 시간에 맞출 수 있어.

여 : 그래? 다행이네. 할 말이 떠오르지 않으면 머리가 하얘져서 이상한 소리할지도 모르니까 말야. 지금부터 연습할 테니 얼른 줘. 아, 근데 코러스 연습 시작할 것 같아.

남 : 그쪽 연습이 끝나고 해도 돼. 대본은 짧고 외울 필요도 없으니까. 초조해하지 말고 전체 리허설 때 한 번 연습하면 될 거야. 다만 리허설 시작하기 전에 사회자로서 참가자들과 간단한 대면 인사라도 해 두는 게 좋지 않을까?

여 : 뭐? 그런 것도 해? 코러스 리허설에서 몇 번이나 만나니까 일부러 그런 거 하지 않아도 돼. 그리고 의상 교체 같은 건 없지?

남 : 응. 지금 그대로 괜찮아. 어차피 탈의실도 없으니까.

여 : 알았어.

여학생은 이후에 어떻게 합니까?

1. 사회자 대본을 연습한다.
2. 노래 코러스를 연습한다.
3. 콘서트 참가자들을 만나러 간다.
4. 갈아입을 의상을 준비한다.

스크립트 및 해석 - 콕콕 실전문제

단어

コンサートホール 콘서트홀 | 司会者 사회자 | 体調が悪い 몸 상태가 나쁘다 | 途中 도중 | コーラス 코러스 | 登場する 등장하다 | 台本 대본 | 間に合う 제시간에 대다 | 思いつく 문득 생각이 떠오르다 | 真っ白になる 새하얘지다 | 済む 끝나다 | 焦る 초조해하다 | 全体 전체 | リハーサル 리허설 | 参加者 참가자 | 顔合わせ 대면 | 衣装替え 의상 교체 | どうせ 어차피 | 更衣室 탈의실 | 着替える 옷을 갈아입다

해설

대학교 콘서트에서 남학생이 여학생에게 사회를 맡아 달라고 부탁한다. 여학생이 노래 코러스를 해야 해서 맡을 수 없다고 하자, 남학생은 사회자는 처음과 마지막에만 등장하면 되고 대본도 있다고 말한다. 그리고 대본 연습은 코러스 연습 후 전체 리허설 때 하면 된다고 말한다. 남학생이 리허설 때 참가자들과 인사를 나누면 좋겠다고 하자, 여학생은 코러스 연습 때 자주 만나니 그럴 필요 없다고 말한다. 여자가 의상은 안 갈아입어도 되냐고 물어보자 남학생은 지금 그대로의 복장이면 된다고 말한다. 이 대화 후에 여학생이 할 일은 2번이다. 3, 4번은 할 필요가 없는 일이고, 1번 대본 연습은 코러스 연습 후 한다고 나와 있다.

정답 ❷

4番

스크립트 🎧 1-06

友人同士で行く家族キャンプについて、代表が話しています。キャンプに行く時、各自で準備する持ち物は何ですか。

男：来週行くキャンプは、5家族で2泊3日の予定になります。各自で準備する持ち物がありますので、ご確認願います。子供たちも一緒なので安全面を特に注意していきたいと思います。救急箱はこちらで準備します。真夜中に公衆トイレを利用する時、前が見えないと危ないので、懐中電灯を忘れずに持ってきてください。そして、キャンプのお楽しみといったらやっぱり、バーベキューですよね。食材は、代表が会費で準備します。最初は一泊の予定でしたから、集めた会費が足りないので、お米は各自持参です。それから、キャンプ先にはゴミ箱がないので、ごみはごみ袋に入れて持って帰るようにしてくださいね。

キャンプに行く時、各自で準備する持ち物は何ですか。
1. 救急箱、懐中電灯、お米
2. 救急箱、食材、ゴミ袋

3. 懐中電灯、お米、ゴミ袋
4. 懐中電灯、食材、ゴミ箱

해석

친구끼리 가는 가족 캠핑에 대해서 대표가 이야기하고 있습니다. 캠핑 갈 때 각자 준비할 소지품은 무엇입니까?

남 : 다음 주에 가는 캠핑은 다섯 가족으로 2박 3일 예정입니다. 각자 준비할 소지품이 있으니 확인 부탁드립니다. 아이들도 같이 가기 때문에 안전 면에서 특히 주의하려고 합니다. 구급상자는 이쪽에서 준비하겠습니다. 한밤중에 공중화장실을 이용할 때 앞이 보이지 않으면 위험하니 손전등을 잊지 말고 가져오세요. 그리고 캠핑의 즐거움이라고 하면 역시 바비큐지요. 식재료는 대표가 회비로 준비하겠습니다. 처음에는 1박 예정이었기 때문에 모은 회비가 부족하니 쌀은 각자 지참합니다. 그리고 캠핑장에는 쓰레기통이 없으니 쓰레기는 쓰레기봉투에 넣어서 가지고 돌아가도록 해 주세요.

캠핑 갈 때 각자 준비할 소지품은 무엇입니까?

1. 구급상자, 손전등, 쌀
2. 구급상자, 식재료, 쓰레기봉투
3. 손전등, 쌀, 쓰레기봉투
4. 손전등, 식재료, 쓰레기통

단어

同士 ~끼리 | キャンプ 캠프, 캠핑 | 各自 각자 | 持ち物 소지품 | 救急箱 구급상자 | 真夜中 한밤중 | 公衆トイレ 공중화장실 | 利用する 이용하다 | 危ない 위험하다 | 懐中電灯 손전등 | 忘れる 잊다 | 楽しみ 즐거움, 낙 | バーベキュー 바비큐 | 食材 식재료 | 会費 회비 | 足りない 부족하다 | 持参 지참 | キャンプ先 캠핑장 | ゴミ箱 쓰레기통 | ごみ 쓰레기 | ごみ袋 쓰레기봉투

해설

캠핑에 가져갈 준비물에 대해서 이야기하고 있다. 남자는 구급상자는 대표가 준비할 테니 화장실 갈 때 필요한 손전등은 각자 가져오라고 말하고 있다. 또 바비큐 식재료는 대표가 회비로 준비하겠으나, 회비가 부족하니 쌀은 각자 가져오라고 말한다. 이 밖에 캠핑장에는 쓰레기통이 없으니 쓰레기봉투를 각자 가져오라고 당부한다. 따라서 각자 준비해야 할 소지품은 손전등, 쌀, 쓰레기봉투이므로 정답은 3번이다. 쓰레기통과 쓰레기봉투를 혼동하지 않도록 한다.

정답 ❸

스크립트 및 해석 | 콕콕 실전문제

5番

スクリプト 🎧 1-07

男の先生と女の留学生が話しています。留学生はどこに住むことにしましたか。

男：金さん。残念だけど、学生寮の件、書類審査で落ちてしまったよ。
女：え、どうしてですか。
男：学生寮っていうのは経済的に余裕のない学生順に選ばれるんだ。金さんは、今ご両親と一緒に住んでいる上に、ご両親の所得が高いってことで落とされてしまったんだと思うよ。
女：困りましたね。もうすぐ両親は帰国するんです。
男：学生マンションの方を調べてみたら？学生寮より高いけど、ユニットバスとトイレ、キッチンがちゃんとついてて便利だよ。
女：自炊できないから、食事付きのマンションならいいんですけど。
男：食事付きはずいぶん高いと思うよ。学生食堂が近いから、食事はそこで済ませばいいよ。あるいは、学校から20分ぐらい離れている安いアパートがあるよ。自転車で通えばいいから。
女：そうですか。生活費は奨学金とアルバイトで十分余裕がありますが、節約して夏休みに旅行に行こうと思ってるんです。でも、自炊はちょっと無理かもしれませんね。
男：じゃ、どうするつもり？
女：えーと。旅行は卒業してからするってことで……。どこに住むか決めました！

留学生はどこに住むことにしましたか。

1. 今まで通り両親がいる自宅
2. 食事をくれる学生マンション
3. 自炊しないといけない学生マンション
4. 学校から遠いけど安いアパート

해석

남자 선생님과 여자 유학생이 이야기하고 있습니다. 유학생은 어디에 살기로 했습니까?

남：김 씨. 안타깝지만, 학생 기숙사 건, 서류 심사에서 떨어졌어.
여：네? 왜요?
남：학생 기숙사라는 건 경제적으로 여유가 없는 학생 순으로 뽑히거든. 김 씨는 지금 부모님과 함께 살고 있는 데다가 부모님의 소득이 높아서 떨어진 것 같아.
여：곤란하네요. 이제 곧 부모님은 귀국하거든요.

남 : 학생 맨션 쪽을 알아보는 건 어때? 학생 기숙사보다 비싸지만, 샤워 시설과 화장실, 부엌이 제대로 달려 있어서 편리해.

여 : 자취가 안 되니까 식사를 제공해 주는 맨션이면 좋겠는데요.

남 : 식사가 제공되는 곳은 꽤 비쌀 거야. 학생식당이 가까우니까 식사는 거기에서 하면 돼. 아니면 학교에서 20분 정도 떨어져 있는 저렴한 아파트가 있어. 자전거로 다니면 되니까.

여 : 그래요? 생활비는 장학금과 아르바이트로 충분히 여유가 있는데요, 절약해서 여름방학 때 여행을 갈까 하고 있거든요. 하지만, 자취는 좀 무리일지도 모르겠네요.

남 : 그럼, 어떻게 할 생각이야?

여 : 음~. 여행은 졸업한 뒤에 하는 걸로 하고…. 어디에 살지 정했습니다!

유학생은 어디에 살기로 했습니까?

1. 지금까지대로 부모님이 있는 자택
2. 식사를 제공하는 학생 맨션
3. 자취하지 않으면 안 되는 학생 맨션
4. 학교에서 멀지만 싼 아파트

단어

住む 살다 | 寮 기숙사 | ～件 ~건 | 書類 서류 | 審査 심사 | 落ちる 떨어지다 | 経済的 경제적임 | 余裕 여유 | ～順 ~순 | 選ぶ 고르다, 선택하다 | ～上に ~데다가 | 所得 소득 | 落とす 떨어뜨리다 | 調べる 조사하다 | ちゃんと 확실히, 분명히 | つく 달라붙다, 매달리다 | 自炊 자취 | ～付き ~달림 | 済ます 끝내다, 해결하다 | 離れる 떨어지다 | 通う 다니다 | 生活費 생활비 | 奨学金 장학금 | アルバイト 아르바이트 | 節約する 절약하다 | ～通り ~대로 | 自宅 자택

해설

지금까지 부모님과 동거한 여자 유학생은 기숙사 신청을 했으나 심사에서 떨어졌다. 선생님은 기숙사보다 비싸지만 욕실, 화장실, 부엌이 잘 갖춰져 있는 학생 맨션을 추천한다. 여학생은 자취를 못해서 식사가 제공되는 맨션이면 좋겠다고 말한다. 선생님은 식사가 제공되는 맨션은 비싸니, 식사는 학생식당에서 하면 된다고 말한다. 또한 선생님은 학교에서 좀 떨어진 싼 아파트도 있다고 알려 주지만 여학생은 시큰둥하다. 생활비는 여유가 있지만 절약해서 여행을 가려고 했던 여학생은 자취를 못하니 좀 비싸더라도 식사 제공을 해 주는 학생 맨션을 선택한다. 따라서 정답은 2번이다.

정답 ❷

스크립트 및 해석 콕콕 실전문제

6番

스크립트 🎧 1-08

女の人と男の人が電話で話しています。女の人は木村さんが帰って来たら何と言いますか。

男：もしもし、山下と申しますが、木村さんは家にいらっしゃいますか。

女：まあ、いつもお世話になっております。あいにく木村は外出しておりまして、1時には帰ると申しておりましたが、お急ぎのご用事でしょうか。

男：ええ、ちょっと。

女：携帯電話の番号はご存じでしょうか。

男：あの、さっきかけてみたんですけど、全然電話に出ないんです。

女：そうですか。たぶん、今はジョギング中だと思います。帰ったら折り返し電話させましょうか。

男：いや、出先なので大丈夫です。

女：そうですか。あのー、何かご伝言いたしましょうか。

男：そうですね。また電話するとお伝えください。

女の人は木村さんが帰って来たら何と言いますか。

1. 山下さんが怒っていたと伝える
2. 山下さんが電話をくれといっていたと伝える
3. 山下さんがまたかけなおすと伝える
4. 山下さんが元気なようだと伝える

해석

여자와 남자가 전화로 이야기하고 있습니다. 여자는 기무라 씨가 돌아오면 뭐라고 말합니까?

남 : 여보세요. 야마시타라고 합니다만, 기무라 씨는 집에 계십니까?

여 : 어머, 언제나 신세 지고 있습니다. 마침 기무라는 외출해서 1시에는 돌아온다고 했는데 급한 일이신가요?

남 : 네, 좀.

여 : 휴대전화 번호는 알고 계세요?

남 : 저기, 아까 걸어 봤는데 전혀 전화를 받지 않습니다.

여 : 그래요? 아마 지금은 조깅 중일 거예요. 돌아오면 바로 전화하라고 할까요?

남 : 아니요, 출장지라서 괜찮습니다.

여 : 그래요? 저기, 무슨 말이라도 전해 드릴까요?

남 : 글쎄요. 다시 전화한다고 전해 주세요.

여자는 기무라 씨가 돌아오면 뭐라고 말합니까?

1. 야마시타 씨가 화가 나 있었다고 전한다.

2. 야마시타 씨가 전화를 달라고 했다고 전한다.
3. 야마시타 씨가 다시 전화를 건다고 전한다.
4. 야마시타 씨가 잘 지내는 것 같다고 전한다.

단어

申す 말하다〈言う의 공손한 말씨〉| あいにく 공교롭게도, 마침 | 外出 외출 | おる 있다 | 急ぎ 급함 | 用事 볼일, 용무 | 携帯電話 휴대전화 | 存じ 알고 있음 | さっき 아까, 조금 전 | かける (전화를) 걸다 | 全然 전혀 | 電話に出る 전화를 받다 | たぶん 아마 | ジョギング 조깅 | 折り返し 즉시 | 出先 가는 곳, 출장지 | 伝言 전언 | 怒る 화내다

해설

마지막에 야마시타에게 전할 말이 있는지 물었고, 이에 다시 전화하겠다는 전언을 부탁했으므로 정답은 3번이다. 야마시타는 출장지에 있으므로, 기무라가 전화를 하지 않아도 괜찮다고 했기 때문에 2번은 오답이다.

정답 ❸

7番

스크립트  1-09

タンス売り場で男の店員と女の客が話しています。男の人はこの後、どうしますか。

男：お客様、何かお探しのものはありますか。
女：ええ、小学生用のタンスを探しているんですけど……。
男：小学生でしたら、大人用のタンスをご購入なさってもよろしいかと思いますが。
女：部屋がそんなに広くないので、大き目のものはちょっと。私の背丈ぐらいの高さのタンスがちょうどいいんですけど。
男：それでしたら、これはどうですか。それほど大きくないですが、見た目よりスペースが広くてけっこう色々入りますよ。
女：いや、もう少し、横の幅が狭いのがいいですね。
男：それでは、お急ぎでなければ、ご注文なさるのはいかがでしょうか。このパンフレットに色々な大きさのサンプルがございますが。
女：そうですね。うーん。あ、これならうちのような狭いところにはもってこいですね。
男：そうでしょう。実は、今一番人気の商品でもあるんです。
女：じゃあ、これでお願いします。

스크립트 및 해석 — 콕콕 실전문제

てんいん
店員はこの後、どうしますか。

1. お客さんの背丈より高いタンスを注文する
2. お客さんの背丈と横の幅を計ってみる
3. 女性の好みのタンスを製作する
4. お客さんが指した写真のタンスを注文する

해석

옷장 매장에서 남자 점원과 여자 손님이 이야기하고 있습니다. 남자는 이후에 어떻게 합니까?

남 : 손님, 뭔가 찾으시는 물건이 있습니까?

여 : 네, 초등학생용 옷장을 찾고 있는데요.

남 : 초등학생이라면 성인용 옷장을 구입하셔도 좋지 않을까 생각합니다만.

여 : 방이 그렇게 넓지 않아서 큰 것은 좀. 제 키 정도 높이의 옷장이 딱 좋은데요.

남 : 그렇다면 이것은 어떻습니까? 그렇게 크지 않습니다만, 보기보다 공간이 넓어서 꽤 여러 가지가 들어갑니다.

여 : 아니, 조금 더 가로 폭이 좁은 게 좋겠네요.

남 : 그럼 급한 게 아니시면 주문을 하시는 것은 어떠십니까? 이 팸플릿에 다양한 크기의 샘플이 있습니다만.

여 : 글쎄요. 음. 아, 이거라면 우리 집처럼 좁은 곳에는 안성맞춤이네요.

남 : 그렇지요? 실은 지금 제일 인기있는 상품이기도 합니다.

여 : 그럼, 이것으로 부탁합니다.

점원은 이후에 어떻게 합니까?

1. 손님의 키보다 큰 옷장을 주문한다.
2. 손님의 키와 가로 폭을 재 본다.
3. 여성 취향의 옷장을 제작한다.
4. 손님이 가리킨 사진의 옷장을 주문한다.

단어

タンス 옷장, 장롱 | 売り場 매장 | 探す 찾다 | 購入 구입 | よろしい 좋다, 괜찮다 | 大き目 조금 큰 정도, 상태 | 背丈 신장, 키 | 高さ 높이 | ちょうど 딱, 꼭 | それほど 그렇게, 그다지 | 見た目 겉보기, 외관 | スペース 스페이스, 공간 | けっこう 꽤, 상당히 | 横 가로 | 幅 폭 | 狭い 좁다 | 注文 주문 | パンフレット 팸플릿 | 大きさ 크기 | サンプル 샘플 | もってこい 안성맞춤 | 計る 재다 | 好み 취향, 기호 | 製作 제작 | 指す 가리키다

해설

매장에 손님이 찾는 아동용 옷장이 없자 남자 직원은 팸플릿을 보고 고를 것을 권한다. 여자는 팸플릿에 있는 옷장을 골랐으므로 정답은 4번이다.

정답 ❹

8番

スクリプト  1-10

レストランで女の人が男の人にトイレの位置を聞いています。女の人はどちらに行けばいいですか。

女：すみませんが、おトイレはどちらですか。
男：入り口の横の通路をまっすぐ行って、突き当たりましたら、左に曲がってください。左に曲がると、また突き当たりがあります。
女：左に曲がるんですね。
男：はい、その突き当たりを右に曲がりますと、左側に見えるのが女性用のトイレでございます。
女：けっこう、行くの難しいですね。
男：それでしたら、入り口を出たら別のトイレがあるんですが、今は雪が降っていて寒いですし、トイレの状態もあまりよくないんです。
女：そうですか。寒いのは困りますね。じゃあ、こっちのを利用します。最後の突き当たりを左に曲がるんですね。
男：いいえ、右に曲がるんです。
女：よくわかりました。

女の人はどちらに行けばいいですか。

해석

레스토랑에서 여자가 남자에게 화장실 위치를 묻고 있습니다. 여자는 어디로 가면 됩니까?
여 : 죄송하지만, 화장실은 어디입니까?
남 : 입구 옆의 통로를 곧장 가서 막다른 곳이 나오면 왼쪽으로 도세요. 왼쪽으로 돌면 또 막다른 곳이 있습니다.
여 : 왼쪽으로 도는 거죠?
남 : 네, 그 막다른 곳을 오른쪽으로 돌면 왼쪽에 보이는 것이 여성용 화장실입니다.
여 : 가는 게 꽤 어렵네요.
남 : 그렇다면 입구를 나가면 다른 화장실이 있는데요. 지금은 눈이 오고 있어서 춥고 화장실 상태도 별로 좋지 않습니다.
여 : 그래요? 추운 건 곤란하네요. 그럼, 이쪽 화장실을 이용할게요. 마지막 막다른 곳을 왼쪽으로 도는 거죠?
남 : 아니요, 오른쪽으로 도는 겁니다.
여 : 잘 알겠습니다.

여자는 어디로 가면 됩니까?

| 스크립트 및 해석 | **콕콕 실전문제** |

단어

| 位置 위치 | 入り口 입구 | 横 옆, 옆면 | 通路 통로 | まっすぐ 똑바로, 곧장 | 突き当たる 막다르다 | 曲がる 방향을 바꾸다, 돌다 | 突き当たり 막다른 곳 | 左側 좌측 | けっこう 꽤, 상당히 | 状態 상태 | 最後 마지막, 최후

해설

그림을 보고 푸는 문제이다. 지도나 약도가 나오는 문제는 위치를 묻는 문제이므로 위치와 방향에 관련된 단어를 익혀 두는 것이 중요하다. 또한 들으면서 그림에 표시해 가면 의외로 쉽게 답을 찾을 수 있다. 순서를 보면 '입구 옆 통로(똑바로) → 막다른 곳(왼쪽 돌기) → 막다른 곳(오른쪽 돌기) → 가다가 왼쪽에 보임'이므로 정답은 1번이다.

정답 ❶

9番

スクリプト 🎧 1-11

男の人と女の人が話しています。男の人はどんなネックレスを買いますか。

男 : 実は、明日彼女にプロポーズしようと思っているんだ。何をあげれば喜ばれるかな。

女 : そうね。言葉だけでも喜ぶと思うけど、やっぱり、ロマンチックなものと一緒だと、二倍うれしいんじゃないかな。

男 : 何がいいかなあ。

女 : 彼女の趣味とか分からないの？

男 : 僕、そういうのうといからなあ。

女 : そうか。私だったら、ネックレスがいいわね。あまり派手じゃなくてかわいらしいもの。

男 : 例えば、どんな？

女 : ペンダントは角がある形よりは丸めので、宝石は色々まぜてあるのは避けるべきね。飾りも少なめのものがいいわ。

男 : 長さは？

女 : 短すぎると首が窮屈だっていう人もいるし、胸ぐらいまで来る長さでいいんじゃないかな。

男 : そうか。ありがとう。参考になったよ。

男の人はどんなネックレスを買いますか。

해석

남자와 여자가 이야기하고 있습니다. 남자는 어떤 목걸이를 삽니까?

남 : 실은 내일 여자친구한테 프러포즈하려고 생각하고 있어. 뭘 주면 기뻐할까?

여 : 글쎄. 말만으로도 기뻐하겠지만, 역시 로맨틱한 선물과 함께라면 두 배로 기쁘지 않을까?

남 : 뭐가 좋을까?

여 : 여자친구 취향 같은 것 몰라?

남 : 나는 그런 것에 어두우니까.

여 : 그렇구나. 나라면 목걸이가 좋아. 그다지 화려하지 않고 귀여운 것.

남 : 예를 들면 어떤?

여 : 펜던트는 각진 모양보다는 약간 둥근 것으로, 보석은 여러 가지가 섞여 있는 것은 피해야 해. 장식도 약간 적은 게 좋아.

남 : 길이는?

여 : 너무 짧으면 목이 답답하다는 사람도 있으니까 가슴 정도까지 오는 길이면 되지 않을까?

남 : 그렇구나. 고마워. 참고가 됐어.

남자는 어떤 목걸이를 삽니까?

단어

ネックレス 목걸이 | プロポーズ 프러포즈 | 喜ぶ 기뻐하다 | ロマンチック 로맨틱함, 낭만적임 | 二倍 두 배 | 趣味 취향, 취미 | うとい 잘 모르다, (사정에) 어둡다 | 派手 화려함 | かわいらしい 귀엽다, 사랑스럽다 | 例えば 예를 들면 | ペンダント 펜던트 | 宝石 보석 | まぜる 섞이다 | 避ける 피하다 | 飾り 장식 | 少なめ 약간 적을 정도, 적은 듯함 | 長さ 길이 | 窮屈 갑갑함, 답답함 | 胸 가슴 | 参考 참고

해설

둥근 모양에 장식이 적고 가슴까지 오는 길이의 목걸이를 고르면 된다. 단어 뜻만 알면 풀기 쉬운 문제이다. 정답은 3번이다.

정답 ❸

2 | 문제2 포인트 이해 공략하기

문제 유형 분석

결론이 있는 텍스트를 듣고서 내용을 이해할 수 있는지를 묻는다. 사전에 제시된 들어야 할 것을 근거로 해서 포인트를 좁혀서 듣는 것이 중요하다. 예상 문제 수는 6문제이며, 약 14분의 시간이 소요될 것으로 예상된다.

문제 풀이 비법

1. 문제의 흐름은 「상황 설명문, 질문문 듣기 ➡ 선택지 읽기 ➡ 결론이 있는 텍스트 듣기 ➡ 질문문 다시 듣기 ➡ 선택지 고르기」의 순서로 진행된다. 선택지는 시험 용지에 인쇄되어 있다.

2. 상황 설명과 질문문이 나온 후 선택지를 읽을 수 있는 시간이 있다. 선택지를 꼼꼼히 확인한 후 본문 텍스트를 듣고 포인트를 찾는다.

3. 선택지를 보고 상식에 입각해서 답을 미리 예상할 수 있지만, 텍스트의 내용이 반전되는 경우가 있으므로 끝까지 듣는 것이 중요하다.

問題2

問題2では、まず質問を聞いてください。そのあと、問題用紙のせんたくしを読んでください。読む時間があります。それから話を聞いて、問題用紙の1から4の中から、最もよいものを一つ選んでください。

例 🎧 2-01

1　借りた本は汚いから
2　重要な部分は、紙を破らないといけないから
3　論文を書くとき、必要な内容があるから
4　自分の研究に必要ない内容があるから

| 스크립트 및 해석 | 예제 |

例(れい)

스크립트 🎧 2-01

女の人と男の人が本屋さんで話しています。女の人はどうして本を全部買おうとしているのですか。

女：この前貸してもらった本なんだけど、とても興味深かったわ。
男：そうだろう？2巻目もあるけど、貸してあげようか。
女：実は、私、全巻買おうかなあと思っているの。
男：ええ？全部で20巻もあるんだよ。場所も取るし、けっこうお金がかかると思うよ。
女：それはわかってる。でも、今書いている論文の参考資料に使いたいと思って。鉛筆で印もつけなきゃいけないし、絵や表のコピーもするから、本が汚れるかもしれないの。
男：そうかい？でも、1冊1,000円もするんだよ。もうちょっと、我慢してみたら？
女：でも、もうすぐ論文、仕上げないといけないし。これからの研究にも役に立つと思うからね。
男：そうか。

女の人はどうして本を全部買おうとしているのですか。

1. 借りた本は汚いから
2. 重要な部分は、紙を破らないといけないから
3. 論文を書くとき、必要な内容があるから
4. 自分の研究に必要ない内容があるから

해석

여자와 남자가 서점에서 이야기하고 있습니다. 여자는 왜 책을 전부 사려고 하고 있습니까?

여 : 요전에 빌린 책 말인데, 아주 흥미로웠어.
남 : 그렇지? 2권도 있는데 빌려 줄까?
여 : 실은 나 전권을 살까 생각 중이야.
남 : 뭐? 전부해서 20권이나 돼. 자리도 차지하고 돈도 꽤 들 거야.
여 : 그건 알고 있어. 하지만 지금 쓰고 있는 논문의 참고 자료로 쓰고 싶어서. 연필로 표시도 해야 하고, 그림이나 표도 복사할 거니까 책이 더러워질지도 몰라.
남 : 그래? 하지만 한 권에 천 엔이나 해. 조금 더 참지 그래?
여 : 하지만 이제 곧 논문 마무리하지 않으면 안 되니까. 앞으로의 연구에도 도움이 될 것 같아서.
남 : 그렇구나.

여자는 왜 책을 전부 사려고 하고 있습니까?
1. 빌린 책은 더러우니까
2. 중요한 부분은 종이를 찢지 않으면 안 되니까
3. 논문을 쓸 때 필요한 내용이 있으니까
4. 자기 연구에 필요 없는 내용이 있으니까

정답 ❸

콕콕 실전문제　　　　　　　　　　　　　　　　　　　　　　　　　　　　/ 9

問題 2

問題2では、まず質問を聞いてください。そのあと、問題用紙のせんたくしを読んでください。読む時間があります。それから話を聞いて、問題用紙の1から4の中から、最もよいものを一つ選んでください。

1番　2-02

1　同じバイトの子が給料をあげてもらったから
2　先月のバイト料をあきらめるしかないから
3　レジのお金を店長が持って逃げたから
4　バイトでお腹が痛いから

2番　2-03

1　登山をすると、楽天的になるから
2　登山をしながら、美しい景色がみられるから
3　登山をした後、水を飲むと爽快感が味わえるから
4　登山をした後、山の食材を使ったご飯がたまらなくおいしいから

3番 🎧 2-04

1　友達と約束のメモを見なかったから
2　出張に行くことになったから
3　他の友達とお昼の約束をしていたから
4　仕事をしないといけないから

4番 🎧 2-05

1　火災現場で消化器を使った体験
2　4D映画でめまいがした体験
3　避難訓練で狭い所に閉じ込められた体験
4　避難訓練で暗い通路を通った体験

5番 🎧 2-06

1　自分一人で映画を作ったから
2　小さなレンズで撮影をしたから
3　主人公の役が自分にぴったりだったから
4　予算不足で苦労したから

6番 🎧 2-07

1 2階に住んでいる人たちがうるさいと言っているから
2 2階に住んでいる人たちが寝不足でうるさいから
3 2階に住んでいる人たちがこわいから
4 2階に住んでいる人たちに文句を言いたかったから

7番 🎧 2-08

1 自分で学費を払いたいから
2 日本式のサービスを学びたいから
3 卒業後のインターンシップに参加したいから
4 日本語の実力を高めたいから

8番 🎧 2-09

1 持ち歩くには重いから
2 最新の商品じゃないから
3 機能が複雑だから
4 あまりかっこよくないから

9番 🎧 2-10

1　会社で自分の昔話をすること
2　会社で個人的な質問をすること
3　会社でなれなれしいこと
4　会社のマナーをちゃんと守ること

| 스크립트 및 해석 | **콕콕 실전문제**

1番

스크립트 🎧 2-02

女の人と男の人が話しています。女の人はどうして怒っていますか。

男：最近、アルバイトで忙しいでしょう。
女：そうなの。冬休みだから、朝から晩まで、働き続けているわ。
男：じゃあ、大変だろうけど、たくさん貯金できてうれしいんじゃない？
女：それがね、夕方のコーヒーショップでのバイトなんだけどね。先月のお給料、まだもらってないの。
男：え？どうして？
女：なんか、他のバイトの子がレジにあるお金を持って逃げちゃったらしくて、お金がないんだって。
男：それでも、バイト料はちゃんと払ってもらわないと。
女：そうでしょう？もう、腹が立ってやめようかなあと思ってるの。
男：その方がいいよ。でも、ちゃんと先月のお給料もらってからやめなよ。
女：それがね、人気のない小さいお店だから、あきらめるしかないと思うの。もうやんなっちゃう。

女の人はどうして怒っていますか。

1. 同じバイトの子が給料をあげてもらったから
2. 先月のバイト料をあきらめるしかないから
3. レジのお金を店長が持って逃げたから
4. バイトでお腹が痛いから

해석

여자와 남자가 이야기하고 있습니다. 여자는 왜 화내고 있습니까?

남 : 요새 아르바이트 때문에 바쁘지?
여 : 그래. 겨울 방학이니까 아침부터 밤까지 계속 일하고 있어.
남 : 그럼 힘들겠지만 저금 많이 할 수 있어서 기쁘지 않아?
여 : 그게 말야, 저녁에 커피숍에서 하는 아르바이트인데 말이야. 지난달 월급을 아직 못 받았어.
남 : 뭐? 왜?
여 : 뭔가, 다른 아르바이트생이 금전 등록기에 있는 돈을 가지고 도망간 모양이라 돈이 없대.
남 : 그래도 아르바이트비는 제대로 받아야지.
여 : 그렇지? 정말 화가 나서 그만둘까 생각 중이야.
남 : 그게 나아. 하지만 지난달 월급은 확실히 받고 나서 그만둬.

여 : 그게 말이야, 인기 없는 작은 가게라서 포기할 수밖에 없을 것 같아. 정말 짜증나.

여자는 왜 화내고 있습니까?
1. 같은 아르바이트를 하는 아이가 월급을 올려 받아서
2. 지난달 아르바이트비를 포기할 수밖에 없어서
3. 금전 등록기의 돈을 점장이 가지고 도망가서
4. 아르바이트 때문에 배가 아파서

단어

怒る 화내다 | 最近 최근 | アルバイト 아르바이트 | 忙しい 바쁘다 | 冬休み 겨울 방학 | 晩 밤 | 働き続ける 계속 일하다 | 貯金 저금 | 夕方 저녁 | 給料 급료, 급여 | レジ 금전 등록기 | 逃げる 도망가다 | ちゃんと 확실히 | 払う 지불하다 | 腹が立つ 화나다 | やめる 그만두다 | あきらめる 포기하다 | やんなっちゃう 짜증나다 | 店長 점장

해설

여자는 받지 못한 지난달 아르바이트비를 가게 사정 때문에 포기할 수밖에 없어서 화를 내고 있다. 따라서 정답은 2번이다.

정답 ❷

2番

스크립트 2-03

英語の先生と男の人が話しています。男の人が登山が好きな一番の理由は何ですか。

女 : 明日の英語教室また欠席するんですか。
男 : ええ、すみません。毎週木曜日は登山に行く日なんです。
女 : でも、明日気温が下がるって天気予報で言ってましたけど。
男 : 大丈夫です。万全の準備をして行きますから。
女 : そんなに山が好きなんですか。
男 : ええ、僕は山男なんです。山を最後まで登り切ったときの爽快感は、登った人にしかわからないですよ。山登りに慣れると、何事にも自信がついて性格も前向きになりますよ。
女 : そうでしょうね。今の季節だと、紅葉も見られていいですね。
男 : それもそうなんですが、何よりの楽しみは、ふもとで山菜料理を味わうことですね。
女 : なるほど。

스크립트 및 해석 | 콕콕 실전문제

男の人が登山が好きな一番の理由は何ですか。
1. 登山をすると、楽天的になるから
2. 登山をしながら、美しい景色がみられるから
3. 登山をした後、水を飲むと爽快感が味わえるから
4. 登山をした後、山の食材を使ったご飯がたまらなくおいしいから

해석

영어 선생님과 남자가 이야기하고 있습니다. 남자가 등산을 좋아하는 가장 큰 이유는 무엇입니까?

여 : 내일 영어 수업 또 결석할 건가요?
남 : 네, 죄송합니다. 매주 목요일은 등산하러 가는 날이거든요.
여 : 하지만 내일 기온이 내려간다고 일기예보에서 그랬는데.
남 : 괜찮습니다. 만전의 준비를 하고 가니까요.
여 : 그렇게 산이 좋아요?
남 : 네. 저는 산 사나이거든요. 산을 끝까지 다 올라갔을 때의 상쾌함은 올라가 본 사람밖에 몰라요. 등산에 익숙해지면 무슨 일이든지 자신감이 붙어서 성격도 긍정적으로 된답니다.
여 : 그렇겠네요. 지금 계절이라면 단풍도 볼 수 있어서 좋겠네요.
남 : 그것도 그렇지만, 가장 큰 즐거움은 산기슭에서 산채요리를 맛보는 것이지요.
여 : 과연 그렇군요.

남자가 등산을 좋아하는 가장 큰 이유는 무엇입니까?
1. 등산을 하면 낙천적이 되니까
2. 등산을 하면서 아름다운 경치를 볼 수 있으니까
3. 등산을 한 후 물을 마시면 상쾌함을 맛볼 수 있으니까
4. 등산을 한 후 산의 식재료를 사용한 밥이 몸서리칠 정도로 맛있으니까

단어

登山 등산 | 欠席 결석 | 気温 기온 | 天気予報 일기예보 | 万全 만전 | 準備 준비 | 山男 산 사나이 | 最後 마지막, 끝 | 登り切る 다 올라가다, 끝까지 올라가다 | 爽快感 상쾌감 | 登る 오르다, 올라가다 | 山登り 등산 | 慣れる 익숙해지다 | 何事 무슨 일 | 自信がつく 자신이 붙다 | 前向き 적극적이고 긍정적인 태도 | 季節 계절 | 紅葉 단풍 | 何より 가장 좋음, 최고 | ふもと 산기슭 | 山菜料理 산채요리 | 味わう 맛보다 | なるほど 과연 | 楽天的 낙천적 | 景色 경치 | 食材 식재료

해설

산에 올랐을 때의 상쾌한 기분, 자신감, 긍정적 성격이 등산을 할 때 좋은 점이라고 설명하고 있지만, 가장 좋은 것은 산채요리를 먹는 것이라고 했으므로 정답은 4번이다.

정답 ❹

3番

스크립트  2-04

留守番電話のメッセージです。女の人が約束を守れない理由は何ですか。

女：あ、谷口です。あの、明日一緒にお昼食べようっていう約束、ちょっと難しくなっちゃって。実はね、お昼時間に取引先と先約があるのをうっかりしていたの。仕事関係の約束だから、キャンセルするのって無理なんだ。本当にごめんなさい。手帳にメモしてあったのを見落としちゃってたみたい。悪いけど、約束はまたってことでいいかしら？お詫びとして今度ご馳走をするから。また後で電話するね。じゃあね。

女の人が約束を守れない理由は何ですか。

1. 友達と約束のメモを見なかったから
2. 出張に行くことになったから
3. 他の友達とお昼の約束をしていたから
4. 仕事をしないといけないから

해석

자동응답전화 메시지입니다. 여자가 약속을 지키지 못하는 이유는 무엇입니까?

여：아, 다니구치입니다. 저, 내일 같이 점심 먹자는 약속, 좀 어렵게 돼 버렸어. 실은 점심시간에 거래처와 선약이 있는 걸 깜빡하고 있었어. 업무 관계 약속이라서 취소하는 게 무리거든. 정말로 미안해. 수첩에 메모해 둔 것을 못 본 것 같아. 미안하지만 약속은 다음으로 미뤄도 될까? 사과하는 뜻으로 다음에 맛있는 것을 살 테니까. 나중에 또 전화할게. 그럼 안녕.

여자가 약속을 지키지 못하는 이유는 무엇입니까?

1. 친구와 약속이 적힌 메모를 보지 않았기 때문에
2. 출장 가기로 되었기 때문에
3. 다른 친구와 점심 약속을 했었기 때문에
4. 일을 하지 않으면 안 되기 때문에

단어

留守番電話 자동응답전화 | 約束 약속 | 守る 지키다 | お昼 점심, 점심 식사 | 実は 실은, 사실은 | 取引先 거래처 | 先約 선약 | うっかり 깜빡 | キャンセル 취소 | 手帳 수첩 | 見落とす 못보고 넘기다 | 悪い 미안하다, 나쁘다 | お詫び 사죄, 사과 | 今度 이 다음 | ご馳走 맛있는 음식 | 出張 출장

스크립트 및 해석 콕콕 실전문제

해설

거래처와의 선약 때문에 친구와의 점심 약속을 취소하고 있으므로 정답은 4번이다.

정답 ④

4番

スクリプト 2-05

男子学生と女子学生が話しています。女子学生はどんな体験が怖かったと言っていますか。

女：今日学校のみんなと東京防災公園に行ってきたの。様々な防災についての擬似体験ができたから、すごく勉強になったわ。ただ、ちょっと怖い思いもしたけどね。

男：え？そんなに怖いのってあったっけ？一体何が怖かったの？

女：そうね。最初から怖いってわけじゃなかったのよ。火災現場で消化器を使ったり、都内で実際起こった建物崩壊事故を4D映画で体験したりするのは、来てよかったって思うくらい役に立ったわ。

男：僕は映画を見てるとき座席が揺れてめまいがしたんだ。それは平気だったんだね。

女：うん。めまいはすぐ収まったから問題なかったけど、地下鉄での避難訓練のときが問題で。

男：あ、もしかして狭いところに閉じ込められるのが嫌だったんじゃないの？

女：違うの。火災警報が鳴って、機関士に連絡してからドアを自力で開けて外に出たまではいいんだけど。通路を移動するときにね、停電になって真っ暗だったから前が見えなくて泣きそうになったのよ。私一番前に立ってたからね、後ろから早く行けって急かされてもうパニック状態よ。足はガタガタ震えが止まらなくて辛かったわ。

男：あ、いきなり暗くなったから、僕もびっくりしたのを覚えているよ。それで、大丈夫だったの？

女：指導教官の先生に、体験が終わるまでついてもらわなかったら、途中で諦めてたかもしれないわ。

男：そうか。いい先生がいてよかったね。

女子学生はどんな体験が怖かったと言っていますか。

1. 火災現場で消化器を使った体験
2. 4D映画でめまいがした体験
3. 避難訓練で狭い所に閉じ込められた体験
4. 避難訓練で暗い通路を通った体験

해석

남학생과 여학생이 이야기하고 있습니다. 여학생은 어떤 체험이 무서웠다고 말하고 있습니까?

여 : 오늘 학교 친구들과 도쿄방재공원에 갔다 왔어. 다양한 방재에 대한 유사 체험을 할 수 있어서 굉장히 공부가 됐어. 다만, 조금 무서운 생각도 들었지만.

남 : 뭐? 그렇게 무서운 게 있던가? 도대체 뭐가 무서웠는데?

여 : 글쎄. 처음부터 무서운 건 아니었어. 화재 현장에서 소화기를 사용하거나, 도내에서 실제로 일어난 건물 붕괴 사고를 4D 영화로 체험하거나 하는 건 (체험하러) 오길 잘했다고 생각할 정도로 도움이 됐어.

남 : 나는 영화를 볼 때 좌석이 흔들려서 어지러웠어. 그건 괜찮았구나.

여 : 응. 어지러운 건 곧 진정돼서 문제 없었는데, 지하철에서의 피난 훈련 때가 문제였어.

남 : 아, 혹시 좁은 곳에 갇히는 게 싫었던 거 아냐?

여 : 아니야. 화재 경보가 울려서 기관사에게 연락한 다음 문을 자력으로 열고 밖에 나간 것까지는 좋았는데. 통로를 이동할 때 정전이 돼서 깜깜해졌기 때문에 앞이 안 보여서 울 뻔했어. 내가 맨 앞에 서 있었으니까 뒤에서 빨리 가라고 재촉해서 정말이지 패닉 상태가 됐어. 다리가 덜덜 떨리는 게 멈추질 않아서 괴로웠어.

남 : 아, 갑자기 어두워져서 나도 깜짝 놀란 거 기억해. 그래서 괜찮았어?

여 : 지도 교관 선생님이 체험이 끝날 때까지 옆에 계셔 주지 않았다면 도중에 포기했을지도 몰라.

남 : 그렇구나. 좋은 선생님이 계셔서 다행이었네.

여학생은 어떤 체험이 무서웠다고 말하고 있습니까?

1. 화재 현장에서 소화기를 사용한 체험
2. 4D 영화에서 어지러웠던 체험
3. 피난 훈련 중에 좁은 곳에 갇힌 체험
4. 피난 훈련 중에 어두운 통로를 지나간 체험

단어

怖い 무섭다 | 防災 방재 | 様々な 다양한 | 擬似 유사 | 一体 도대체 | 火災 화재 | 現場 현장 | 消化器 소화기 | 実際 실제 | 起こる 일어나다 | 崩壊 붕괴 | 役に立つ 유용하다 | 座席 좌석 | 揺れる 흔들리다 | めまいがする 현기증이 나다 | 平気 아무렇지 않음 | 収まる 해결되다 | 避難 피난 | 訓練 훈련 | 閉じ込める 가두다, 감금하다 | 警報 경보 | 鳴る 울리다 | 機関士 기관사 | 自力 자력 | 開ける 열다 | 通路 통로 | 停電 정전 | 真っ暗 아주 깜깜함 | 急かす 재촉하다 | パニック状態 패닉 상태 | ガタガタ 덜덜, 후들후들 | 震え 떨림 | 止まる 멈추다 | 辛い 고통스럽다, 괴롭다 | 指導教官 지도 교관 | 諦める 포기하다

해설

여학생이 가장 무서웠던 체험은 4번 피난 훈련 때 어두운 통로를 지나는 체험이었다. 지문 중 여학생의 가장 긴 대사에 답이 있다. 1번과 2번은 체험하러 오기 잘했다고 생각될 만큼 좋았기 때문에 답이 아니다. 3번 역시 피난 훈련과 관련된 체험이지만 좁은 곳에 갇힌 것에 대해서는 무섭다고 하지 않았으므로 답이 아니다.

정답 ❹

| スクリプト 및 해석 | **콕콕 실전문제** |

5番

スクリプト 🎧 2-06

テレビでアナウンサーが映画監督にインタビューをしています。監督はいい映画に仕上がった理由は何だと言っていますか。

女：監督、この度の受賞おめでとうございます。スマートフォンで映画を作られたんですが、映画が作られるまでに色々なエピソードがあったそうですね。

男：そうですね。今回の作品は危険なシーンがけっこう登場するので、主人公の役に合う俳優を見つけるのが難しかったんです。役にピッタリの俳優を見つけても、制作費不足でキャスティングできなかったり。結局適当な俳優が見つからずに時間だけ過ぎていって、予算不足で制作を諦めようとしたんですが、そこで思いついたのが、スマートフォンを使って監督、主人公、撮影、編集を全部一人でやることでした。撮る時、レンズが小さくて制限がありましたが、スマートフォンは独特な味があるので僕の作風にぴったりの撮影ができました。

女：まあ、素敵な作品ができあがるまで色々とご苦労をなさったんですね。ご自分で主人公をなさったのもいい作品ができあがった理由ですか。

男：いいえ。実は、主人公が僕じゃなかったらもっといい作品になったかもしれません。次回は主人公をキャスティングできるように制作費をたくさん集めたいですね。

監督はいい映画に仕上がった理由が何だと言っていますか。

1. 自分一人で映画を作ったから
2. 小さなレンズで撮影をしたから
3. 主人公の役が自分にぴったりだったから
4. 予算不足で苦労したから

해석

TV에서 아나운서가 영화감독을 인터뷰하고 있습니다. 감독은 좋은 영화로 완성된 이유가 뭐라고 말하고 있습니까?

여 : 감독님, 이번 수상 축하드립니다. 스마트폰으로 영화를 만드셨는데요, 영화가 만들어지기까지 여러 가지 에피소드가 있었다고 들었습니다.

남 : 글쎄요. 이번 작품은 위험한 장면이 꽤 등장하기 때문에 주인공 역에 맞는 배우를 찾기가 어려웠습니다. 배역에 딱 맞는 배우를 찾아도 제작비 부족으로 캐스팅을 할 수 없었거나. 결국 적당한 배우를 찾지 못하고 시간만 보내다가 예산 부족으로 제작을 포기하려고 했는데요. 그때 생각난 것이 스마트폰을 사용해서 감독, 주인공, 촬영, 편집을 전부 혼자서 하는 것이었습니다. 촬영할 때 렌즈가 작아서 제한이 있었습니다만, 스마트폰은 독특한 맛이 있어서 제 작품 분위기에 딱 맞는 촬영을 할 수 있었습니다.

여 : 어머, 멋진 작품이 완성되기까지 여러 모로 고생하셨네요. 감독님 자신이 주인공을 하신 것도 좋은 작품이 완성된 이유인가요?
남 : 아니요. 실은, 주인공이 제가 아니었으면 좀 더 좋은 작품이 됐을지도 모르지요. 다음에는 주인공을 캐스팅할 수 있도록 제작비를 많이 모으고 싶네요.

감독은 좋은 영화로 완성된 이유가 뭐라고 말하고 있습니까?
1. 자기 혼자서 영화를 만들어서
2. 작은 렌즈로 촬영을 해서
3. 주인공 역할이 자신에게 딱 맞아서
4. 예산 부족으로 고생해서

단어

仕上がる 완성되다 | この度 이번 | 受賞 수상 | スマートフォン 스마트폰 | エピソード 에피소드 | 危険 위험함 | シーン 장면 | 登場する 등장하다 | 主人公 주인공 | 役 역할 | 合う 맞다 | 俳優 배우 | 見つける 찾다, 발견하다 | ピッタリ 꼭 맞는 모양 | 制作費 제작비 | 不足 부족 | キャスティング 캐스팅 | 適当 적당함 | 見つかる 발견되다 | 過ぎる 지나다 | 予算 예산 | 諦める 포기하다 | 思いつく 문득 생각이 떠오르다 | 撮影 촬영 | 編集 편집 | レンズ 렌즈 | 制限 제한 | 独特 독특함 | 作風 작풍 | できあがる 완성되다 | 次回 다음 번 | 集める 모으다

해설

좋은 영화로 완성된 이유에 대해 감독은 스마트폰 특유의 작은 렌즈로 촬영을 했기 때문이라고 말하고 있으므로 정답은 2번이다. 혼자서 영화를 찍었기 때문이라고 답하고 있는 1번과 3번은 답이 아니다. 왜냐하면 감독이 마지막 대사에서 주인공이 다른 사람이었다면 더 좋은 작품이 됐을지도 모른다고 말하고 있기 때문이다. 4번은 감독이 예산 부족으로 고생을 하긴 했지만 고생을 해서 좋은 작품이 되었다는 뜻은 아니기 때문에 답이 아니다.

정답 ❷

6番

스크립트  2-07

男の人と女の人が話しています。女の人はどうして引っ越したいと言っていますか。

男：昨日の夜も眠れなかったのかい？
女：そうなの。もう毎日寝不足で、仕事もまともにできないのよ。
男：マンションの管理人さんにも話してみたの？
女：もう何回もしたわよ。それでも通じないから問題なのよ。

| 스크립트 및 해석 | **콕콕 실전문제**

男:そんなに毎晩パーティーだなんてあきれて物も言えないなあ。
女:実はね、昨日は本当にうるさくて私、文句を言ってやろうと思って2階に行ってみたの。
男:それで、あやまってたかい?
女:それがね。聞いて。出てきたのが大柄のこわそうな男の人たちばかりでね。すごい顔をして、私をにらみつけたの。こわくてそのまま部屋に帰ってきたわ。
男:ええ?大変だったんだね。
女:私、もうここには住みたくないわ。引っ越したい。

女の人はどうして引っ越したいと言っていますか。

1. 2階に住んでいる人たちがうるさいと言っているから
2. 2階に住んでいる人たちが寝不足でうるさいから
3. 2階に住んでいる人たちがこわいから
4. 2階に住んでいる人たちに文句を言いたかったから

해석

남자와 여자가 이야기하고 있습니다. 여자는 왜 이사하고 싶다고 말하고 있습니까?

남 : 어젯밤도 못 잔 거야?
여 : 그래. 정말 매일 수면 부족이라서 일도 제대로 못해.
남 : 맨션 관리인한테도 이야기해 봤어?
여 : 벌써 몇 번이나 했어. 그래도 통하지 않으니까 문제인 거지.
남 : 그렇게 매일 밤 파티라니 정말 기가 막혀서 말도 안 나온다.
여 : 실은 말이야, 어제는 정말로 시끄러워서 내가 불평 좀 할까 하고 2층에 가 봤어.
남 : 그래서 사과하던?
여 : 그게 말이야. 들어 봐. (집 안에서) 나온 것이 몸집이 크고 무서워 보이는 남자들뿐이어서. 무시무시한 얼굴을 하고 나를 노려보더라고. 무서워서 그대로 방으로 돌아왔어.
남 : 뭐? 큰일이었네.
여 : 나 더 이상 여기에는 살고 싶지 않아. 이사하고 싶어.

여자는 왜 이사하고 싶다고 말하고 있습니까?

1. 2층에 사는 사람들이 시끄럽다고 하니까
2. 2층에 사는 사람들이 수면 부족이라서 시끄러우니까
3. 2층에 사는 사람들이 무서우니까
4. 2층에 사는 사람들에게 불평을 하고 싶으니까

단어

引っ越す 이사하다 | 眠る 자다 | 寝不足 수면 부족 | まとも 건실함, 착실함 | 管理人 관리인 | 通じる 통하다

毎晩 매일 밤 | あきれて物も言えない 기가 막혀서 말도 안 나오다 | 文句を言う 불평을 하다 | あやまる 사과하다 |
大柄 몸집이 큼 | にらみつける 매섭게 쏘아 보다

해설
여자는 2층 사람들 때문에 시끄러워서 수면 부족에 시달리고 있다. 이에 불평하러 갔는데 나온 2층 사람들이 무섭게 행동해서 그냥 내려왔다고 말하고 있다. 따라서 정답은 3번이다.

정답 ❸

7番

スクリプト

男の留学生と女の留学生がアルバイトについて話しています。男の留学生はどうしてアルバイトをすると言っていますか。

男：夏休みの間、アルバイトをしようと思ってるんだ。
女：卒業論文の準備で大変なのに、そんな時間あるの？それに留学生が日本でバイトなんてできるの？
男：うん。できるよ。日本人と同じ条件でバイトできるって学校の留学生アドバイザーが言ってたよ。
女：そうか。それにしても急にどうしたの？奨学金もらってるのに生活費が足りないの？
男：そうじゃなくてね。2学期に取るホテル経営学の授業で、レストランサービスっていうのがあるんだけど、授業を受ける前に実戦で経験してみようかなと思って。僕はずっと勉強ばかりしていたからね、一度は働く人の立場になってみたいと思ったんだ。それに日本式のサービスも知りたいしね。
女：そうか。しっかりしてるね。
男：実はね、3年生になったら、ホテルのインターンシップに参加したいと思ってるんだけど、バイトの経験があるとインターンの参加に有利らしいんだよ。
女：へえ。もうそんなこと考えてるんだ。私はてっきり、日本語の能力をもっと磨きたいのかなって思ったよ。
男：日本語は学校の授業で十分だよ。卒業したら、早く就職先見つけないといけないからね。今から準備しないと。
女：私も、がんばらなくちゃ。

男の留学生はどうしてアルバイトをすると言っていますか。

스크립트 및 해석 — 콕콕 실전문제

1. 自分で学費を払いたいから
2. 日本式のサービスを学びたいから
3. 卒業後のインターンシップに参加したいから
4. 日本語の実力を高めたいから

해석

남자 유학생과 여자 유학생이 아르바이트에 대해서 이야기하고 있습니다. 남자 유학생은 왜 아르바이트를 한다고 말하고 있습니까?

남 : 여름방학 동안 아르바이트를 할까 해.
여 : 졸업 논문 준비로 힘들 텐데 그럴 시간 있어? 게다가 유학생이 일본에서 아르바이트 같은 거 할 수 있어?
남 : 응. 할 수 있어. 일본인과 같은 조건으로 아르바이트 할 수 있다고 학교의 유학생 어드바이저가 그랬어.
여 : 그렇구나. 아무리 그래도 갑자기 무슨 일이야? 장학금도 받고 있는데 생활비가 부족한 거야?
남 : 그게 아니라. 2학기에 들을 호텔 경영학 수업에 레스토랑 서비스라는 게 있는데, 수업을 받기 전에 실전에서 경험해 볼까 하고. 나는 쭉 공부만 했으니까 한 번쯤은 일하는 사람의 입장이 돼 보고 싶었거든. 그리고 일본식 서비스도 알고 싶고 해서.
여 : 그렇구나. 똑똑하네.
남 : 실은 3학년이 되면 호텔 인턴십에 참가하려고 생각 중인데, 아르바이트 경험이 있으면 인턴 참가에 유리하다거든.
여 : 어머. 벌써 그런 생각을 하고 있구나. 나는 틀림없이 일본어 능력을 좀 더 연마하고 싶은 걸 거라고 생각했거든.
남 : 일본어는 학교 수업이면 충분해. 졸업하면 얼른 취직자리를 찾지 않으면 안 되니까. 지금부터 준비해야지.
여 : 나도 열심히 해야지.

남자 유학생은 왜 아르바이트를 한다고 말하고 있습니까?

1. 자기가 학비를 내고 싶어서
2. 일본식 서비스를 배우고 싶어서
3. 졸업 후 인턴십에 참가하고 싶어서
4. 일본어 실력을 높이고 싶어서

단어

論文 논문 | 条件 조건 | アドバイザー 어드바이저, 조언자 | 奨学金 장학금 | 生活費 생활비 | 足りない 부족하다 | 学期 학기 | 経営学 경영학 | レストラン 레스토랑 | サービス 서비스 | 受ける 받다, 응하다 | 実戦 실전 | 働く 일하다 | 立場 입장 | 日本式 일본식 | しっかり 견고함, 확실함 | ~年生 ~학년 | 参加する 참가하다 | バイト 아르바이트 | 有利 유리함 | てっきり 틀림없이, 꼭 | 磨く 닦다, 연마하다 | 就職先 취직자리 | 自分で 스스로 | 学費 학비 | 払う 지불하다 | 学ぶ 배우다 | 実力 실력 | 高める 높이다

해설

남자 유학생이 아르바이트를 하려는 이유는 일본식 서비스를 배워 보고 싶다고 한 2번이 정답이며, 남학생의 세 번째 대사에 언급되어 있다. 스스로 학비를 벌고 싶다는 이야기는 없으므로 1번은 답이 아니고, 졸업 후의 인턴십에 참가하고 싶어서

라는 3번은 함정이다. 인턴십은 3학년 때 있기 때문이다. 일본어 실력 향상은 학교 수업을 듣는 것만으로 충분하다고 말하고 있으므로 4번도 답이 아니다.

정답 ❷

8番

スクリプト 2-09

男の人と女の人が話しています。女の人が携帯電話を買いかえたい一番の理由は何ですか。

女:ケータイ、変えようと思ってるの。
男:どうして？ほしくて買ったんじゃないか。
女:少し、持ち歩くには重いかなあって思って。それに、要らない機能がありすぎて全部使えそうにもないの。
男:ええ？でも販売初日に朝から並んで買ってたし、たしか値段も高かったんじゃなかった？
女:そうなんだけど、私、別に、会社の外でEメール確認するくらい忙しくないし……。
男:うーん、だから本当の理由は何なんだよ。
女:最新の商品だからいろんな機能がついている分、大き過ぎて見た目がかっこよくないのよね。
男:なんだよ。そんなことか。それくらい我慢できないのか。
女:うーん。そうなの……。私のケータイ、安く売るから誰か買ってくれないかなあ。

女の人が携帯電話を買いかえたい一番の理由は何ですか。

1. 持ち歩くには重いから
2. 最新の商品じゃないから
3. 機能が複雑だから
4. あまりかっこよくないから

해석

남자와 여자가 이야기하고 있습니다. 여자가 휴대전화를 새로 사고 싶은 가장 큰 이유는 무엇입니까?

여 : 휴대전화, 바꿀까 생각 중이야.
남 : 왜? 갖고 싶어서 산 거 아니야?
여 : 가지고 다니기에는 조금 무거운가 싶어서. 게다가 필요 없는 기능이 너무 많아서 전부 쓸 수 있을 것 같지도 않아.
남 : 뭐? 하지만 판매 첫날에 아침부터 줄을 서서 샀고, 아마 가격도 비싸지 않았나?

| 스크립트 및 해석 | 콕콕 실전문제 |

여 : 그렇긴 한데 나는 딱히 회사 밖에서 이메일을 확인할 정도로 바쁘지 않고….
남 : 음, 그러니까 진짜 이유는 뭐야?
여 : 최신 상품이라서 여러 가지 기능이 있는 만큼, 너무 커서 보기에 멋지지 않아.
남 : 뭐야. 그런 거야? 그 정도 못 참아?
여 : 음. 그래…. 내 휴대전화, 싸게 팔 테니까 누군가 사 주지 않으려나?

여자가 휴대전화를 새로 사고 싶은 가장 큰 이유는 무엇입니까?

1. 가지고 다니기에는 무거워서
2. 최신 상품이 아니어서
3. 기능이 복잡해서
4. 그다지 멋지지 않아서

단어

携帯電話(けいたいでんわ) 휴대전화 | 買(か)いかえる 새로 사서 바꾸다 | 持(も)ち歩(ある)く 갖고 다니다 | 機能(きのう) 기능 | ありすぎる 너무 많이 있다 | 販売(はんばい) 판매 | 初日(しょにち) 첫날 | 並(なら)ぶ 줄을 서다 | たしか 아마, 확실히 | 値段(ねだん) 가격 | 確認(かくにん) 확인 | 大(おお)き過(す)ぎる 너무 크다 | 見(み)た目(め) 겉보기, 외관 | かっこいい 멋있다 | 我慢(がまん)できる 참을 수 있다 | 複雑(ふくざつ) 복잡함

해설

여자는 자신의 휴대전화가 무겁고, 필요 없는 기능이 너무 많아서 다 쓸 수 없을 것 같다며 새 것으로 바꾸고 싶다고 했다. 하지만 전화를 바꾸고 싶은 진짜 이유는 너무 커서 보기에 멋지지 않다고 했으므로 정답은 4번이다.

정답 ❹

9番

スクリプト 🎧 2-10

会社(かいしゃ)で女(おんな)の先輩(せんぱい)と男(おとこ)の後輩(こうはい)が話(はな)しています。先輩(せんぱい)は後輩(こうはい)に何(なに)を注意(ちゅうい)していますか。

女 : ちょっと、話(はな)しておきたいことがあるんだけど。
男 : はい、先輩(せんぱい)。何(なん)でしょうか。
女 : 会社(かいしゃ)で昔話(むかしばなし)をするのはいいけど、あまり私(わたし)の個人的(こじんてき)な話(はなし)はしないでくれないかな。
男 : あ、すみません。僕(ぼく)は先輩(せんぱい)のことが友達(ともだち)のように思(おも)えてつい……。
女 : 親(した)しき仲(なか)にも礼儀(れいぎ)ありってことわざ知(し)っているでしょう。私(わたし)の会社(かいしゃ)での立場(たちば)っていうものもあるから、昔(むかし)の話(はなし)はひかえてほしいわ。
男 : わかりました。度(ど)が過(す)ぎました。これから気(き)をつけます。
女 : わかればいいのよ。

先輩は後輩に何を注意していますか。
1. 会社で自分の昔話をすること
2. 会社で個人的な質問をすること
3. 会社でなれなれしいこと
4. 会社のマナーをちゃんと守ること

> 해석

회사에서 여자 선배와 남자 후배가 이야기하고 있습니다. 선배는 후배에게 무엇을 주의 주고 있습니까?

여 : 잠깐 말해 두고 싶은 게 있는데.
남 : 네, 선배님. 무슨 일인가요?
여 : 회사에서 옛날이야기를 하는 것은 좋은데, 내 개인적인 이야기는 너무 하지 말아 줘.
남 : 앗, 죄송합니다. 저는 선배님이 친구처럼 느껴져서 그만….
여 : 친한 사이에도 예의를 갖춰야 한다는 속담 알고 있지? 회사에서의 내 입장이라는 것도 있으니까 옛날이야기는 삼가 줬으면 좋겠어.
남 : 알겠습니다. 도가 지나쳤습니다. 앞으로 조심하겠습니다.
여 : 알면 됐어.

선배는 후배에게 무엇을 주의 주고 있습니까?
1. 회사에서 자신의 옛날이야기를 하는 것
2. 회사에서 개인적인 질문을 하는것
3. 회사에서 버릇없이 친하게 구는 것
4. 회사의 매너를 제대로 지키는 것

> 단어

先輩 선배 | 後輩 후배 | 昔話 옛날이야기 | 個人的 개인적임 | 思える 생각되다, 느껴지다 | つい 그만 | 親しき 仲にも礼儀あり 친한 사이에도 예의를 지켜야 친분이 오래갈 수 있다 | ことわざ 속담 | 立場 입장 | ひかえる 삼가다 | 度が過ぎる 도가 지나치다 | 気をつける 주의하다 | なれなれしい 너무 지나치게 친하다 | 守る 지키다

> 해설

여자는 남자에게 여자 자신의 개인적인 옛날이야기를 회사에서 하지 말라고 당부하고 있으므로 정답은 1번이다.
정답 ❶

3 | 문제3 개요 이해 공략하기

문제 유형 분석

결론이 있는 텍스트를 듣고서 내용을 이해할 수 있는지를 묻는다. 텍스트 전체에서 화자의 의도나 주장을 이해할 수 있는지 묻고 있으므로 화자의 주장과 생각에 대해서 파악을 해야 한다. 본문은 대화가 아닌 혼자서 말하는 내용이며, 논리적이고 추상적인 주제가 나온다. 예상 문제 수는 5문제이며, 약 11분의 시간이 소요될 것으로 예상된다.

문제 풀이 비법

1. 문제의 흐름은 「상황 설명문 듣기 ➡ 결론이 있는 텍스트 듣기 ➡ 질문문 듣기 ➡ 선택지 고르기」의 순서로 진행된다. 선택지는 인쇄되어 있지 않으며 음성으로만 들려준다.

2. 선택지가 음성으로만 나오기 때문에 텍스트를 들으면서 요점이 되는 것을 반드시 메모해 두어야 한다.

3. 본문이 추상적이거나 논리적인 내용이 많으므로 난해한 어휘가 등장할 수 있으나 당황하지 말고 전체적인 흐름을 파악하는 것이 중요하다.

4. 문제를 쉽게 풀기 위해서는 전체적인 것을 파악하는 힘이 필요하다. 평소에 문장을 요약하는 연습과 신문을 빨리 읽는 연습을 하는 것이 도움이 되겠다.

問題3

問題3では、問題用紙に何もいんさつされていません。この問題は、全体としてどんな内容かを聞く問題です。話の前に質問はありません。まず話を聞いてください。それから、質問とせんたくしを聞いて、1から4の中から、最もよいものを一つ選んでください。

例 🎧 3-01

－メモ－

스크립트 및 해석   예제

例(れい)

스크립트  3-01

大学(だいがく)の先生(せんせい)が教室(きょうしつ)で話(はな)しています。

男：豊(ゆた)かな社会(しゃかい)とは、自分(じぶん)が好(す)きなことを満喫(まんきつ)できる社会(しゃかい)のことを言(い)うのだと思(おも)います。また、自分(じぶん)が最(もっと)も心安(こころやす)らぐ時間(じかん)に、友人(ゆうじん)と共通(きょうつう)の趣味(しゅみ)を楽(たの)しむことができる社会(しゃかい)もそうであると言(い)えるでしょう。これは一見(いっけん)、既(すで)に実現(じつげん)している様(よう)に見(み)えますが、あらためて自分(じぶん)の人生(じんせい)を振(ふ)り返(かえ)ってみると、この様(よう)な状態(じょうたい)が一度(いちど)も実現(じつげん)されていないということに気(き)づくでしょう。第一(だいいち)、厳(きび)しい競争社会(きょうそうしゃかい)の中(なか)で、リラックスできる時間(じかん)を作(つく)ること自体難(じたいむずか)しいのです。ましてや心(こころ)の悩(なや)みが打(う)ち明(あ)けられる友人(ゆうじん)を持(も)つことがいかに困難(こんなん)になってしまったことか。好(す)きな物(もの)に囲(かこ)まれて何(なに)よりもまず心(こころ)が豊(ゆた)かにならないと、本当(ほんとう)の豊(ゆた)かな社会(しゃかい)は実現(じつげん)しないと言(い)えます。

先生(せんせい)は何(なに)について話(はな)していますか。

1. 豊(ゆた)かな社会(しゃかい)の矛盾(むじゅん)
2. 豊(ゆた)かな社会(しゃかい)における人生(じんせい)の意味(いみ)
3. 豊(ゆた)かな社会(しゃかい)と心(こころ)の豊(ゆた)かさの関連性(かんれんせい)
4. 豊(ゆた)かな社会(しゃかい)における競争(きょうそう)の必要性(ひつようせい)

해석

대학 교수가 교실에서 이야기하고 있습니다.

남 : 풍요로운 사회란 자신이 좋아하는 일을 만끽할 수 있는 사회를 말한다고 생각합니다. 또한 자신이 가장 마음 편해지는 시간에 친구와 공통의 취미를 즐길 수 있는 사회도 그렇다고 말할 수 있을 것입니다. 이것은 언뜻 보면 이미 실현되어 있는 것처럼 보이지만, 다시 자신의 인생을 돌아보면 이러한 상태가 한 번도 실현되지 않은 것을 깨달을 것입니다. 우선 냉엄한 경쟁 사회 속에서 긴장을 풀 수 있는 시간을 만드는 것 자체가 어려운 것입니다. 더군다나 마음의 고민을 털어놓을 수 있는 친구를 가지는 것이 얼마나 어려워졌는지. 좋아하는 것에 둘러싸여서 무엇보다도 우선 마음이 풍요로워지지 않으면 진정한 풍요로운 사회는 실현되지 않는다고 할 수 있습니다.

선생님은 무엇에 대해서 이야기하고 있습니까?

1. 풍요로운 사회의 모순
2. 풍요로운 사회에서의 인생의 의미
3. 풍요로운 사회와 마음의 풍요로움의 관련성
4. 풍요로운 사회에서의 결쟁의 필요성

정답 ❸

콕콕 실전문제 　　　　　　　　　　　　　　　　　　　　　　　　　　　　　/ 9

問題3 🎧 3-02~10

問題3では、問題用紙に何もいんさつされていません。この問題は、全体としてどんな内容かを聞く問題です。話の前に質問はありません。まず話を聞いてください。それから、質問とせんたくしを聞いて、1から4の中から、最もよいものを一つ選んでください。

－メモ－

스크립트 및 해석 콕콕 실전문제

1番

스크립트 🎧 3-02

テレビでオレンジ農家の人が話しています。

女：うちのオレンジは10年ぶりの猛暑で、雨がまったく降らなくて大変だった時も、朝晩ホースで水をやってなんとか乗り切りました。また、台風が来て、汗水たらして育てたオレンジの枝が折れることもありましたが、諦めずに最後まで育て上げました。それだけではありません。自分の果樹園に農薬を使わなかったので、害虫がとなりの畑に移って、迷惑をかけてしまうのではないかとひやひやしながら育てました。このような悪条件を乗り越えたからこそ、外見も味もいい強者になったのだと思いますね。

女の人はオレンジの何について話していますか。
1. 収穫の難しさ
2. 自然災害に強い理由
3. 栽培に適した条件
4. 味と形がいい理由

해석

TV에서 오렌지 농가 사람이 이야기하고 있습니다.

여 : 우리 오렌지는 10년만의 폭염으로 비가 전혀 오지 않아서 힘들었을 때도 아침저녁으로 호스로 물을 주어 어떻게든 극복했습니다. 또, 태풍이 와서 땀을 뻘뻘 흘리며 키운 오렌지의 가지가 부러지기도 했습니다만, 포기하지 않고 끝까지 키워냈습니다. 그뿐만이 아닙니다. 제 과수원에 농약을 사용하지 않았기 때문에 해충이 옆집 밭으로 옮겨 가서 폐를 끼치는 건 아닌지 가슴을 졸이면서 키웠습니다. 이러한 악조건을 극복했기 때문에 필시 겉모습도 맛도 좋은 강한 오렌지가 된 것이라고 생각합니다.

여자는 오렌지의 무엇에 대해서 이야기하고 있습니까?
1. 수확의 어려움
2. 자연재해에 강한 이유
3. 재배에 적합한 조건
4. 맛과 모양이 좋은 이유

단어

オレンジ 오렌지 | 農家 농가 | 猛暑 폭염, 불볕더위 | まったく 정말로, 참으로 | 朝晩 아침저녁 | ホース 호스 | 水をやる 물을 주다 | 乗り切る 극복하다 | 台風 태풍 | 汗水たらす 땀을 흘리다, 열심히 일하다 | 育てる 기르다 | 枝 가지 | 折れる 꺾어지다, 부러지다 | 諦める 포기하다 | 育て上げる 길러내다 | 果樹園 과수원 | 農薬 농약 | 害

虫 해충 | 畑 밭 | 移る 옮기다, 이동하다 | ひやひや 마음을 졸이는 모양 | 悪条件 악조건 | 乗り越える 극복하다 |
外見 겉모습 | 強者 강자 | 収穫 수확 | 自然災害 자연재해 | 栽培 재배 | 適する 알맞다, 적당하다

해설

오렌지 농가의 사람은 오렌지가 농약도 치지 않고 폭염과 태풍을 무사히 극복하고 강하게 잘 자라서 맛과 겉모습이 좋은 것이라고 말하고 있다. 따라서 정답은 4번이다.

정답 ❹

2番

스크립트 3-03

男の人がラジオで話しています。

男：今回は、長野県にある名所をご紹介します。ここは秋の紅葉の季節のみ現れる絶景がとても美しいことで有名です。また、豊かな自然を守るためマイカー規制が行われているなど、自然保護が最優先されています。山奥に入るためには、近くの駐車場に車を止めてバスやタクシーを利用すればいいのですが、個人的には少々高くてもタクシーに乗ることをお勧めします。というのは、タクシーの運転手さんがガイドをしてくれることがよくあるからです。秋が一番美しいと言われていますが、木々に覆われた谷があるので、真夏の暑さを凌ぐために訪れる観光客もけっこういるようですね。

男の人は何について話していますか。
1. 名所の自然保護の難しさ
2. 名所を楽しむ方法
3. タクシーの運転手が親切な理由
4. 谷遊びをするときのマナー

해석

남자가 라디오에서 이야기하고 있습니다.

남：이번에는 나가노현에 있는 명소를 소개하겠습니다. 이곳은 가을 단풍의 계절에만 나타나는 절경이 아주 아름답기로 유명합니다. 또한, 풍부한 자연을 지키기 위해 자가용 규제가 실시되고 있는 등, 자연보호가 우선시 되고 있습니다. 산속에 들어가기 위해서는 근처 주차장에 차를 세우고 버스나 택시를 이용하면 되는데요, 개인적으로는 조금 비싸더라도 택시 타기를 권합니다. 왜냐하면, 택시기사가 가이드를 해 주는 경우가 종종 있기 때문입니다. 흔히 가을이 가장 아름답다고 하는데요, 나무로 뒤덮인 계곡이 있어서 한여름의 더위를 견디기 위해 방문하는 관광객도 꽤 있는 것 같네요.

스크립트 및 해석 콕콕 실전문제

남자는 무엇에 대해서 이야기하고 있습니까?
1. 명소의 자연보호의 어려움
2. 명소를 즐기는 방법
3. 택시기사가 친절한 이유
4. 계곡놀이를 할 때의 매너

단어

名所 명소 | 紅葉 단풍 | 季節 계절 | 〜のみ 〜만 | 現れる 나타나다 | 絶景 절경 | 美しい 아름답다 | 豊か 풍부함 | 守る 지키다 | マイカー 자가용 | 規制 규제 | 行う 실시하다 | 自然保護 자연보호 | 最優先 최우선 | 山奥 산속 | 駐車場 주차장 | 利用する 이용하다 | 個人的 개인적임 | 勧める 추천하다 | 木々 나무들 | 覆う 덮다 | 谷 계곡 | 真夏 한여름 | 凌ぐ 참고 견디어내다 | 訪れる 방문하다 | 観光客 관광객 | 谷遊び 계곡놀이 | マナー 매너, 예의

해설

남자는 명소를 방문할 때 비싸더라도 택시를 타라고 권하고 있는데, 이는 택시기사가 종종 가이드 역할을 해 주기도 하기 때문이다. 따라서 남자가 말하고 있는 것은 2번 명소를 즐기는 방법이다.

정답 ❷

3番

스크립트  3-04

大学で学生と指導教授が話しています。

女：先生。小論文のテーマは、江戸時代の経済学者の中で一人選べばいいんですよね？
男：うん、そうなんだけど。当分は論文についてわからないことがあったら、林田先生に聞いてもらっていいかな？
女：え？どうしてですか。
男：実は、君には悪いけど、今年一年、研究休暇を取って海外に行くつもりなんだ。向こうの大学でしかできない研究もあるしね。
女：あ、そう言えば、先生が去年提出なさった研究計画書ってすごく好評でしたからね。立て続けにいい研究成果もお出しになりましたしね。
男：ま、そんな大した計画書じゃなかったけどね。向こうの大学が研究費を全額支援してくれるっていうから、休暇を取って研究に励もうと思ってるんだ。
女：わあ。いい条件でいかれるんですね。でも、もしかしてそちらでスカウトされたら、帰国なさらないんじゃないですか。お辞めになりましたら、私、困ります。

男：それは心配しないで。一年経ったら、ちゃんと帰ってくるよ。それから、向こうに行っても、論文のことはメールでやり取りすればいいと思うよ。僕が落ち着いたらね。

女：はい、わかりました。

男の人は何について話していますか。

1. 学生の論文を直接見てあげられない理由
2. 研究計画書がやっと認められた理由
3. 海外の大学にスカウトされる可能性
4. 指導教授を辞める可能性

> **해석**

대학교에서 학생과 지도교수가 이야기하고 있습니다.

여 : 선생님. 소논문 주제는 에도시대의 경제학자 중에서 한 명 고르면 되죠?

남 : 응, 그렇긴 한데. 당분간은 논문에 대해서 모르는 게 있으면 하야시다 교수님께 여쭤봐 주겠어?

여 : 네? 왜요?

남 : 실은 자네한텐 미안하지만, 올해 일 년, 연구 휴가를 얻어서 해외에 갈 생각이야. 저쪽 대학에서밖에 할 수 없는 연구도 있고 해서.

여 : 아, 그러고 보니 교수님이 작년에 제출하신 연구 계획서가 굉장히 호평을 받았으니까요. 연이어 좋은 연구 성과도 내셨고요.

남 : 뭐, 그렇게 대단한 계획서는 아니었지만, 저쪽 대학이 연구비를 전액 지원해 준다고 하니까 휴가를 내서 연구에 매진하려고 생각 중이야.

여 : 우와. 좋은 조건으로 가시는군요. 하지만 혹시 그쪽에서 스카우트되면 귀국 안 하시는 거 아니에요? 그만두시면 저는 곤란해요.

남 : 그건 걱정하지 마. 일 년 지나면 꼭 돌아올게. 그리고 그쪽으로 가도 논문은 메일로 주고받으면 될 거야. 내가 좀 안정이 되면 말야.

여 : 네, 알겠습니다.

남자는 무엇에 대해서 이야기하고 있습니까?

1. 학생의 논문을 직접 봐 줄 수 없는 이유
2. 연구 계획서를 겨우 인정받은 이유
3. 해외 대학에 스카우트될 가능성
4. 지도교수를 그만둘 가능성

> **단어**

指導教授 지도교수 | 小論文 소논문 | テーマ 테마, 주제 | 経済学者 경제학자 | 選ぶ 고르다 | 当分 당분간 | 悪い 미안하다, 나쁘다 | 研究 연구 | 向こう 저쪽, 상대방 | 去年 작년 | 提出する 제출하다 | 計画書 계획서 | 好評 호평

스크립트 및 해석 | 콕콕 실전문제

立て続け 연이어, 계속해서 | 成果 성과 | 出す 내다 | 大した 대단한, 엄청난 | 研究費 연구비 | 全額 전액 | 支援 지원 | 励む 힘쓰다 | 帰国 귀국 | 辞める 그만두다 | 経つ 지나다, 경과하다 | ちゃんと 확실히, 분명히 | やり取り 주고받음 | 落ち着く 진정하다, 안정하다 | やっと 겨우, 가까스로 | 認める 인정하다

해설

남자는 여자에게 올해 1년 동안 연구 휴가를 내고 외국 대학에서 연구를 할 계획이니 당분간은 논문에 대해서 의문점이 있으면 다른 교수에게 물어보라고 한다. 그리고 자신의 상황이 안정되면 이메일로 논문에 대한 의견을 주고받자고 한다. 따라서 정답은 1번이다.

정답 ①

4番

스크립트 3-05

女の人がラジオで話しています。

女：新型インフルエンザはまず37~38.5度の熱が出ます。そして筋肉痛のようなものが表れる場合があり、体が重く感じられることもあります。疲労が続き、一日中寝込んでいることもあります。また、のどに痛みを感じ、せきが出ることもあります。頭痛を訴える患者もかなりいるそうです。それからよく言われているのは、熱を下げる薬を飲んでも熱がなかなか下がらないという点です。そういう場合は、必ず医者に診てもらわないと、取り返しのつかないことになります。

女の人は何について話していますか。

1. 新型インフルエンザの感染力
2. 新型インフルエンザの主な症状
3. 新型インフルエンザの治療方法
4. 新型インフルエンザの対処方

해석

여자가 라디오에서 이야기하고 있습니다.

여 : 신종 인플루엔자는 우선 37~38.5도의 열이 납니다. 그리고 근육통 같은 것이 나타나는 경우가 있고, 몸이 무겁게 느껴지는 경우도 있습니다. 피로가 계속되고 온종일 누워 있는 일도 있습니다. 또한 목에 통증을 느끼고 기침이 나기도 합니다. 두통을 호소하는 환자도 꽤 있다고 합니다. 그리고 자주 말하고 있는 것은, 열을 내리게 하는 약을 먹어도 열이 좀처럼 내려가지 않는다는 점입니다. 그럴 경우에는 반드시 의사에게 진찰을 받지 않으면 돌이킬 수 없게 됩니다.

여자는 무엇에 대해서 이야기하고 있습니까?

1. 신종 인플루엔자의 감염력
2. 신종 인플루엔자의 주요 증상
3. 신종 인플루엔자의 치료 방법
4. 신종 인플루엔자의 대처법

단어

新型インフルエンザ 신종 인플루엔자 | 熱が出る 열이 나다 | 筋肉痛 근육통 | 表れる 나타나다 | 疲労 피로 | 寝込む 병으로 자리에 눕다 | のど 목구멍, 목 | せきが出る 기침이 나다 | 頭痛 두통 | 訴える 호소하다 | 患者 환자 | かなり 상당히, 꽤 | 熱を下げる 열을 내리게 하다 | 薬を飲む 약을 먹다 | 下がる 내려가다, 내리다 | 診る 진찰하다, 보다 | 取り返しがつかない 돌이킬 수 없다 | 感染力 감염력 | 主 주요함 | 症状 증상 | 治療 치료 | 対処方 대처법

해설

열, 근육통, 피로, 기침 등 신종 인플루엔자의 여러 가지 증상에 대해서 나열하고 있다. 따라서 정답은 2번이다.

정답 ❷

5番

스크립트  3-06

会社で男の人と女の人が話しています。

男: 今年は海外出張が多くて忙しくなりそうだ。

女: 本当?海外へ行くのはいいけど、時差ボケがひどいから心配ね。体力的にも参ってしまって、回復するまで何も手に付かなくなるからね。

男: そうか。でも値段の交渉とか、製品の説明は担当者が直接行ってやらないと。担当者を変えない限り、今井さんが行くしかないでしょう。

女: もちろん、仕事なんだから行くのは当たり前よ。でも、時差ボケで寝不足になると仕事どころじゃなくなるからね。

男: そんなにひどいの?僕は飛行機に搭乗したらすぐ、時計を現地時間に合わせるんだ。機内食も現地時間に合わせてちゃんと食べるし、現地時間に合わせて寝てるよ。そのために、いつもあえて寝不足の状態で飛行機に乗るんだ。あ、そうだ。機内の映画は見ないほうがいいよ。光が邪魔で眠れなくなるから。

스크립트 및 해석 콕콕 실전문제

女：そんなにまでして飛行機に乗らないといけないのかしら。
男：うちは、外資系の会社だからね。これから、しょっちゅう出張があると思うよ。
女：そうでしょうね。できるものなら、避けたいけど。覚悟しないとね。
男：でも現地に着いて、しばらくするとよくなるんでしょう？
女：うん。時間が経って寝不足も解消されると、自分の家にいるみたいに振る舞えるわよ。仕事もバリバリこなせるしね。

女の人は海外出張についてどう思っていますか。
1. 現地ではもっと辛いので、できるものなら行きたくない
2. 現地での仕事は楽しいけど、できるものなら行きたくない
3. 現地では仕事ができないけど、行くしかない
4. 現地での仕事が楽しいので、必ず行きたい

해석

회사에서 남자와 여자가 이야기하고 있습니다.

남 : 올해는 해외 출장이 많아서 바빠질 것 같아.
여 : 정말? 해외에 가는 건 좋은데, 시차 적응이 힘들어서 걱정이네. 체력적으로도 약해져서 회복할 때까지 아무것도 손에 안 잡히게 되니까.
남 : 그렇구나. 하지만 가격 교섭이라든지 제품 설명은 담당자가 직접 가서 해야지. 담당자를 바꾸지 않는 이상, 이마이 씨가 갈 수 밖에 없잖아.
여 : 물론 일이니까 가는 건 당연하지. 하지만 시차 적응하느라 수면 부족이 되면 일은 뒷전이 될지도 모르니까.
남 : 그렇게 심해? 나는 비행기에 탑승하면 바로 시계를 현지 시간에 맞춰. 기내식도 현지 시간에 맞춰서 꼭 먹고, 현지 시간에 맞춰서 잠을 자. 그래서 언제나 일부러 수면 부족 상태로 비행기를 타지. 아, 참. 기내 영화는 안 보는 게 좋아. 빛이 방해돼서 잠을 못 자게 되거든.
여 : 그렇게까지 해서 비행기를 타지 않으면 안 되는 건가.
남 : 우리 회사는 외국계 회사니까. 앞으로 자주 출장이 있을 거야.
여 : 그렇겠지. 할 수만 있다면 피하고 싶지만. 각오해야지.
남 : 그래도 현지에 도착해서 조금 지나면 괜찮아지잖아?
여 : 응. 시간이 지나서 수면 부족도 해소되면 내 집에 있는 것처럼 행동할 수 있어. 일도 열심히 할 수 있고.

여자는 해외 출장에 대해서 어떻게 생각하고 있습니까?
1. 현지에서는 더 괴롭기 때문에 될 수 있으면 가고 싶지 않다.
2. 현지에서의 일은 즐겁지만 될 수 있으면 가고 싶지 않다.
3. 현지에서는 일을 할 수 없지만 갈 수밖에 없다.
4. 현지에서의 일이 즐거워서 꼭 가고 싶다.

단어

| 時差ボケ 시차 장애 | 体力的 체력적 | 参る 맥을 못 추다, 약해지다 | 回復する 회복하다 | 手に付く 손에 붙다 | 値段 가격 | 交渉 교섭 | 変える 바꾸다 | ～ない限り ～않는 한 | 当たり前 당연함 | 寝不足 수면 부족 | ～どころじゃない ～할 상황이 아니다 | 搭乗する 탑승하다 | 現地 현지 | 機内食 기내식 | あえて 굳이, 감히 | 光 빛 | 邪魔 방해 | 外資系 외자계 | しょっちゅう 자주, 종종 | 避ける 피하다 | 覚悟 각오 | 経つ 지나다, 경과하다 | 解消 해소 | 振る舞う 행동하다 | バリバリ 일을 척척 해 나가는 모양 | こなせる 해치우다, 처리하다

해설

회사에서 해외 출장을 자주 가는 것에 대해서 여자는 시차 적응에 따르는 어려움 때문에 달가워하지 않는다. 그래서 가능하면 출장을 피하고 싶어 하지만, 대화의 마지막 부분에서 출장지에서 시간이 지나 적응이 되면 일도 잘할 수 있다고 말하고 있으므로 정답은 2번이다.

정답 ②

6番

스크립트 3-07

コンサルタントが教室で話しています。

男：採用者が重要と考えるポイントは3つになります。まず、資質があるか。次に、意欲があるか。最後に、社風に合うか、です。面接の時、一番困るのは、あがってしまうことです。ある程度の緊張感は必要ですが、あがってしまうと明快に意見が言えなくなります。そうならないためには事前に面接の準備をしっかりとすることが重要です。仮想面接を行い、それをビデオ撮影します。それを見て自分がどのような表情をしているのか、変な癖はないかなどをしっかりと見極めて、本番に挑むことが重要です。

コンサルタントは何が一番重要だと言っていますか。

1. 資質を育てること
2. 面接の前に仮想練習をすること
3. 環境ホルモンの間違った情報
4. 社風に合わせること

스크립트 및 해석 콕콕 실전문제

해석

컨설턴트가 교실에서 이야기하고 있습니다.

남: 채용자가 중요하다고 생각하는 포인트는 3가지입니다. 우선, 자질이 있는가, 다음으로 의욕이 있는가, 마지막으로 사풍에 맞는가입니다. 면접 시 가장 곤란한 것은 긴장하는 것입니다. 어느 정도의 긴장감은 필요하지만 긴장해 버리면 명쾌하게 의견을 말할 수 없게 됩니다. 그렇게 되지 않기 위해서는 사전에 면접 준비를 확실히 하는 것이 중요합니다. 가상 면접을 실시하고 그것을 비디오 촬영합니다. 그것을 보고 자신이 어떠한 표정을 짓고 있는지, 이상한 버릇은 없는지 등을 확실히 확인하여 실전에 도전하는 것이 중요합니다.

컨설턴트는 무엇이 가장 중요하다고 말하고 있습니까?
1. 자질을 키우는 것
2. 면접 전에 가상 연습을 하는 것
3. 환경 호르몬의 잘못된 정보
4. 사풍에 맞추는 것

단어

コンサルタント 컨설턴트 | 採用者(さいようしゃ) 채용자 | 資質(ししつ) 자질 | 社風(しゃふう) 사풍, 회사의 기풍 | あがる 흥분하다 | 緊張感(きんちょうかん) 긴장감 | 明快(めいかい) 명쾌함 | 行(おこな)う 실시하다, 행하다 | 撮影(さつえい) 촬영 | 癖(くせ) 버릇 | 見極(みきわ)める 밝히다, 확인하다 | 本番(ほんばん) 연습없이 곧바로 하는 방송이나 시험 | 挑(いど)む 도전하다 | 育(そだ)てる 키우다 | 間違(まちが)う 틀리다

해설

컨설턴트가 면접 요령에 대해서 말하고 있다. 질문은 채용자가 아니라 컨설턴트가 중요하다고 말하는 것을 찾는 것이므로 혼동하지 않도록 조심한다. 컨설턴트는 면접 시 긴장감을 없애는 것이 제일 중요하다고 생각하고 있으며, 그러기 위해서는 가상 연습을 많이 하는 것이 중요하다고 말하고 있다. 따라서 정답은 2번이다.

정답 ❷

7番

스크립트  3-08

自動車(じどうしゃ)の専門家(せんもんか)が話(はな)しています。

男: ハイブリッドカーは一般(いっぱん)のガソリン車(しゃ)に比(くら)べて燃費(ねんぴ)が良(よ)いこと、CO_2、排気(はいき)ガスの排出量(はいしゅつりょう)が少(すく)ないことなどが注目(ちゅうもく)を浴(あ)びております。しかしハイブリッドカーは使用(しよう)する全(すべ)ての人(ひと)に燃費(ねんぴ)がいい車(くるま)であるとは限(かぎ)りません。都心(としん)に住(す)んでいて、市内(しない)の会社(かいしゃ)に出(で)かける時(とき)、自動車(じどうしゃ)を利用(りよう)するなら燃費(ねんぴ)が良(よ)くなります。しかし郊外(こうがい)に家(いえ)があって、

都心の会社まで長い距離をある程度以上の速度で走ることができる場合は、一般のガソリン車の方が燃費はいいのです。車に載せてあるモーターなどが重いため、高速で走るとかなりのエネルギーが必要となるからです。その様な場合は、ガソリンで走る方がエネルギーの使用が少なくなるのです。

ハイブリッド車はどんな人が使うのがいいですか。
1. 郊外に家があって、市内の会社まで自動車で出勤する人
2. 短距離を運転して会社に行く人
3. 長距離を運転して会社に行く人
4. 郊外から時々都心の会社に行く人

해석

자동차 전문가가 이야기하고 있습니다.

남 : 하이브리드차는 일반 가솔린차에 비해 연비가 좋은 점, CO_2, 배기가스 배출량이 적은 점 등이 주목을 받고 있습니다. 하지만 하이브리드차는 사용하는 모든 사람에게 연비가 꼭 좋은 차라고는 할 수 없습니다. 도심에 살고 있고 시내에 있는 회사에 나갈 때 자동차를 이용한다면 연비가 좋아집니다. 하지만 교외에 집이 있고 도심에 있는 회사까지 장거리를 어느 정도 이상의 속도로 달릴 수 있는 경우에는 일반 가솔린차 쪽이 연비는 좋습니다. 차에 탑재되어 있는 모터 등이 무겁기 때문에 고속으로 달리면 상당한 에너지가 필요해지기 때문입니다. 그런 경우에는 가솔린으로 달리는 편이 에너지 사용이 적어지는 것입니다.

하이브리드차는 어떤 사람이 사용하는 것이 좋습니까?
1. 교외에 집이 있고 시내에 있는 회사까지 자동차로 출근하는 사람
2. 단거리를 운전해서 회사에 가는 사람
3. 장거리를 운전해서 회사에 가는 사람
4. 교외에서 가끔 도심에 있는 회사에 가는 사람

단어

専門家 전문가 | ハイブリッドカー 하이브리드차 | 一般 일반 | ガソリン 가솔린 | ~に比べて ~에 비해 | 燃費 연비 | 排気ガス 배기가스 | 排出量 배출량 | 注目を浴びる 주목을 받다 | 全て 모두 | ~とは限らない 반드시 (꼭) ~한 것은 아니다 | 都心 도심 | 出かける 나가다 | 郊外 교외 | 距離 거리 | 程度 정도 | 速度 속도 | 載せる 태우다, 싣다 | モーター 모터 | かなり 꽤, 상당히 | エネルギー 에너지 | 出勤 출근 | 短距離 단거리 | 長距離 장거리

| 스크립트 및 해석 | **콕콕 실전문제**

> **해설**

도심에 살면서 시내에 있는 회사에 차로 가는 경우에 하이브리드차의 연비가 좋다고 했으므로 단거리를 운전하는 것을 말한다. 따라서 정답은 2번이다.

정답 ❷

8番

> **スクリプト** 🎧 3-09

科学者が講演会で話しています。

女：火星にも大気が存在します。その様な理由から、地球に似ていると言われています。しかし、大気の95％が二酸化炭素であり、酸素はほとんどありません。また、火星は太陽から遠いために平均気温がマイナス63度であり、地球よりずっと寒い星です。従って、人間が暮らす可能性はゼロに近いと言われています。しかし、この星で氷が発見されたことから、その周りに微生物などの生命体が存在する可能性があるとされておりますが、この事が人間が火星に住めるかどうかについての答えになるとは考えられません。

科学者は主に何について話していますか。
1. 地球より火星が大気が薄い理由
2. 火星が地球より寒くない理由
3. 地球で火星人が暮らせる可能性
4. 火星で地球人が暮らせる可能性

> **해석**

과학자가 강연회에서 이야기하고 있습니다.

여：화성에도 대기가 존재합니다. 그러한 이유에서 지구와 닮았다고 합니다. 하지만 대기의 95％가 이산화탄소이고 산소는 거의 없습니다. 또한, 화성은 태양으로부터 멀기 때문에 평균기온이 영하 63도이고 지구보다 훨씬 추운 별입니다. 따라서 인간이 살 가능성은 제로에 가깝다고 합니다. 하지만 이 별에서 얼음이 발견되었기 때문에, 그 주변에 미생물 등의 생명체가 존재할 가능성이 있다고 여겨지고 있지만, 이 일이 인간이 화성에 살 수 있는지 없는지에 대한 답이 된다고는 생각되지 않습니다.

과학자는 주로 무엇에 대해서 이야기하고 있습니까?
1. 지구보다 화성이 대기가 희박한 이유
2. 화성이 지구보다 춥지 않은 이유

3. 지구에서 화성인이 살 수 있는 가능성
4. 화성에서 지구인이 살 수 있는 가능성

단어

科学者(かがくしゃ) 과학자 | 火星(かせい) 화성 | 大気(たいき) 대기 | 存在(そんざい) 존재 | 地球(ちきゅう) 지구 | ～に似(に)る ～와 닮다, ～와 비슷하다 | 二酸化炭素(にさんかたんそ) 이산화탄소 | 酸素(さんそ) 산소 | 太陽(たいよう) 태양 | 平均気温(へいきんきおん) 평균기온 | マイナス 마이너스, 영하 | ずっと 훨씬 | 従(したが)って 따라서, 그러므로 | 暮(く)らす 살다 | 可能性(かのうせい) 가능성 | ゼロ 제로, 0 | 氷(こおり) 얼음 | 発見(はっけん) 발견 | ～ことから ～로 인해, ～때문에 | 周(まわ)り 주변 | 微生物(びせいぶつ) 미생물 | 生命体(せいめいたい) 생명체 | ～かどうか ～인지 아닌지 | 薄(うす)い 희박하다, 부족하다

해설

화성과 지구는 닮았지만 화성은 산소가 적고 기온이 너무 낮기 때문에 인간이 살기에는 부적합하다고 설명하고 있다. 미생물의 존재 가능성만으로는 인간이 살 수 있는 가능성은 희박하다고 했으므로 정답은 4번임을 알 수 있다.

정답 ④

9番

スクリプト 3-10

外国(がいこく)の視聴者(しちょうしゃ)が話(はな)しています。

男：韓国(かんこく)のドラマは一回(いっかい)見始(みはじ)めるとやめられないですね。いつも同(おな)じパターンの内容(ないよう)なんですが、なぜかいくら見(み)ても飽(あ)きないですね。例(たと)えば、ドラマには必(かなら)ず主人公(しゅじんこう)の親(おや)が登場(とうじょう)して、主人公(しゅじんこう)の力(ちから)になることもあれば、主人公(しゅじんこう)のすることに反対(はんたい)したりして主人公(しゅじんこう)を悩(なや)ますこともあります。また、主人公(しゅじんこう)をいじめるライバルが一人(ひとり)は必(かなら)ずいて、ストーリーに緊張感(きんちょうかん)をもたせます。一番面白(いちばんおもしろ)いのは、交通事故(こうつうじこ)などの大(おお)きな事故(じこ)が起(お)きて主人公(しゅじんこう)の運命(うんめい)が変(か)わってしまうことがよくある点(てん)です。この他(ほか)にも特徴(とくちょう)がいろいろありますが、とにかく韓国(かんこく)ドラマは劇的(げきてき)なほど人気(にんき)があるようです。

外国(がいこく)の視聴者(しちょうしゃ)が言(い)いたいことは何(なん)ですか。

1. 韓国(かんこく)のドラマは緊張感(きんちょうかん)がなくて面白(おもしろ)くない
2. 韓国(かんこく)のドラマはいつも同(おな)じ内容(ないよう)だが緊張感(きんちょうかん)があって面白(おもしろ)い
3. 韓国(かんこく)のドラマは悪(わる)い人(ひと)の方(ほう)が主人公(しゅじんこう)より人気(にんき)がある
4. 韓国(かんこく)のドラマはいつも同(おな)じ内容(ないよう)で面白(おもしろ)くない

스크립트 및 해석 — 콕콕 실전문제

해석

외국 시청자가 이야기하고 있습니다.

남 : 한국 드라마는 한번 보기 시작하면 그만둘 수가 없네요. 언제나 같은 패턴의 내용이지만, 왜 그런지 아무리 봐도 질리지 않네요. 예를 들면, 드라마에는 반드시 주인공의 부모가 등장해서 주인공의 힘이 되기도 하거니와, 주인공이 하는 일에 반대하거나 해서 주인공을 괴롭히기도 합니다. 또한, 주인공을 괴롭히는 라이벌이 한 사람은 반드시 있어서 스토리에 긴장감을 갖게 합니다. 가장 재미있는 것은, 교통사고 같은 큰 사고가 일어나서 주인공의 운명이 바뀌어 버리는 일이 자주 있는 점입니다. 이외에도 특징이 여러 가지 있지만, 어쨌든 한국 드라마는 극적일수록 인기가 있는 것 같습니다.

외국 시청자가 말하고 싶은 것은 무엇입니까?

1. 한국 드라마는 긴장감이 없어서 재미없다.
2. 한국 드라마는 언제나 같은 내용이지만 긴장감이 있어서 재미있다.
3. 한국 드라마는 나쁜 사람 쪽이 주인공보다 인기가 있다.
4. 한국 드라마는 언제나 같은 내용이어서 재미없다.

단어

視聴者 시청자 | ドラマ 드라마 | 見始める 보기 시작하다 | パターン 패턴 | 内容 내용 | いくら〜ても 아무리 〜해도 | 飽きる 질리다 | 主人公 주인공 | 登場 등장 | 反対 반대 | 〜も〜ば〜も 〜도 하거니와 〜도 | 悩ます 괴롭히다, 고통을 주다 | いじめる 못살게 굴다, 괴롭히다 | ライバル 라이벌 | 緊張感 긴장감 | もたせる 가지게 하다, 들게 하다 | 交通事故 교통사고 | 〜など 〜등, 〜같은 것 | 運命 운명 | 変わる 바뀌다 | 特徴 특징 | とにかく 여하튼, 어쨌든 | 劇的 극적임 | 〜ほど 〜할수록

해설

남자는 초반부에 한국 드라마는 한번 보기 시작하면 그만둘 수 없다고 말하면서 한국 드라마에 대해 호의적인 태도를 보이고 있다. 그리고 중반부에서 한국 드라마는 스토리에 긴장감이 있다고 말하고 있으므로 정답은 2번이다.

정답 ❷

Memo

4 | 문제 4 즉시 응답 공략하기

문제 유형 분석

짧은 문장을 듣고 적절한 답을 즉각적으로 고를 수 있는지를 묻는 문제이다. 예상 문제 수는 12문제이며, 약 7분의 시간이 소요될 것으로 예상된다.

문제 풀이 비법

1. 문제의 흐름은 「짧은 문장 듣기 ➡ 선택지 고르기」의 순서로 진행된다. 선택지는 인쇄되어 있지 않으며 음성으로만 들려준다.

2. 문제는 일대일 대화 형태이며, 문제 유형에서도 알 수 있듯이 문제의 즉각적인 응답을 할 수 있는지를 평가하므로 문제의 진행속도가 빠를 것으로 예상된다.

3. 즉시 응답은 문제 속도가 빠르므로 들으면서 바로 판단해서 정답을 고른다. 문제를 놓쳤더라도 그 다음 문제에 집중해야 한다. 그렇지 않으면 다음 문제도 놓치는 실수를 범하게 된다.

4. 문제의 주제는 일상생활에서 사용되는 짧은 회화로 난이도 면에서는 높지 않을 것으로 예상한다. 인사말이나 관용적으로 사용되는 표현을 익혀 두면 쉽게 문제를 풀 수 있다.

問題4

問題4では、問題用紙に何もいんさつされていません。まず文を聞いてください。それから、それに対する返事を聞いて、1から3の中から、最もよいものを一つ選んでください。

例 🎧 4-01

― メモ ―

스크립트 및 해석 | 예제

例
れい

スクリプト  4-01

女：明日の朝、電話してくださいませんか。

男：1. ええ、かまいませんよ。
　　2. ちょっとお腹がすいてまして。
　　3. とてもいい経験でした。

해석

여 : 내일 아침에 전화해 주시지 않겠습니까?

남 : 1. 네, 상관없습니다.
　　2. 배가 좀 고파서요.
　　3. 아주 좋은 경험이었습니다.

정답 ❶

콕콕 실전문제　　　　　　　　　　　　　　　　　　　　　　　　　　　　／29

問題 4 🎧 4-02~30

問題4では、問題用紙に何もいんさつされていません。まず文を聞いてください。それから、それに対する返事を聞いて、1から3の中から、最もよいものを一つ選んでください。

－ メモ －

스크립트 및 해석 콕콕 실전문제

1番

스크립트 🎧 4-02

男：手紙の返事を早く書いてくださいませんか。
女：1. 少しならかまいません。
　　 2. とんでもないことです。
　　 3. では、なるべく早く書き上げましょう。

해석

남 : 편지의 답장을 빨리 써 주시지 않겠습니까?
여 : 1. 조금이라면 상관없습니다.
　　 2. 당치도 않은 일입니다.
　　 3. 그러면 되도록 빨리 다 씁시다.

단어

手紙 편지 | 返事 답장, 대답 | かまう 상관하다 | とんでもない 당치도 않다 | なるべく 되도록, 가능한 한 | 書き上げる 다 쓰다, 쓰기를 마치다

해설

편지의 답장을 빨리 써 달라고 요청하자 되도록 빨리 쓰겠다고 한 3번이 답이다.

정답 ❸

2番

스크립트 🎧 4-03

男：今回の作品は本当にお見事ですね。
女：1. お褒めの言葉ありがとうございます。
　　 2. まだ解決できていません。
　　 3. まだまだ不思議なことがいっぱいです。

> **해석**

여 : 이번 작품은 정말로 훌륭하군요.
남 : 1. 칭찬의 말씀 감사합니다.
　　 2. 아직 해결되지 않았습니다.
　　 3. 아직도 이상한 일이 많습니다.

> **단어**

今回 이번, 금회 | 作品 작품 | 見事 훌륭함, 아름다움, 뛰어남 | お褒めの言葉 칭찬의 말씀 | 解決 해결 | まだまだ 아직, 아직도 | 不思議 이상함, 희한함

> **해설**

작품이 훌륭하다고 칭찬하고 있으므로 감사하다고 대답한 1번이 정답이다.

정답 ①

3番

> **스크립트**

女 : ご飯食べかけで出かけるのはちょっと……。
男 : 1. すみませんが、とても食べきれません。
　　 2. ご飯の食べ残しでもかまいませんか。
　　 3. 先に食べ始めてもかまいませんか。

> **해석**

여 : 밥을 먹다가 나가는 건 좀….
남 : 1. 죄송하지만, 도저히 다 먹을 수 없습니다.
　　 2. 밥을 먹다 남겨도 되겠습니까?
　　 3. 먼저 먹기 시작해도 될까요?

> **단어**

〜かけ 〜하다가 맒 | 出かける 외출하다 | 食べきれる 다 먹다 | 食べ残し 먹다 남은 음식 | 食べ始める 먹기 시작하다

스크립트 및 해설 콕콕 실전문제

해설

여자가 밥을 먹다 말고 나가는 것은 좀 그렇다고 말하고 있으므로 도저히 다 먹을 수 없다고 대답한 1번이 적절하다. '동사의 연용형(ます형)+かけだ・かけの(~하다 말다/~하다 만)'는 어떤 동작을 하다 만 상태를 나타낸다. 「読みかけの本」은 '읽다 만 책'이라는 뜻이다. '동사의 연용형(ます형)+きれない(다 ~ 할 수 없다)'는 완전하게는 할 수 없음을 나타내는 표현으로, 「量が多すぎて消化しきれない」는 '양이 너무 많아서 다 소화가 안 된다'는 뜻이다.

정답 ❶

4番

スクリプト 🎧 4-05

男: 今日は本当に蒸し暑いですね。
女: 1. 何よりも健康が一番です。
　　2. 残念ですが、また次の機会にしましょう。
　　3. 半そでと半ズボンでも暑いですよ。

해석

남: 오늘은 정말로 무덥군요.
여: 1. 무엇보다도 건강이 제일입니다.
　　2. 유감이지만 다음 기회에 다시 합시다.
　　3. 반팔과 반바지여도 더워요.

단어

蒸し暑い 무덥다 | 何よりも 무엇보다도 | 健康 건강 | 残念 유감스러움 | 機会 기회 | 半そで 반팔 | 半ズボン 반바지

해설

무덥다고 말하자 반팔과 반바지여도 덥다고 대답하고 있는 3번이 적절하다. 긴팔과 긴바지는 각각 「長そで」, 「長ズボン」이라고 한다.

정답 ❸

5番

스크립트  4-06

女 : そのうちこちらからご連絡を差し上げますので。

男 : 1. お待ちしております。
　　 2. ご覧の通りです。
　　 3. とっくに行きましたよ。

해석

여 : 조만간 이쪽에서 연락을 드릴 테니까요.

남 : 1. 기다리고 있겠습니다.
　　 2. 보시는 대로입니다.
　　 3. 훨씬 전에 갔습니다.

단어

そのうち 조만간, 멀지 않아 | 連絡 연락 | 差し上げる 드리다 | お待ちしております 기다리고 있겠습니다, 기다리고 있습니다 | ご覧の通り 보시는 바와 같이, 보시다시피 | とっくに 훨씬 전에

해설

여자가 연락을 하겠다고 했으므로 기다리고 있겠다고 대답하고 있는 1번이 어울린다.

정답

6番

스크립트 4-07

男 : 今日は午後から曇りがちの天気になるらしいよ。

女 : 1. ようやく元気が出てよかったね。
　　 2. ほこりが多くて眼鏡がすぐ曇ってしまうわね。
　　 3. 連日曇り空だなんて、がっかりね。

스크립트 및 해석 콕콕 실전문제

해석

남 : 오늘은 오후부터 흐린 날씨가 된대.

여 : 1. 겨우 힘이 나서 다행이네.
　　2. 먼지가 많아서 안경이 금방 뿌예져 버리네.
　　3. 연일 흐린 하늘이라니 실망이야.

단어

曇りがち 흐릴 때가 많음 | ようやく 겨우, 점차 | ほこり 먼지 | 眼鏡 안경 | 曇る 흐리다, 흐려지다 | 連日 연일 | 曇り空 흐린 하늘 | がっかり 실망하는 모양

해설

오늘은 오후부터 날씨가 흐려진다고 말하고 있으므로 연일 흐린 날씨라서 힘이 빠진다고 말하고 있는 3번이 적절한 대답이다. 「曇りがちの天気」는 '흐릴 때가 많은 날씨'를 뜻한다. '체언/동사의 연용형＋がち'는 '그러한 경향, 상태가 많음'을 나타낸다. 예를 들면「病気がちの子」는 '병이 잦은 아이'라는 뜻이고, 「この時計は遅れがちだ」는 '이 시계는 잘 늦는다'라는 뜻이다.

정답 ❸

7番

스크립트  4-08

女 : 先生とは2年前に会ったきりです。

男 : 1. お会いできて光栄ですね。
　　2. しばらく行ってないですね。
　　3. 僕は、卒業してから一度も会っていません。

해석

여 : 선생님과는 2년 전에 만났을 뿐입니다.

남 : 1. 만나뵙게 돼서 영광입니다.
　　2. 한동안 안 갔네요.
　　3. 나는 졸업하고 나서 한 번도 못 만났습니다.

단어

光栄 영광임 | しばらく 잠깐, 당분간 | 一度も 한 번도

해설

선생님과는 2년 전에 만난 이후로 못 만났다고 말하고 있으므로 졸업하고 한 번도 만난 적이 없다고 말한 3번이 답이다. '동사의 과거형(た형)+きり・きりだ'는 '~한 채로/~한 채이다'라는 뜻으로, 기대했던 일이 일어나지 않고 예상 외의 상태가 계속되는 상태를 나타낸다. 예를 들면, 「彼は出て行ったきり、帰ってきません」은 '그는 외출한 채 돌아오지 않습니다(돌아와야 하는데)'라는 뜻이다.

정답 ❸

8番

スクリプト 🎧 4-09

男：もしもし、富田課長はまだお戻りになっていませんか。

女：1. いいえ。存じておりません。
　　2. はい。戻り次第こちらから連絡いたします。
　　3. はい。それは課長次第です。

해석

남：여보세요. 도미타 과장님은 아직 안 돌아오셨습니까?

여：1. 아니요. 모릅니다.
　　2. 네. 돌아오시는 대로 이쪽에서 연락드리겠습니다.
　　3. 네. 그건 과장님 하기 나름입니다.

단어

戻る 돌아오다 | 存じる 알다(겸양어) | ~次第 ~하는 즉시, ~나름

해설

전화로 도미타 과장이 아직 안 돌아왔냐고 묻고 있으므로 돌아오는 대로 연락하겠다고 대답하고 있는 2번이 답이다. 1번에서 「存じておりません」은 「知っていません」의 겸양어이다. 어떤 사물, 사실에 대하여 '모른다'를 겸양 표현으로 정중하게 사용하고 싶을 경우에 「存じていません(모릅니다)」을 사용할 수 있다. 「存じておりません」은 좀 더 정중한 표현이다.

정답 ❷

스크립트 및 해석 | 콕콕 실전문제

9番

스크립트 🎧 4-10

女:山田さん、いいところに来てくれたわね。

男:1. お忙しいところだったのでは。
　　2. そんなに良さそうに見えませんが。
　　3. そんなのわかりっこないです。

해석

여 : 야마다 씨. 때마침 와 주었네.
남 : 1. 바쁘신 거 아니에요?
　　2. 그렇게 좋아 보이지 않는데요.
　　3. 그런 거 알 리 없습니다.

단어

いいところ 좋은 때, 때마침 | 見える 보이다 | ～っこない ～할 리가 없다, 결코 ～하지 않다

해설

여자가 좋은 타이밍에 와 줬다며 좋아하자, 바쁜 상황인데 방해 놓는 거 아니냐고 눈치를 보는 1번이 답이다. 여기서「ところ」는 '장소'가 아니라 '때'를 뜻한다.

정답 ❶

10番

스크립트 🎧 4-11

男:早速今日お宅に伺ってもよろしいですか。

女:1. じゃあ、一応両親に聞いてみます。
　　2. 今日は珍しくいい天気ですね。
　　3. いいえ、かまいませんので、ご心配なく。

해석

남 : 당장 오늘 댁에 찾아뵈도 괜찮습니까?

여 : 1. 그럼 일단 부모님께 물어보겠습니다.
    2. 오늘은 희한하게 날씨가 좋네요.
    3. 아니요, 상관없으니까 걱정 마세요.

단어

早速 곧, 즉시, 당장 | お宅 댁 | 伺う 찾아뵙다 | よろしい 좋다, 괜찮다 | 一応 일단, 대강 | 両親 양친, 부모 | 珍しい 드물다, 희한하다 | 天気 날씨 | 心配 근심, 걱정

해설

오늘 당장 집에 가도 되겠냐고 묻고 있으므로 일단 부모님에게 물어보겠다고 한 1번이 자연스럽다. 3번은 「いいえ」 대신 「はい」가 오면 답이 될 수 있다.

정답 ❶

11番

스크립트  4-12

男：新年を迎えるにあたって、一言お願いします。

女：1. 今年は大変お世話になりました。
    2. 今年もご迷惑をおかけすると思います。
    3. 来年もよろしくお願いします。

해석

남 : 새해를 맞이함에 있어서 한마디 부탁드립니다.

여 : 1. 올해는 대단히 신세를 졌습니다.
    2. 올해도 폐를 끼치게 될 것 같습니다.
    3. 내년에도 잘 부탁드리겠습니다.

단어

新年 신년, 새해 | 迎える 맞이하다 | ～にあたって ~에 즈음하여 | 一言 한마디 | お世話になる 신세 지다 | ご迷惑をかける 폐를 끼치다 | 来年 내년

> **해설**

남자가 신년 인사를 부탁하고 있으므로 올해도 폐를 끼치게 될 것 같다고 대답한 2번이 답이다.

정답 ❷

12番

> **スクリプト** 🎧 4-13

男：あの、急用ができてしまって、明日の約束、取り消してもよろしいですか。
女：1. お話中、恐れ入ります。
　　2. はい、都合が悪いなら仕方がありません。
　　3. はい、急いでろうそくを消してください。

> **해석**

남 : 저기, 급한 일이 생겨서 내일 약속을 취소해도 될까요?
여 : 1. 말씀 중에 죄송합니다.
　　2. 네, 형편이 안 되면 어쩔 수 없습니다.
　　3. 네, 서둘러 촛불을 꺼 주세요.

> **단어**

急用 급한 볼일 | できる 생기다 | 約束 약속 | 取り消す 취소하다 | よろしい 좋다 | お話 말씀 | 恐れ入る 죄송하다 | 都合が悪い 형편(사정)이 안 좋다 | 仕方がない 방법이 없다, 어쩔 수 없다 | 急ぐ 서두르다 | ろうそく 양초 | 消す 끄다

> **해설**

급한 볼일이 생겨서 약속을 취소하겠다고 하므로 형편이 안 좋으면 어쩔 수 없다고 대답하고 있는 2번이 답이다.

정답 ❷

13 番

스크립트 4-14

女：中華料理にかけては、誰にも負けないわよ。

男：1. 料理にこしょうをかけるのはちょっと。
　　2. 何ちんぷんかんぷんな事を言ってるんだよ。
　　3. 僕もフランス料理なら、自信があるんだけどね。

해석

여 : 중국요리에 있어서는 누구에게도 지지 않을 거야.

남 : 1. 요리에 후추를 뿌리는 건 좀 그래.
　　 2. 무슨 횡설수설을 하고 있는 거야.
　　 3. 나도 프랑스 요리라면 자신이 있는데.

단어

中華料理 중국요리 ｜ ～にかけては ～에 대하여는 ｜ 負ける 지다 ｜ こしょう 후추 ｜ かける 뿌리다 ｜ ちんぷんかんぷん 종잡을 수 없는 말, 횡설수설 ｜ フランス料理 프랑스 요리 ｜ 自信 자신

해설

중국요리에 있어서는 누구에게도 지지 않을 만큼 자신 있다고 말하고 있으므로 나도 프랑스 요리라면 자신 있다고 대답한 3번이 답이다. '동사의 명사형/동사의 기본형(る형)＋こと/명사＋にかけては'는 '～에서는, ～에 있어서는 (자신 있다)'이라는 뜻이다. 예를 들면「走ることにかけては金さんが一番です。」는 '달리는 일에 있어서는 김 씨가 제일 잘한다'는 뜻이다.

정답 ❸

14 番

스크립트 4-15

男：あの、もう少し落ち着いてくださいませんか。

女：1. そう言っていただけると光栄です。
　　2. 今落ち着いてる暇なんかありませんよ。
　　3. 私が持ってるものの中で落ち着いた感じの服なんかないですよ。

스크립트 및 해석 콕콕 실전문제

해석

남 : 저기, 좀 더 진정해 주시지 않겠습니까?
여 : 1. 그렇게 말씀해 주시면 영광입니다.
　　 2. 지금 진정할 틈 같은 건 없어요.
　　 3. 제가 가지고 있는 것 중에서 차분한 느낌의 옷 같은 건 없어요.

단어

落(お)ち着(つ)く (마음이) 진정되다, (색조가) 차분하다, 점잖다 | 光栄(こうえい) 영광 | 暇(ひま) 틈, 짬 | ～なんか ～같은 것 | 感(かん)じ 느낌 | 服(ふく) 옷

해설

좀 더 진정하라는 말에 지금 진정하고 있을 때가 아니라고 대답하는 2번이 답이다. 「落ち着く」는 '마음이 안정되다, 동작이 차분하다, 색조가 점잖다' 등 여러 가지 뜻이 있으므로 문맥에 맞게 잘 해석하는 것이 중요하다.

정답 ❷

15番

스크립트 🎧 4-16

男(ぼく) : 僕(ぼく)で良(よ)かったら、何(なに)かお手伝(てつだ)いしましょうか。
女 : 1. あ、手(て)が空(あ)いた時(とき)でいいですよ。
　　 2. あ、ちょっと忙(いそが)しくて無理(むり)なんです。
　　 3. やることたくさんあって大変(たいへん)そうですね。

해석

남 : 저라도 괜찮다면 뭔가 도와 드릴까요?
여 : 1. 아, 손이 비었을 때라 괜찮아요.
　　 2. 아, 좀 바빠서 무리예요.
　　 3. 할 일이 많아서 힘들어 보이네요.

단어

手伝(てつだ)う 돕다 | 手(て)が空(あ)く 손이 비다 | やること 할 일 | たくさん 많이

> **해설**

괜찮다면 뭐라도 도와주겠다는 말에 손이 비었을 때라 괜찮다고 대답한 1번이 답이다.

정답 ❶

16番

> **스크립트**  4-17

男: そのように健康を維持する秘訣を教えてくださいませんか。

女: 1. 健康だと聞いて、安心しました。
　　2. いいえ、運動をしてもそんなにうれしくありません。
　　3. 毎日の運動といつもほほえみを忘れないことです。

> **해석**

남: 그렇게 건강을 유지하는 비결을 가르쳐 주시지 않겠습니까?

여: 1. 건강하다고 들어서 안심했습니다.
　　2. 아니요, 운동을 해도 그렇게 기쁘지 않습니다.
　　3. 매일 운동하는 것과 언제나 미소를 잊지 않는 것입니다.

> **단어**

健康 건강 | 維持 유지 | 秘訣 비결 | 教える 가르치다 | 聞く 듣다 | 安心 안심 | ほほえみ 미소 | 忘れる 잊다

> **해설**

건강을 유지하는 비결을 가르쳐 달라고 했으므로 매일 운동을 하고 언제나 미소를 잊지 않는 것이라고 한 3번이 답이다.

정답 ❸

17番

스크립트 🎧 4-18

女：台所のほうが何か焦げ臭いんですが。

男：1. やっぱりせっけんを買わないといけませんね。
　　2. 台所に行って何か飲み物でも持って来てください。
　　3. 台所の窓を開けておきましょう。

해석

여 : 부엌 쪽이 뭔가 탄내가 나는데요.

남 : 1. 역시 비누를 사지 않으면 안 되겠네요.
　　2. 부엌에 가서 뭔가 마실 거라도 가져오세요.
　　3. 부엌 창문을 열어 둡시다.

단어

台所 부엌 | 焦げ臭い 탄내가 나다 | せっけん 비누 | 窓を開ける 창문을 열다

해설

부엌 쪽에서 뭔가 타는 냄새가 난다고 하므로 부엌 창문을 열어 놓자고 하는 3번이 정답이다. 「〜臭い」는 접미어적으로 '〜의 냄새가 나다'는 뜻으로 쓰인다.

정답 ❸

18番

스크립트 🎧 4-19

男：どうして昨日約束の場所に来なかったんですか。

女：1. ちゃんと行ったんですけど……。人が多くてきっとすれ違ってしまったんですね。
　　2. 今から行ってみます。
　　3. それで、電話が壊れてしまったんです。

해석

남 : 왜 어제 약속 장소에 안 왔습니까?

여 : 1. 분명히 갔는데요. 사람이 많아서 틀림없이 엇갈려 버린 겁니다.
　　 2. 지금부터 가 보겠습니다.
　　 3. 그래서 전화가 고장 나 버렸습니다.

단어

約束 약속 ｜ 場所 장소 ｜ ちゃんと 분명히, 틀림없이 ｜ きっと 틀림없이 ｜ すれ違う 엇갈리다, 어긋나다 ｜ 壊れる 고장나다, 부서지다, 깨지다

해설

어제 약속 장소에 나오지 않은 이유를 묻고 있으므로 갔었지만 사람이 많아서 엇갈린 거라고 대답한 1번이 정답이다.

정답 ①

19 番

스크립트  4-20

女：来週会社の見学に行く人たちは全員揃いましたか。

男：1. いいえ、一人も行きませんでした。
　　 2. はい、全員集まりました。
　　 3. はい、お金がありましたら何とか揃えられます。

해석

여 : 다음 주에 회사 견학하러 갈 사람들은 전원 모였습니까?

남 : 1. 아니요, 한 명도 가지 않았습니다.
　　 2. 네, 전원 모였습니다.
　　 3. 네, 돈이 있다면 어떻게든 갖출 수 있습니다.

단어

見学 견학 ｜ 全員 전원 ｜ 揃う 빠짐없이 모이다 ｜ 集まる 모이다, 집합하다 ｜ 揃える (고루) 갖추다, (한데) 모으다

| 스크립트 및 해석 | **콕콕 실전문제**

> **해설**

다음 주에 회사 견학하러 갈 사람들이 다 모였는지를 물었으므로 전원 모였다고 대답한 2번이 정답이다.「揃う」를「集まる」로 바꾼 것에 유의하자.

정답 ❷

20番

> **스크립트** 🎧 4-21

男：野口(のぐち)さんと話(はな)しているあの人(ひと)は誰(だれ)ですか。
女：1. 林(はやし)さんはコーヒーショップで話(はな)しています。
　　2. 郵便局(ゆうびんきょく)がどこか聞(き)いています。
　　3. ただの通(とお)りすがりの人(ひと)です。

> **해석**

남 : 노구치 씨와 이야기하고 있는 저 사람은 누구입니까?
여 : 1. 하야시 씨는 커피숍에서 이야기하고 있습니다.
　　2. 우체국이 어디인지 묻고 있습니다.
　　3. 그냥 지나가는 사람입니다.

> **단어**

郵便局(ゆうびんきょく) 우체국 | 聞(き)く 묻다 | ただ 그냥, 그저 | 通(とお)りすがり 지나가는 길

> **해설**

노구치 씨와 이야기하고 있는 사람이 누군지 물었으므로 그냥 지나가는 사람이라고 대답한 3번이 가장 적당하다.

정답 ❸

21番

스크립트  4-22

女：今回の前田さんの作品は、色合いからして目立つわね。

男：1. まったく要領が悪い人だよね。
　　2. さんざん悩んだあげく、止めることにしたんだ。
　　3. 前田さんにしては、めずらしいよね。

해석

여 : 이번 마에다 씨 작품은 색조부터가 눈에 띄네.

남 : 1. 정말이지 요령이 나쁜 사람이네.
　　2. 한참 고민한 끝에 그만두기로 했어.
　　3. 마에다 씨로 보면 드문 일이야.

단어

色合い 색조 ｜ ～からして ～부터가 ｜ 目立つ 눈에 띄다 ｜ まったく 정말로, 참으로 ｜ 要領 요령 ｜ さんざん 실컷 ｜ 悩む 고민하다 ｜ ～あげく ～끝에 ｜ 止める 그만두다 ｜ ～にしては ～치고는, ～으로 보면 ｜ めずらしい 신기하다, 드물다

해설

이번 마에다 씨 작품은 색조부터가 눈에 띈다고 했으므로, 마에다 씨의 평소 성향이나 실력 등을 생각한다면 드문 일이라고 대답한 3번이 정답이다. '명사/동사 기본형＋こと＋からして'는 조사「から」를 더 강조하는 표현으로, 한 가지 사례를 들고 전체 문장을 강하게 이야기하고 있다. 뜻은 '～로 보아, ～를 생각하면, ～부터가'이다. 예를 들면「言うことからして気に入らない」는 '말하는 것부터가 마음에 안 든다'는 뜻이다. 선택지 3번의 '동사의 기본형/과거형/명사＋にしては(～치고는)'는 '당연히 기대되는 모습과 실제 결과가 다를 때' 사용한다. 예를 들면,「この料理は君が作ったにしてはおいしいね。」는 '이 요리는 네가 만든 것치고는 맛있네.'라는 뜻이다.

정답 ❸

22番

スクリプト 4-23

男：裏口入学をした学生がいるんですが、どうしましょうか。

女：1. 昨日の会議で、入学を取り消すことにしました。
　　2. まったくかわいそうですね。
　　3. 表門から入ってください。

해석

남：부정 입학을 한 학생이 있는데 어떻게 할까요?

여：1. 어제 회의에서 입학을 취소하기로 했습니다.
　　2. 참으로 불쌍하네요.
　　3. 앞문으로 들어오세요.

단어

裏口入学 부정 입학 | 会議 회의 | 入学 입학 | 取り消す 취소하다 | まったく 정말로, 참으로 | かわいそう 가엾음, 불쌍함 | 表門 앞문, 정문 | 入る 들어오다

해설

부정 입학을 한 학생이 있는데 어떻게 하겠냐고 물었으므로 어제 회의에서 입학을 취소하기로 했다고 말하고 있는 1번이 정답이다.

정답 ❶

23番

스크립트 4-24

女：高橋さんの彼女は実物の方がきれいですね。

男：1. 残念ながら、ひと足遅かったんですよ。
　　2. 幸いそのプランは順調に進んでいますね。
　　3. 写真よりもずっときれいですね。

해석
여 : 다카하시 씨 여자친구는 실물이 더 예쁘네요.
남 : 1. 유감스럽지만, 한발 늦었어요.
　　2. 다행히 그 계획은 순조롭게 진행되고 있네요.
　　3. 사진보다도 훨씬 예쁘네요.

단어
実物(じつぶつ) 실물 | ひと足(あし) 한걸음, 한 발짝 | 幸(さいわ)い 다행히 | プラン 플랜, 계획 | 順調(じゅんちょう)に 순조롭게 | 進(すす)む 진척되다, 진행되다 | ずっと 훨씬

해설
다카하시 씨의 여자친구는 실물이 더 예쁘다고 말하고 있으므로 사진보다 실물이 훨씬 예쁘다고 맞장구를 치고 있는 3번이 정답이다.

정답 ❸

24番

스크립트  4-25

男：料理についてはまったくの素人(しろうと)なんで、いろいろと教(おし)えてください。
女：1. 炊事(すいじ)洗濯(せんたく)ならがんばります。
　　2. 料理(りょうり)なら私(わたし)にまかせてください。
　　3. 本当(ほんとう)にお上手(じょうず)ですね。

해석
남 : 요리에 대해서는 완전히 아마추어니까 여러 가지로 가르쳐 주세요.
여 : 1. 취사 빨래라면 열심히 하겠습니다.
　　2. 요리라면 저한테 맡겨 주세요.
　　3. 정말로 잘하시네요.

단어
~については ~에 대해서는 | まったく 완전히, 정말로 | 素人(しろうと) 비전문가, 아마추어 | 炊事(すいじ) 취사 | 洗濯(せんたく) 세탁 | まかせる 맡기다

> **해설**

요리에 대해서는 완전히 아마추어니까 가르쳐 달라고 부탁하고 있으므로 요리라면 맡겨 달라며 자신감을 보이고 있는 2번이 정답이다.

정답 ❷

25番

> **スクリプト** 🎧 4-26

女 : あの、新聞が逆様になっていますけど。

男 : 1. えっ。実は考え事をしていたもので、気づきませんでした。
　　 2. 気づいたら、そこまで来ていました。
　　 3. そんなに長い間、新聞を読んでいましたか。

> **해석**

여 : 저기, 신문이 거꾸로 되어 있는데요.
남 : 1. 어? 실은 이런저런 생각을 좀 하고 있어서 눈치 채지 못했습니다.
　　 2. 정신을 차리니 거기까지 와 있었습니다.
　　 3. 그렇게 오랫동안 신문을 읽고 있었습니까?

> **단어**

逆様 거꾸로 됨, 반대로 됨 | 考え事 이런저런 생각, 걱정거리 | もので ~해서, ~이기 때문에 | 気づく 눈치채다, 알아차리다

> **해설**

신문을 거꾸로 들고 있다고 가르쳐 주자 이런저런 생각을 하느라 몰랐다고 대답한 1번이 정답이다.

정답 ❶

26番

스크립트 4-27

男: 手紙に宛名をちゃんと書きましたか。

女: 1. いいえ、名前は間違っています。
　　2. はい、全部はっきりと書きました。
　　3. もう一度、書いてください。

해석

남: 편지에 수신인을 제대로 썼습니까?
여: 1. 아니요, 이름은 틀렸습니다.
　　2. 네, 전부 확실히 썼습니다.
　　3. 다시 한 번 써 주세요.

단어

宛名 (우편물 등에 쓰는) 상대방의 이름 또는 주소 | ちゃんと 확실하게 | 間違う 틀리다, 잘못되다 | はっきりと 확실히, 틀림없이

해설

편지에 수신인을 제대로 썼냐고 묻고 있으므로 전부 확실히 썼다고 대답하고 있는 2번이 정답이다.

정답

27番

스크립트 4-28

女: 恐縮ですが、窓を開けてくださいませんか。

男: 1. それではくれぐれもお大事に。
　　2. ぜひ、窓の方へいらしてください。
　　3. じゃあ、外は寒いから、少しだけ開けておきますね。

> **스크립트 및 해석** 콕콕 실전문제

> 해석

여 : 죄송합니다만, 창문을 열어주시지 않겠습니까?
남 : 1. 그러면 부디 몸조심하세요.
　　 2. 꼭 창문 쪽으로 와 주세요.
　　 3. 그럼, 밖은 추우니까 조금만 열어 둘게요.

> 단어

恐縮ですが 죄송합니다만 | 窓を開ける 창문을 열다 | くれぐれも 부디, 아무쪼록, 제발 | お大事に 몸조심하세요 | ぜひ 꼭, 반드시 | いらしてください 와 주세요〈いらっしゃってください의 축약형〉

> 해설

창문을 열어 달라고 부탁하고 있으므로 밖은 추우니까 조금만 열겠다고 대답하고 있는 3번이 정답이다.

정답 ③

28番

> 스크립트 🎧 4-29

男 : 明日の試験はどういう問題が出るか、見当もつきません。
女 : 1. 見かけよりやさしいですよ。
　　 2. たぶん、去年よりはやさしくなってますよ。
　　 3. 工場の見学に行ってみれば、分かりますよ。

> 해석

남 : 내일 시험은 어떤 문제가 나올지 짐작도 가지 않습니다.
여 : 1. 보기보다 쉬워요.
　　 2. 아마 작년보다는 쉬워졌을 거예요.
　　 3. 공장 견학을 가 보면 알 거예요.

> 단어

見当がつく 짐작이 가다 | 見かけ 겉보기 | やさしい 쉽다 | たぶん 아마 | 去年 작년 | 工場 공장 | 見学 견학

> 해설

내일 시험에는 어떤 문제가 나올지 감을 못 잡겠다고 하자 작년보다 쉬워졌을 것이라고 대답한 2번이 정답이다.

> 정답 ❷

29番

> 스크립트  4-30

女: 申し訳ございませんが、今日の野菜はもう全部売り切れてしまいました。
男: 1. いやー、それはまことに残念ですね。
　　2. まごまごしていると、全部なくなってしまいますよ。
　　3. もう限界が来ましたね。

> 해석

여 : 죄송합니다만, 오늘 채소는 벌써 다 팔려 버렸습니다.
남 : 1. 아니, 그거 정말로 아쉽네요.
　　2. 우물쭈물하고 있으면 전부 없어져 버립니다.
　　3. 벌써 한계가 왔네요.

> 단어

申し訳ない 죄송하다 | 野菜 채소 | 売り切れる 다 팔리다, 매진되다 | まことに 참으로, 정말로 | 残念 유감스러움, 아쉬움 | まごまご 우물쭈물 | なくなる 없어지다 | 限界 한계

> 해설

오늘 채소가 전부 팔렸다는 말에 안타까워하고 있는 1번이 정답이다.

> 정답 ❶

5 문제 5 종합 이해 공략하기

문제 유형 분석

긴 텍스트를 듣고 복수의 정보를 비교·통합하면서 내용을 이해할 수 있는지를 묻는다. 텍스트는 3인 이상의 대화나 2종류의 텍스트가 나오므로 정보를 통합하는 고도의 능력을 필요로 한다. 문제는 선택지가 인쇄되어 있는 것과 인쇄되어 있지 않은 2가지의 형태이다. 예상 문제 수는 3문제이며, 약 8분의 시간이 소요될 것으로 예상된다.

문제 풀이 비법

1. 문제의 흐름은 1, 2번은 「상황 설명문 듣기 ➡ 긴 텍스트 듣기 ➡ 질문문 듣기 ➡ 선택지 고르기(선택지는 음성으로만 들려줌), 3번은 상황 설명문 듣기 ➡ 긴 텍스트 듣기 ➡ 질문1 질문문 듣기 ➡ 질문1 선택지 고르기(선택지는 인쇄되어 있음)」 ➡ 질문2 질문문 듣기 ➡ 질문2 선택지 고르기(선택지는 인쇄되어 있음)」의 순서로 진행된다.

2. 내용이 길기 때문에 문제를 풀면서 중요한 숫자나 단어를 메모하는 것이 중요하다.

3. 추상적인 내용은 나오지 않지만 대화 속에서 여러 정보를 얻어야 하기 때문에 다른 문제 유형에 비해 난해할 수 있다. 하지만 점수 배점이 높을 수 있으므로 집중해서 듣도록 한다.

4. 긴 문장을 빨리 이해할 수 있는 힘과 대화 속에서 사람들이 어느 것을 선택할 것인지를 파악하는 상황 판단력이 필요하다. 평소에 긴 문장을 요약하는 연습과 문장 속 주된 내용을 재빨리 이해할 수 있는 연습을 하는 것이 도움이 되겠다.

問題 5

問題 5 では長めの話を聞きます。この問題には練習はありません。メモをとってもかまいません。

例 1 🎧 5-01

問題用紙に何もいんさつされていません。まず話を聞いてください。それから、質問とせんたくしを聞いて、1 から 4 の中から、最もよいものを一つ選んでください。

― メモ ―

例2 5-02

まず話を聞いてください。それから、二つの質問を聞いて、それぞれ問題用紙の1から4の中から、最もよいものを一つ選んでください。

質問1

1　男が化粧するのはよくない
2　男の化粧はおかしい
3　男の化粧は世の中を変える
4　男が化粧をしてもいつもと同じだ

質問2

1　お母さんが眉毛が薄いと言ったから
2　整形はこわくてできないから
3　面接でいい印象を与えたいから
4　友達に整形しろと言われたから

스크립트 및 해석 | 예제

例1

스크립트  5-01

男の先生と生徒たちが成績のつけ方について話しています。

男1：今年から成績のつけ方を変えることにした。期末試験が200点、中間試験がそれぞれ100点と200点、宿題が200点だ。中間試験が二回に増えるのに注目してほしい。中間試験の合計点も前より200点増えている。

女 ：えー？本当ですか。いやだなあ。

男1：試験の難易度はそんなに高くないから、そんなにブーブー言うな。それから、中間試験だけじゃなくて宿題も100点上がっている。つまり、試験だけがんばってはいい点数を取れないってことだ。

男2：なんか前の方が楽な気がするんだけど。

女 ：そうでしょう？今まで宿題なんか適当にやってたけど、もうそういうわけにはいかないなあ。

男1：中間試験の一回目でいい点を取れなかったら、二回目で挽回すればいいんだよ。二回目の方が点数が高いからな。わかったか。

女, 男2：はーい。

今年の成績の合計点はどうなりますか。

1. 800点
2. 700点
3. 600点
4. 900点

해석

남자 선생님과 학생들이 성적을 매기는 방법에 대해서 이야기하고 있습니다.

남1 : 올해부터 성적 매기는 방법을 바꾸기로 했다. 기말시험이 200점, 중간시험이 각각 100점과 200점, 숙제가 200점이다. 중간시험이 두 번으로 늘어나는 것에 주목해 줬으면 한다. 중간시험의 합계점도 전보다 200점 늘어났다.

여 : 네? 정말이에요? 싫어요.

남1 : 시험의 난이도는 그렇게 높지 않으니까 그렇게 투덜대지 마. 그리고 중간시험뿐만 아니라 숙제도 100점 올랐다. 즉, 시험만 열심히 해서는 좋은 점수를 받을 수 없다는 뜻이다.

남2 : 왠지 이전이 편한 기분이 드는데.

여 : 그렇지? 지금까지 숙제 같은 거 적당히 했었는데. 이제 그럴 수 없겠어.

남1 : 첫 번째 중간시험에서 좋은 점수를 못 받았으면 두 번째에서 만회하면 돼. 두 번째 쪽이 점수가 높으니까. 알았지?

여, 남2 : 네.

올해 성적 합계점은 어떻게 됩니까?

1. 800점
2. 700점
3. 600점
4. 900점

정답

例2

스크립트 5-02

お父さんと息子が男の化粧について話しています。

男1：お前、最近妙に鏡を見ている時間が長くなったな。彼女でもできたのか。
男2：そんなんじゃないよ。実は来週、会社の面接があるんだ。
男1：そうか。それは大変だな。
男2：お父さん、僕の顔ってどこかおかしくないかな。
男1：え？どうしてそう思うんだ？どう見てもいつもと同じだよ。
男2：そうじゃなくってさあ。僕って、眉毛がちょっと薄い方だから相手にはっきりした印象を与えにくいかなって思って。だからさ、お母さんの眉毛を描く鉛筆を使ってみようかなあと思っているんだ。お父さんはどう思う？
男1：なんだよ。男が化粧をするのか。その方が変なんじゃないか。
男2：お父さんが知らないだけで、最近かっこよく見えるために化粧している男って結構いるんだよ。僕も眉毛を描くことぐらいならいいと思っているんだ。実は昨日も描いて出かけたんだけど、友達に整形でもしたのかって言われたよ。
男1：そうなのか。世の中も変わったものだな。

質問1　男の化粧についてお父さんはどう思っていますか。

1. 男が化粧するのはよくない
2. 男の化粧はおかしい
3. 男の化粧は世の中を変える
4. 男が化粧をしてもいつもと同じだ

質問2　息子が化粧をした理由は何ですか。

1. お母さんが眉毛が薄いと言ったから
2. 整形はこわくてできないから
3. 面接でいい印象を与えたいから
4. 友達に整形しろと言われたから

> **해석**

아버지와 아들이 남자의 화장에 대해서 이야기하고 있습니다.

남1 : 너 요즘 묘하게 거울을 보고 있는 시간이 길어졌어. 여자친구라도 생겼니?
남2 : 그런 거 아니에요. 실은 다음 주에 회사 면접이 있어요.
남1 : 그렇구나. 그것 참 큰일이네.
남2 : 아버지, 제 얼굴, 어딘가 이상하지 않아요?
남1 : 뭐? 왜 그렇게 생각하는 거야? 아무리 봐도 평소와 똑같은데.
남2 : 그게 아니라요. 저는 눈썹이 좀 흐린 편이라서 상대한테 또렷한 인상을 주기 어려운가 해서요. 그래서 어머니의 눈썹 그리는 연필을 써 볼까 생각 중이에요. 아버지는 어떻게 생각해요?
남1 : 뭐야. 남자가 화장을 하는 거야? 그게 더 이상한 거 아니니?
남2 : 아버지가 모르는 것뿐이고, 요즘 멋있게 보이려고 화장하는 남자가 꽤 있어요. 저도 눈썹을 그리는 것 정도라면 괜찮다고 생각하고 있어요. 실은 어제도 그리고 외출했는데 친구들한테 성형이라도 했냐는 말을 들었어요.
남1 : 그렇냐. 세상도 변했구나.

질문1　남자의 화장에 대해서 아버지는 어떻게 생각하고 있습니까?

1. 남자가 화장하는 것은 좋지 않다.
2. 남자의 화장은 이상하다.
3. 남자의 화장은 세상을 바꾼다.
4. 남자가 화장을 해도 평소와 똑같다.

질문2　아들이 화장을 한 이유는 무엇입니까?

1. 어머니가 눈썹이 흐리다고 말했기 때문에
2. 성형은 무서워서 못하기 때문에
3. 면접에서 좋은 인상을 주고 싶기 때문에
4. 친구에게 성형하라는 소리를 들었기 때문에

정답　질문1 ❷
　　　질문2 ❸

콕콕 실전문제   / 11

問題 5

問題5では長めの話を聞きます。この問題には練習はありません。メモをとってもかまいません。

1番～5番 🎧 5-03~07

問題用紙に何もいんさつされていません。まず話を聞いてください。それから、質問とせんたくしを聞いて、1から4の中から、最もよいものを一つ選んでください。

－ メモ －

6番 〜 11番

まず話を聞いてください。それから、二つの質問を聞いて、それぞれ問題用紙の1から4の中から、最もよいものを一つ選んでください。

6番 🎧 5-08

質問1

1　くじを引いて当たったから
2　多数決で決まったことだから
3　ゲームで負けたから
4　妻の料理がおいしいから

質問2

1　年末の計画が色々立ててあるから
2　ワインに合った洋食の料理が作れないから
3　夫がスパゲッティーはやめた方がいいと言うから
4　ワインに合った和食の料理が作りたいから

7番 🎧 5-09

質問1
1 江口さんに早く会いたいから
2 社長が江口さんの説明を気に入っているから
3 江口さんの説明を聞かないといけないから
4 社長が江口さんの説明を直接聞きたがっているから

質問2
1 社長の指示だから別におかしいと思わない
2 大の大人を二人で迎えに行くのは手間がかかることだ
3 江口さんは偉い人だから迎えに行くべきだ
4 どこで待ち合わせるか携帯電話で知らせるべきだ

8番 🎧 5-10

質問1

1 「川遊びキャンプ」
2 「海で遊ぼうキャンプ」
3 「星空を眺めるキャンプ」
4 「イングリッシュキャンプ」

質問2

1 「川遊びキャンプ」
2 「海で遊ぼうキャンプ」
3 「星空を眺めるキャンプ」
4 「イングリッシュキャンプ」

9番 🎧 5-11

質問1
1. 礼儀正しいお客様には親切に接すること
2. 店員が商品についてきちんと説明できること
3. お客様について研究すること
4. お客様に感謝の気持ちを持つこと

質問2
1. 商品に欠陥があるというクレーム
2. 商品を買ったのにサービスポイントをもらえなかったというクレーム
3. 商品を買わないと店員が不親切な態度を取るというクレーム
4. 商品を見たいのに見せてもらえなかったというクレーム

10番 🎧 5-12

質問1

1. 温かいコップに入れてあるお茶を飲むことにした
2. はちみつをたっぷり入れたお茶を飲むことにした
3. 説明を聞いて体が温かくなったので何も飲まないことにした
4. ちょうどいい甘さの温かいお茶を飲むことにした

質問2

1. 女の人はオレンジのシャーベット、男の人はしょうが湯
2. 女の人はしょうが湯、男の人はオレンジのシャーベット
3. 女の人はしょうが湯、男の人ははちみつ湯
4. 女の人ははちみつ湯、男の人はしょうが湯

11番 🎧 5-13

質問1

1. 帰宅時間が遅くなるから
2. 会社から遠いところに引っ越すから
3. 妻が男の人のことを信じないから
4. 会社から近いところに引っ越さないから

質問2

1. デパートが集まっているところ
2. 繁華街に近いところ
3. 子供の学校から近いところ
4. 公園があるところ

스크립트 및 해석 콕콕 실전문제

1番

스크립트  5-03

男の人と女の人が話しています。

女：ねえ、物干し台がとうとう壊れたの。ねじが緩くなって部品が全部ばらばらの状態よ。

男：そろそろ買いどきだと思ってたよ。今度は丈夫なのを買おう。今日時間あるから、ショッピング街に行ってみるか。

女：通販で買う方が安いから、昨晩のうちに買いたいものを4つリストアップしてみたの。一番目はね、今まで使ってたのと同じくらいのサイズで、折りたたみ式の普通の物干し台よ。値段は2,000円で、組み立てが簡単だっていうメリットがあるわね。

男：そうか。安くていいけど、前のって、小さくて、たくさん干せないし、不便だったからな。

女：そう？私は、使わない時しまっておけるからよかったんだけどね。二番目はね、2,600円の折りたたみ式の物干し台よ。棒が長く伸びるから、布団を楽に干せるのよ。でも、サイズは持ってたのと同じくらいよ。

男：布団を楽に干せるのはいいな。ほかのは？

女：三番目のは、ベランダ用の物干し台だからサイズは大きめよ。でも、折りたためないから場所を取るし、値段も8,000円でちょっと高めなの。あと、折りたたみ式でタオル掛けがついているのは、サイズが大きいのしか残ってなくて値段は5,000円よ。

男：そうか。ベランダにある荷物は押入れに全部入るかな。ベランダにスペースがあればいいんだけどな。

女：押入れもすでに荷物でいっぱいよ。私は、サイズはどれでもかまわないから、折りたたみできるかどうかが重要なの。

男：わかった。じゃ、サイズはたくさん干せるのにしよう。値段もそんなに高くないのでね。

二人はどの物干し台を買うことにしましたか。

1. 小さめの普通の物干し台
2. 小さめの布団が干せる物干し台
3. 大きめのベランダ用の物干し台
4. 大きめのタオル掛け付きの物干し台

해석

남자와 여자가 이야기하고 있습니다.

여 : 저기, 빨래 건조대가 드디어 망가졌어. 나사가 헐거워져서 부품이 전부 뿔뿔이 흩어져 있는 상태야.

| 스크립트 및 해석 | **콕콕 실전문제**

남 : 슬슬 사야 할 때라고 생각했어. 이번에는 튼튼한 걸 사자. 오늘 시간 있으니까 쇼핑가에 가 볼까?
여 : 인터넷 쇼핑으로 사는 게 싸서 어젯밤에 사고 싶은 것을 4개 리스트업 해 봤어. 첫 번째는 말이야, 지금까지 사용한 것과 같은 정도의 크기고, 접이식의 보통 건조대야. 가격은 2,000엔이고, 조립이 간단하다는 장점이 있어.
남 : 그렇구나. 싸서 좋긴 한데, 전엣것은 작아서 많이 못 넣고 불편했거든.
여 : 그래? 난 안 쓸 때 넣어 둘 수 있어서 좋았는데. 두 번째는 2,600엔짜리 접이식 건조대야. 봉이 길게 늘어나니까 이불을 편하게 널 수 있어. 하지만 사이즈는 가지고 있던 것과 비슷해.
남 : 이불을 편하게 널 수 있는 건 좋네. 다른 건?
여 : 세 번째 것은, 베란다용 건조대라서 사이즈는 큰 편이야. 하지만 접을 수가 없어서 자리를 차지하고, 가격도 8,000엔이라 좀 비싼 편이야. 그리고 접이식에 수건걸이가 달려 있는 건 사이즈가 큰 것밖에 남아 있지 않고 가격은 5,000엔이야.
남 : 그렇구나. 베란다에 있는 짐은 벽장에 전부 들어갈까? 베란다에 공간이 있으면 좋을 텐데.
여 : 벽장도 이미 짐으로 가득이야. 나는 사이즈는 어느 것이든 상관없으니까 접을 수 있는지 없는지가 중요해.
남 : 알았어. 그럼, 사이즈는 많이 널 수 있는 것으로 하자. 가격도 별로 안 비싼 걸로.

두 사람은 어느 건조대를 사기로 했습니까?

1. 작은 편의 보통 건조대
2. 작은 편의 이불을 널 수 있는 건조대
3. 큰 편의 베란다용 건조대
4. 큰 편의 수건걸이가 달린 건조대

| 단어 |

物干し台 빨래 건조대 | とうとう 드디어, 결국 | 壊れる 고장 나다 | ねじ 나사 | 緩い 느슨하다, 헐겁다 | ばらばら 여기저기 흩어져 있는 모양 | 買いどき 살 때 | 丈夫 튼튼함 | ショッピング街 쇼핑가 | 通販 통신판매 | 昨晩 어젯밤 | 折りたたみ式 접이식 | 組み立て 조립 | 干す 말리다 | 不便 불편함 | しまう 치우다, 챙기다 | 棒 막대 | 伸びる 뻗다, 펴지다 | 布団 이불 | 楽に 쉽게, 편하게 | 大きめ 조금 큼 | 折りたたむ 접어 개다 | 場所を取る 자리를 잡다 | タオル掛け 수건걸이 | つく 매달리다, 달라붙다 | 残る 남다 | 押入れ 벽장 | すでに 이미 | かまう 상관하다 | 小さめ 조금 작음

| 해설 |

빨래 건조대가 고장 나서 여자는 인터넷에서 네 가지 상품을 골라서 남자와 어떤 것을 살지 의논한다. 여자는 사이즈는 상관없고 사용하지 않을 때 접어 둘 수 있는 접이식을 선호한다. 남자는 베란다에 놓는 큰 건조대를 사고 싶어하지만 베란다에 짐이 많아서 놓을 수 없다. 남자는 여자의 의견을 듣고 사이즈는 큰 것, 가격은 별로 비싸지 않은 것으로 하자고 한다. 이 조건에 맞는 건조대는 4번 수건걸이가 달려 있는 큰 건조대이다. 따라서 정답은 4번이다.

정답 ❹

2番

스크립트 🎧 5-04

男の人と女の人が空港まで行く方法について話しています。

女：明日出発でしょう？東京駅から空港まで何で行きますか。

男：浜松町から羽田空港までモノレールに乗って行こうと考えているんです。

女：へえ。モノレールですか。モノレールで行くと空港に早く着くんですか。

男：そうですね。東京駅から山手線で浜松町まで8分かかって、浜松町からモノレールで空港まで22分ぐらいかかります。あるいは、東京駅から品川まで山手線で10分、品川から京急電鉄に乗ると17分ぐらいかかると思います。

女：山手線から空港まではモノレールより電車で行く方が速いんですね。

男：まあ、急行ですからね。止まる駅の数が少ないですからね。

女：東京駅から羽田空港までかかる時間をそれぞれ足してみると、モノレールで行く方が遅いんですね。

男：でも、乗り換えることを考えると、どちらで行ってもそんなに変わらないと思いますよ。

女：なるほど。

男の人は空港までどうやって行くつもりですか。

1. 浜松町からモノレールで行く
2. 品川から急行に乗って行く
3. 品川からモノレールで行く
4. 浜松町から急行に乗って行く

해석

남자와 여자가 공항까지 가는 방법에 대해서 이야기하고 있습니다.

여: 내일 출발이죠? 도쿄역에서 공항까지 무엇으로 가요?

남: 하마마쓰초에서 하네다공항까지 모노레일을 타고 가려고 생각 중이에요.

여: 네? 모노레일이요? 모노레일로 가면 공항에 빨리 도착하나요?

남: 글쎄요. 도쿄역에서 야마노테선으로 하마마쓰초까지 8분 걸리고, 하마마쓰초에서 모노레일로 공항까지 22분 정도 걸립니다. 또는, 도쿄역에서 시나가와까지 야마노테선으로 10분, 시나가와에서 게이큐전철을 타면 17분 정도 걸릴 거예요.

여: 야마노테선에서 공항까지는 모노레일보다 전철로 가는 편이 빠르군요.

남: 뭐 급행이니까요. 정차하는 역의 수가 적으니까요.

| 스크립트 및 해석 | **콕콕 실전문제**

여 : 도쿄역에서 하네다공항까지 걸리는 시간을 각각 더해 보면 모노레일로 가는 게 늦네요.
남 : 하지만 갈아타는 것을 생각하면, 어느 쪽으로 가도 그렇게 다르지 않을 거예요.
여 : 그렇군요.

남자는 공항까지 어떻게 갈 생각입니까?

1. 하마마쓰초에서 모노레일로 간다.
2. 시나가와에서 급행을 타고 간다.
3. 시나가와에서 모노레일로 간다.
4. 하마마쓰초에서 급행을 타고 간다.

| 단어 |

空港 공항 | 出発 출발 | モノレール 모노레일 | 着く 도착하다 | あるいは 또는 | 電車 전철 | 急行 급행 | 止まる 멈추다 | それぞれ 각기, 각각 | 足す 더하다 | 乗り換える 갈아타다, 환승하다 | なるほど 역시

| 해설 |

공항까지 가는 두 가지 방법에 대해서 말하고 있다. 첫 번째는 도쿄역에서 하마마쓰초까지 가서 모노레일을 타고 공항까지 가는 것, 두 번째는 도쿄역에서 시나가와까지 가서 게이큐전철을 갈아타고 공항까지 가는 방법이다. 질문에 대한 힌트는 초반부에 남자가 모노레일을 타고 가겠다고 한 데 있다. 앞서 말한 공항으로 가는 두 가지 방법이 시간적으로 그다지 차이가 없으므로 그대로 가기로 했으므로 답은 1번이다.

정답 ①

3番

| スクリプト | 🎧 5-05

女の人と男の人が人の役に立つことについて話しています。

女 : 今年も何事もなく平凡な一年だったなあ。せめて人の役に立つことぐらいしたかったのにな。
男 : そういうことだったらまだ遅くないよ。
女 : 本当？ どうすればいいのかしら？
男 : 年末になるとデパートとか大きな駅の周りで救世軍の人が募金活動をしているだろ？あの人たちってお金だけを集めているわけじゃないんだよ。僕たちでお金を集めてクリスマスケーキを渡すっていうのはどうかな？ お金を渡すより真心が感じられて喜んでもらえるんじゃないかな。
女 : ええー？ ケーキをどれくらい買うつもりなの？

男：いいことするなら50個ぐらいどーんといかないと。
女：冗談でしょう？大勢の人が見ている前でそんな大げさなこと恥ずかしくてできないわよ。
男：じゃあ、どうするつもりなんだよ。
女：私だったら、直接孤児院などに行って渡すわよ。
男：でも、50個のケーキをいちいち渡し歩くのも大変だよ。救世軍の人に渡せばあちらで何とか配分してくれると思うんだけどな。
女：そうねえ……。じゃあ、あなたの考えどおりにしましょう。

女の人は何が恥ずかしいのですか。

1. クリスマスケーキを50個も買うこと
2. 救世軍の人にお金を渡すこと
3. 救世軍に50個のクリスマスケーキを直接渡すこと
4. 孤児院にクリスマスケーキを50個も渡しに行くこと

해석

여자와 남자가 다른 사람에게 도움이 되는 일에 대해서 이야기하고 있습니다.

여 : 올해도 아무 일 없이 평범한 일 년이었네. 적어도 다른 사람에게 도움이 되는 일 정도는 하고 싶었는데.

남 : 그런 거라면 아직 안 늦었어.

여 : 정말? 어떻게 하면 되는데?

남 : 연말이 되면 백화점이나 큰 역 주변에서 구세군 사람이 모금 활동을 하고 있잖아? 그 사람들은 돈만 모으고 있는 게 아니야. 우리들이 돈을 모아서 크리스마스 케이크를 건네는 것은 어떨까? 돈을 건네는 것보다 진심이 느껴져서 기뻐해 주지 않을까?

여 : 뭐? 케이크를 얼마나 살 생각인데?

남 : 좋은 일을 한다면 50개 정도 시원하게 쏴야지.

여 : 농담이지? 많은 사람이 보고 있는 앞에서 그런 야단스러운 일 창피해서 못해.

남 : 그럼 어떻게 할 생각인데?

여 : 나라면 직접 고아원 같은 곳에 가지고 가서 줄 거야.

남 : 하지만 50개의 케이크를 일일이 건네며 다니는 것도 큰일이야. 구세군에게 건네면 그쪽에서 어떻게든 나눠 줄 거라고 생각하는데.

여 : 글쎄…. 그럼, 네 생각대로 하자.

여자는 무엇이 창피한 것입니까?

1. 크리스마스 케이크를 50개나 사는 일
2. 구세군에게 돈을 건네는 일
3. 구세군에게 50개의 크리스마스 케이크를 직접 건네는 일
4. 고아원에 크리스마스 케이크를 50개나 건네러 가는 일

스크립트 및 해석 | 콕콕 실전문제

단어

役に立つ 도움이 되다 | 何事 아무 일 | 平凡 평범함 | せめて 적어도, 하다못해 | 年末 연말 | 周り 주변 | 救世軍 구세군 | 募金活動 모금활동 | 集める 모으다 | ～わけじゃない ～것이 아니다 | 渡す 건네다 | 真心 진심 | 感じる 느끼다 | 喜ぶ 기뻐하다 | どんと 왕창, 그득히 | 冗談 농담 | 大勢 여러 사람, 많은 사람 | 大げさ 야단스러움, 과장됨 | 恥ずかしい 부끄럽다, 창피하다 | 直接 직접 | 孤児院 고아원 | いちいち 일일이, 하나하나 | 配分 배분

해설

대화 중반부에 남자가 좋은 일을 하고 싶으면 구세군에게 케이크를 50개 정도 사서 주자고 하자, 여자는 어떻게 사람 많은 데서 그런 거창한 일을 하느냐며 부끄럽다고 한다. 따라서 정답은 3번이다.

정답 ❸

4番

스크립트 🎧 5-06

会社で上司と社員二人が話しています。

男1: 課長、最近仕事量が多すぎて、ミスが続いてるんです。
男2: そうか。野村君はたしか、見積書、領収書などの書類整理を担当しているんだよね。
男1: はい、そうなんですが。電話応対をやってた社員がやめてしまって、その仕事までやらされていて、自分の仕事がなかなか進まず溜まる一方なんです。
男2: じゃあ、電話応対する新入社員を採用すればいいんだね。
男1: 新入社員はちょっと……。社員教育の仕事がまた増えるだけです。
男2: じゃあ、小泉君。君が社員の教育をしてくれるかな。新入社員の営業教育で大変だろうけど。
女: 社員が少ないんで、それほど苦ではありません。あの、課長。社員を募集してもいつ採用できるかわからないのでは。
男1: そうですよ、課長。来週まで報告しないといけない仕事があるんです。新入りを待っている暇なんてありませんよ。
女: あの、私ももうすぐ教育の仕事が終わるんです。新入社員が来るまで、野村さんの仕事受け持ってもいいですよ。
男2: そうか。そうしてくれると助かるよ。な、野村くん？
男1: 本当に助かります。小泉さん、本当にありがとう。恩に着るよ。

男2：じゃ、頼むね。
女　：わかりました。

上司は問題を解決するためにどうしますか。
1. 今いる社員に電話応対の教育をする
2. 営業チームの社員に助けてもらう
3. 女性社員に電話応対の仕事を頼む
4. 女性社員に新入社員募集をするように頼む

해석

회사에서 상사와 사원 두 명이 이야기하고 있습니다.

남1 : 과장님, 요새 업무량이 너무 많아서 실수가 계속되고 있어요.
남2 : 그렇군. 노무라 군이 아마 견적서, 영수증 같은 서류 정리를 담당하고 있지?
남1 : 네, 그렇습니다만. 전화 응대를 하던 사원이 그만둬 버려서 그 일까지 해야 해서 제 일이 좀처럼 진척이 안 되고 쌓이기만 합니다.
남2 : 그럼, 전화 응대하는 신입사원을 채용하면 되는 거네.
남1 : 신입사원은 좀…. 사원 교육 업무가 또 늘어날 뿐입니다.
남2 : 그럼, 고이즈미 군. 자네가 사원 교육을 해 주지 않겠나? 신입사원 영업 교육 때문에 힘들겠지만.
여　: 사원이 적어서 그렇게 힘들지는 않아요. 저기, 과장님. 사원을 모집해도 언제 채용할 수 있는지 모르는 거 아니에요?
남1 : 맞아요, 과장님. 다음 주까지 보고하지 않으면 안 되는 일이 있습니다. 신입을 기다릴 여유 따위 없어요.
여　: 저기, 저도 이제 곧 교육 업무가 끝나요. 신입사원이 올 때까지 노무라 씨의 일을 맡아서 해도 괜찮습니다.
남2 : 그래? 그렇게 해 주면 도움이 되겠네. 그렇지? 노무라 군?
남1 : 정말로 도움이 됩니다. 고이즈미 씨, 정말로 고마워. 내가 신세를 지네.
남2 : 그럼, 부탁하네.
여　: 알겠습니다.

상사는 문제를 해결하기 위해서 어떻게 합니까?
1. 지금 있는 사원에게 전화 응대 교육을 한다.
2. 영업팀 사원에게 도움을 받는다.
3. 여성 사원에게 전화 응대 일을 부탁한다.
4. 여성 사원에게 신입사원 모집을 하도록 부탁한다.

단어

上司 상사 | 社員 사원 | 続く 계속되다 | たしか 필시, 분명히 | 見積書 견적서 | 領収書 영수증 | 書類 서류 | 整理 정리 | 担当 담당 | 応対 응대 | 進む 진행하다, 나아가다 | 溜まる 쌓이다, 밀리다 | ～一方だ ～하기만 한다 | 採用 채용 | 教育 교육 | 増える 늘다 | 営業 영업 | 苦 고생, 걱정 | 募集 모집 | 報告 보고 | 新入り 신입 | 暇 여

| 스크립트 및 해석 | **콕콕 실전문제**

유 | 受<ruby>う</ruby>け<ruby>も</ruby>持つ 맡다, 담당하다 | 助<ruby>たす</ruby>かる 도움이 되다 | 恩<ruby>おん</ruby>に着<ruby>き</ruby>る 은혜를 입다 | 頼<ruby>たの</ruby>む 부탁하다 | 解決<ruby>かいけつ</ruby>する 해결하다 |
助<ruby>たす</ruby>ける 돕다, 살리다

해설

회사에서 남자가 과도한 업무로 실수가 많아져 과장, 여자 직원과 대책을 논의하고 있다. 과장이 전화 응대 일을 할 신입사원을 뽑자고 하자, 남자 직원은 다음 주까지 보고해야 할 급한 일이 있고, 신입사원을 뽑으면 새로 교육해야 하는 번거로움이 있다며 그다지 달가워하지 않는다. 그러자 여자 직원이 자신의 일이 곧 마무리 되니, 남자 직원이 하던 일을 당분간 맡겠다고 말한다. 따라서 정답은 3번이다.

정답 ❸

5番

스크립트 🎧 5-07

お母さんと娘が結婚について話しています。

女1：今付き合っている人とはどうなっているの？もうそろそろ結婚を考えてもいいんじゃない？

女2：えー？まだ結婚なんて早いわよ。

女1：あなた来年で31歳になるじゃない。31歳といったら、私が結婚してあなたを産んだ年よ。

女2：もうー。また始まった。とっくに彼氏とは別れたわ。

女1：まあ、お母さんに何の相談もなしに別れたの？けっこういい人だったのに何かあったの？

女2：会うたびに結婚しようってうるさくて……。今はね、仕事がデートより楽しいの。結婚して妊娠でもしたら育児で何もかも犠牲にしなければならないでしょう。仕事か育児のどちらかに決めないと、どっちつかずの結果になってしまいそうでいやだわ。

女1：まあ、この子ったら。どうして子育てを犠牲だと思うのかしら。子供を育てる喜びはかけがえのないものなのよ。

女2：別に子供が嫌いっていうわけじゃないの。でもどうせ育てるなら、もっと経済的に余裕がある時の方が子供にとっても幸せだと思うわ。

女1：いつの間にか現実主義になってしまったのね。

娘は結婚についてどう思っていますか。

1. 結婚しても、仕事を続けたいと思っている

2. 結婚したら、子供を産んで育てなければならないと思っている
3. 結婚するなら、子供のために経済的な豊かさを備えてからにしたいと思っている
4. 結婚するために、仕事を続けなければならないと思っている

해석

엄마와 딸이 결혼에 대해서 이야기하고 있습니다.

여1 : 지금 사귀고 있는 사람과는 어떻게 되고 있는 거야? 이제 슬슬 결혼을 생각해도 되는 거 아니니?
여2 : 네? 아직 결혼 같은 건 빨라요.
여1 : 너 내년이면 31살이 되잖아. 31살이라면 내가 결혼해서 너를 낳은 나이야.
여2 : 정말. 또 시작됐다. 훨씬 전에 남자친구와는 헤어졌어요.
여1 : 어머, 엄마한테 아무런 상의도 없이 헤어졌어? 꽤 좋은 사람이었는데 무슨 일 있었어?
여2 : 만날 때마다 결혼하자고 성화라서…. 지금은 일이 데이트보다 즐거워요. 결혼해서 임신이라도 하면 육아 때문에 모든 것을 희생하지 않으면 안 되잖아요. 일이냐 육아 어느 쪽이냐로 정하지 않으면 애매한 결과가 돼 버릴 것 같아서 싫어요.
여1 : 어머, 얘 좀 봐. 왜 육아를 희생이라고 생각하는 걸까. 아이를 키우는 기쁨은 다른 무엇하고도 바꿀 수 없는 것이란다.
여2 : 딱히 아이가 싫다는 것은 아니에요. 하지만 어차피 키운다면 좀 더 경제적으로 여유가 있을 때가 아이에게도 행복할 거예요.
여1 : 어느샌가 현실주의가 돼 버렸구나.

딸은 결혼에 대해서 어떻게 생각하고 있습니까?

1. 결혼해도 일을 계속하고 싶다고 생각하고 있다.
2. 결혼하면 아이를 낳고 키우지 않으면 안 된다고 생각하고 있다.
3. 결혼한다면 아이를 위해서 경제적인 풍요로움을 갖추고 나서 하고 싶다고 생각하고 있다.
4. 결혼하기 위해서 일을 계속하지 않으면 안 된다고 생각하고 있다.

단어

娘 딸 | 結婚 결혼 | 付き合う 사귀다 | 産む 낳다 | 年 나이, 연령 | 始まる 시작되다 | とっくに 훨씬 전에 | 彼氏 남자친구 | 別れる 헤어지다 | 相談 상담, 상의 | ～たびに ～할 때마다 | 妊娠 임신 | 育児 육아 | 何もかも 이것도 저것도, 모조리 | 犠牲 희생 | 決める 정하다, 결정하다 | どっちつかず 애매함, 모호함 | 結果 결과 | ～ったら ～도 참 | 子育て 육아 | 育てる 키우다, 양육하다 | 喜び 기쁨 | かけがえのない 다른 것과 바꿀 수 없는, 더할 나위 없이 소중한 | どうせ 어차피 | 経済的 경제적 | 余裕 여유 | ～にとっても ～에게 있어서도, ~에게도 | 幸せ 행복 | いつの間にか 어느 사이에, 모르는 사이에 | 現実主義 현실주의 | 備える 갖추다

해설

딸은 육아와 일을 병행하는 것에 자신이 없다고 말하고 있고, 좀 더 경제적으로 여유가 있을 때 아이를 낳아 기르는 편이 아이한테도 행복할 것이라고 말하고 있다. 따라서 정답은 3번이다.

정답 ❸

6番

스크립트 🎧 5-08

夫婦がクリスマスパーティーについて話しています。

男：今回のクリスマスパーティーなんだけど、くじ引きの結果、うちでやることになったんだ。

女：ええ？ そんな重要なことを独りで勝手に決めてしまったの？ こっちだって、年末は色々とスケジュールがいっぱいなのよ。

男：すまないな。先にお前の意見を聞くべきだったな。

女：もうしょうがないわね。それで、どんな料理を用意すればいいのかしら。

男：まあ、ワイン同好会の集まりだからな、ワインに合った料理を準備してくれ。できたら赤と白の両方のワインに合った料理がいいなあ。肉料理と魚料理をそれぞれ作ってくれてもいいし。それから、みんなナチュラルチーズが好きだからチーズを載せたスナック類も少しお願いするよ。

女：えー？ そんな難しい料理できないわよ。私、和食しか作れないのに、ワインにぴったりの料理だったら洋食にしないといけないんじゃないの？ スパゲッティーぐらいならできるけど……。悪いけど私には無理だわ。

男：スパゲッティーは日ごろ食べているからな……。別に和食でもかまわないんだけど。

女：うーん。やっぱり、パーティーは取り消しにして。ごめんなさい。

男：そうか。

質問1　クリスマスパーティーを男の人の家で開くことになった理由は何ですか。

1. くじを引いて当たったから
2. 多数決で決まったことだから
3. ゲームで負けたから
4. 妻の料理がおいしいから

質問2　女の人はどうしてパーティーを開けないと言っていますか。

1. 年末の計画が色々立ててあるから
2. ワインに合った洋食の料理が作れないから
3. 夫がスパゲッティーはやめた方がいいと言うから
4. ワインに合った和食の料理が作りたいから

해석

부부가 크리스마스 파티에 대해서 이야기하고 있습니다.

남 : 이번 크리스마스 파티 말인데, 제비뽑기 결과 우리 집에서 하게 되었어.
여 : 뭐? 그런 중요한 일을 혼자서 멋대로 정해 버렸어? 나도 연말에는 여러 가지 스케줄이 꽉 찼어.
남 : 미안해. 먼저 당신 의견을 물어봤어야 했는데.
여 : 이제 어쩔 수 없지. 그래서 어떤 요리를 준비하면 되는데?
남 : 뭐, 와인 동호회 모임이니까 와인에 맞는 요리를 준비해 줘. 될 수 있으면 레드와 화이트 양쪽 와인에 맞는 요리가 좋겠다. 고기요리와 생선요리를 각각 만들어 줘도 좋고. 그리고 모두 내추럴 치즈를 좋아하니까 치즈를 얹은 스낵류도 조금 부탁해.
여 : 뭐? 그렇게 어려운 요리 못해. 나는 일식밖에 못 만드는데, 와인에 딱 맞는 요리라면 양식으로 해야 되는 거 아니야? 스파게티 정도면 할 수 있지만…. 미안한데 나한테는 무리야.
남 : 스파게티는 평소에 먹고 있으니까…. 일식이라도 별로 상관없는데.
여 : 음. 역시 파티는 취소해 줘. 미안해.
남 : 그래.

질문 1 크리스마스 파티를 남자 집에서 열게 된 이유는 무엇입니까?

1. 제비를 뽑아서 당첨돼서
2. 다수결로 결정된 일이라서
3. 게임에서 져서
4. 아내의 요리가 맛있어서

질문 2 여자는 왜 파티를 열 수 없다고 말하고 있습니까?

1. 연말 계획을 여러 가지 세워 놔서
2. 와인에 맞는 양식 요리를 못 만들어서
3. 남편이 스파게티는 그만두는 편이 좋다고 말해서
4. 와인에 맞는 일식 요리를 만들고 싶어서

단어

夫婦 부부 | くじ引き 제비뽑기 | 独りで 혼자서 | 勝手に 제멋대로, 마음대로 | 用意 준비 | 同好会 동호회 | 集まり 모임 | 準備 준비 | 載せる 얹다, 위에 놓다 | スナック 스낵 | 和食 일본요리, 일식 | ぴったり 딱 맞음 | 日ごろ 평소 | 取り消し 취소 | 当たる 당첨되다, 뽑히다 | 多数決 다수결 | 負ける 지다 | 妻 아내 | 立てる 세우다

해설

첫 번째 질문의 답은 첫 대사에 나와 있다. 제비뽑기 결과로 자신의 집에서 파티를 하게 되었다. 따라서 정답은 1번이다. 두 번째 질문은 와인에 맞는 요리를 만들어 달라는 남편의 요구에 일식밖에 만들지 못한다며 아내가 취소를 요구했으므로 정답은 2번이다.

정답 질문1 ❶
　　 질문2 ❷

스크립트 및 해석 콕콕 실전문제

7番

스크립트  5-09

男の人と女の人が空港に会社の同僚を迎えに行くことについて話しています。

男：江口さんは今日の午後2時到着の飛行機に乗る予定なんですね。

女：そうですね。どうやら向こう側との契約の話がうまくいったみたいですよ。お互いのニーズが満たされたようで、うちの社長も大満足とのことです。

男：でも、どうして大の大人をわざわざ迎えに行かないといけないんですか。それも二人して。

女：実は、4時に会社で商品の説明会が予定されているんです。お得意様もいらっしゃることになっているので、ちゃんとした準備が必要なんです。江口さんが会社に戻る途中に商品の説明を聞いておけって、社長から直接言われまして担当者の私たちが迎えに行くことになったんです。

男：それなら、Eメールか携帯電話でも済むことじゃないですか。

女：それが、江口さんが持ってくる商品を直接見ながら説明を聞けって言われたので……。

男：それもカメラで写真を撮って送ってもらえばいいのに……。うちの社長ってわざわざ手間を取る方法が好きなんですね。

質問1 二人が空港に行く理由は何ですか。

1. 江口さんに早く会いたいから
2. 社長が江口さんの説明を気に入っているから
3. 江口さんの説明を聞かないといけないから
4. 社長が江口さんの説明を直接聞きたがっているから

質問2 男の人は江口さんを迎えに行くのをどう思っていますか。

1. 社長の指示だから別におかしいと思わない
2. 大の大人を二人で迎えに行くのは手間がかかることだ
3. 江口さんは偉い人だから迎えに行くべきだ
4. どこで待ち合わせるか携帯電話で知らせるべきだ

해석

남자와 여자가 공항에 회사 동료를 마중 나가는 일에 대해서 이야기하고 있습니다.

남：에구치 씨는 오늘 오후 2시 도착 비행기를 탈 예정이군요.

여: 그렇군요. 그럭저럭 상대편과의 계약 이야기가 잘된 것 같아요. 서로의 요구가 충족된 것 같아서 우리 사장님도 대만족이라고 합니다.
남: 하지만 왜 다 큰 어른을 일부러 마중 나가지 않으면 안 되는 거죠? 그것도 둘이서.
여: 실은 4시에 회사에서 상품 설명회가 예정되어 있어요. 단골 고객도 오시기로 되어 있어서 꼼꼼한 준비가 필요합니다. 에구치 씨가 회사에 돌아오는 도중에 상품 설명을 들어 두라고, 사장님이 직접 말씀하셔서 담당자인 우리가 마중 나가게 된 거예요.
남: 그렇다면 이메일이나 휴대전화로도 되는 거 아니에요?
여: 그게, 에구치 씨가 가지고 오는 상품을 직접 보면서 설명을 들으라고 해서요.
남: 그것도 카메라로 사진을 찍어서 받으면 되는데…. 우리 사장님은 일부러 번거롭게 하는 방법을 좋아하는 군요.

질문 1 두 사람이 공항에 가는 이유는 무엇입니까?

　　1. 에구치 씨를 빨리 만나고 싶어서
　　2. 사장님이 에구치 씨의 설명을 마음에 들어 해서
　　3. 에구치 씨의 설명을 듣지 않으면 안 돼서
　　4. 사장님이 에구치 씨의 설명을 직접 듣고 싶어 해서

질문 2 남자는 에구치 씨를 마중 나가는 것을 어떻게 생각하고 있습니까?

　　1. 사장님 지시니까 딱히 이상하다고 생각하지 않는다.
　　2. 다 큰 어른을 두 사람이 마중 나가는 것은 수고스러운 일이다.
　　3. 에구치 씨는 훌륭한 사람이니까 마중 나가야 한다.
　　4. 어디서 만날지 휴대전화로 알려야 한다.

단어

同僚 동료 | 迎え 맞이함, 마중 감 | どうやら 그럭저럭 | 向こう側 상대편 | 契約 계약 | お互い 서로 | ニーズ 니즈, 필요, 요구 | 満たす 만족시키다, 충족시키다 | 大の大人 다 큰 어른 | わざわざ 일부러, 특별히 | お得意様 단골 손님 | 準備 준비 | 戻る 돌아오다 | 途中 도중 | 直接 직접 | 担当者 담당자 | 携帯電話 휴대전화 | 済む 끝나다, 마치다 | 写真を撮る 사진을 찍다 | 手間を取る 수고를 들이다, 번거롭다 | 気に入る 마음에 들다 | 指示 지시 | 手間がかかる 품[시간]이 들다 | 偉い 훌륭하다 | 待ち合わせる 장소와 시간을 정해 놓고 만나기로 하다

해설

첫 번째 질문에 대한 답은 중반부 여자의 대사에 있다. 공항에 마중 갔다가 돌아오는 길에 에구치로부터 설명을 직접 들으라고 사장님이 시켰기 때문이라고 말하는 부분이다. 따라서 정답은 3번이다. 두 번째 질문에 대한 답은 남자의 마지막 대사에 있다. 에구치를 마중하러 공항에 가는 것을 사장님이 시켰다는 말을 듣고, 남자는 사장님은 번거로운 방법을 좋아한다고 불평을 늘어놓고 있다. 따라서 정답은 2번이다.

정답　질문 1 ❸
　　　질문 2 ❷

| スクリプト 및 해석 | 콕콕 실전문제 |

8番

スクリプト 5-10

サマーキャンプ説明会で女の人が話しています。

女1：それでは、子供サマーキャンプについてご説明いたします。キャンプは4種類があり、全て2泊3日のコースです。まず一番、「川遊びキャンプ」では、豊かな森に囲まれた川の上流から水が流れる様子を観察し、お魚を自分の力で捕まえて焼いて食べるまでの体験が含まれます。次に「海で遊ぼうキャンプ」では、島の暮らしを体験します。海の生きものを観察したり、船に乗ってお魚を網で採る体験までするんです。三番目は、「星空を眺めるキャンプ」ですね。空気がきれいで静かな山奥に入って、望遠鏡を使って星を眺める体験です。体験が終わったら映画を見て、キャンプファイヤーをします。最後に「イングリッシュキャンプ」です。経験豊富な外国人の先生が一緒にゲームをしたり、水遊びをしながら遊んでくれます。キャンプでの日本語使用は一切禁じられています。

男　：こんな短い期間で、英語の勉強にならないと思うけど。

女2：でも、ここの「イングリッシュキャンプ」ってけっこう有名なの。1ヶ月コースは冬に行かせようと思って。だから、今回はお試しみたいなものだと思えばいいわ。

男　：そうか。えっと、望遠鏡は、高性能なのが家にもあるからな。どうせ行くなら、船とかに乗って思いっきり遊んできた方がいいと思うよ。

女2：あなた、早苗が船酔いひどかったの憶えてないの？

男　：あ、そうだったね。じゃあ、魚捕まえて焼いて食べる体験はどうかな？

女2：今、日照りがひどくて、水不足なんだって。水が少なかったら、楽しくないわよ。

質問1　男の人はどのキャンプがいいと言っていますか。

1. 「川遊びキャンプ」
2. 「海で遊ぼうキャンプ」
3. 「星空を眺めるキャンプ」
4. 「イングリッシュキャンプ」

質問2　女の人はどのキャンプがいいと言っていますか。

1. 「川遊びキャンプ」
2. 「海で遊ぼうキャンプ」
3. 「星空を眺めるキャンプ」
4. 「イングリッシュキャンプ」

> **해석**

여름캠프 설명회에서 여자가 이야기하고 있습니다.

여 1 : 그럼, 어린이 여름캠프에 대해서 설명드리겠습니다. 캠프는 네 종류가 있으며, 전부 2박 3일 코스입니다. 우선 첫 번째, '강 놀이 캠프'에서는 풍부한 숲에 둘러싸인 강 상류에서 물이 흐르는 모습을 관찰하고 물고기를 자신의 힘으로 잡아서 구워 먹기까지의 체험이 포함되어 있습니다. 다음으로 '바다에서 놀자 캠프'에서는 섬 생활을 체험합니다. 바다 생물을 관찰하거나 배를 타고 물고기를 그물로 잡는 체험까지 합니다. 세 번째는 '하늘의 별을 바라보는 캠프'입니다. 공기가 깨끗하고 조용한 산속에 들어가서 망원경을 사용해서 별을 바라보는 체험입니다. 체험이 끝나면 영화를 보고 캠프파이어를 합니다. 마지막으로 '영어 캠프'입니다. 경험이 풍부한 외국인 선생님이 함께 게임을 하거나 물놀이를 하면서 놀아 줍니다. 캠프에서의 일본어 사용은 일절 금지되어 있습니다.

남 : 이렇게 짧은 기간에 영어 공부가 되지 않을 것 같은데.

여 2 : 하지만 여기 '영어 캠프'는 꽤 유명해. 1개월 코스는 겨울에 보낼까 해. 그러니까 이번에는 시험 삼아 보내는 거라고 생각하면 돼.

남 : 그렇군. 음, 망원경은 고성능인 게 집에도 있으니까. 이왕 가는 거면 배 같은 거 타고 실컷 놀다 오는 게 좋을 것 같아.

여 2 : 당신, 사나에가 배멀미 심했던 거 기억 안 나?

남 : 아, 그랬지. 그럼, 물고기 잡아서 구워 먹는 체험은 어떨까?

여 2 : 지금 가뭄이 심해서 물 부족이래. 물이 적으면 재미없어.

질문 1 남자는 어느 캠프가 좋다고 말하고 있습니까?

1. 강 놀이 캠프
2. 바다에서 놀자 캠프
3. 하늘의 별을 바라보는 캠프
4. 영어 캠프

질문 2 여자는 어느 캠프가 좋다고 말하고 있습니까?

1. 강 놀이 캠프
2. 바다에서 놀자 캠프
3. 하늘의 별을 바라보는 캠프
4. 영어 캠프

> **단어**

種類 종류 | 全て 모두, 전부 | 川遊び 강 놀이 | 豊か 풍부함 | 森 숲 | 囲む 둘러싸다 | 上流 상류 | 流れる 흐르다 | 様子 모습 | 観察 관찰 | 捕まえる 붙잡다 | 焼く 굽다 | 含む 포함하다 | 遊ぶ 놀다 | 島 섬 | 暮らし 생활 | 生きもの 생물 | 船 배 | 網 그물 | 採る 채집하다 | 星空 별이 총총한 하늘 | 眺める 바라보다 | 空気 공기 | きれい 깨끗함 | 静か 조용함 | 山奥 산속 | 望遠鏡 망원경 | 星 별 | 経験 경험 | 豊富 풍부함 | 水遊び 물놀이 | 一切 일절, 전혀 | 禁じる 금지하다 | 短い 짧다 | 期間 기간 | 試す 시험하다 | 思いっきり 실컷, 마음껏 | 船酔い 배멀미 | 憶える 기억하다 | 日照り 가뭄 | 水不足 물 부족

스크립트 및 해석 | 콕콕 실전문제

해설

캠프 관계자가 네 종류의 여름캠프에 대해서 설명하고 있다. 설명을 들은 남자는 '영어 캠프'에 대해 2박 3일의 짧은 기간 동안 영어가 늘 것 같지 않다며 부정적인 반면, 여자는 한 달 코스의 겨울캠프를 위해 시험 삼아 가 보면 좋을 것 같다고 말한다. '하늘의 별을 보는 캠프'에 대해서 남자는 집에 고성능 망원경이 있으니 그보다 배를 타고 나가서 신나게 노는 '바다에서 놀자 캠프'가 좋겠다고 하고, 이에 여자는 아이가 배멀미가 심하다고 말한다. 마지막으로 남자가 '강 놀이 캠프'를 권하자, 여자는 '강 놀이 캠프'는 물이 부족해서 재미없을 거라고 말한다. 따라서 질문 1 남자가 선호하는 캠프는 2번 '바다에서 놀자 캠프'이고, 질문 2 여자가 선호하는 캠프는 4번 '영어 캠프'이다.

정답 질문1 ❷
　　 질문2 ❹

9番

スクリプト 🎧 5-11

女の人がデパートの新入社員研修で話しています。

女　：デパートの商品、店員、お客様の中で一番重要なものは何か知っていますか。
男1：それは……何といってもお客様だと思います。
女　：その通りです。もちろん、デパートの店員が商品についてしっかりと説明できる事も重要ですが、お客様あっての我々ですので、今日はお客様の対応をどのようにすればいいのかについて話します。まず、商品をお買い上げくださるお客様に丁寧な言葉遣いや態度を取ることを忘れないでください。また、ご覧になるだけのお客様に対しても礼儀正しく接してください。
男1：はい、わかりました。
女　：しつこいようですが、もう一度言います。先月、ご覧になるだけのお客様に対して不親切な態度を取った店員がいるとのクレームがありました。お客様はいくら商品が良くてもサービスが悪いデパートにはご来店なさいませんので、どんな方にも感謝の気持ちを忘れずに接してください。
男2：デパートで働くのって、思ったより大変ですね。
男1：商品を買うのは人だからね、お客様の心をつかむことが大事なんですよ。

質問1　女の人は何が一番重要だと言っていますか。

1. 礼儀正しいお客様には親切に接すること
2. 店員が商品についてきちんと説明できること
3. お客様について研究すること
4. お客様に感謝の気持ちを持つこと

質問2 デパートにどういうクレームが報告されたのですか。

1. 商品に欠陥があるというクレーム
2. 商品を買ったのにサービスポイントをもらえなかったというクレーム
3. 商品を買わないと店員が不親切な態度を取るというクレーム
4. 商品を見たいのに見せてもらえなかったというクレーム

> **해석**

여자가 백화점의 신입사원 연수에서 이야기하고 있습니다.

여 : 백화점의 상품, 점원, 고객 중에서 가장 중요한 것은 무엇인지 알고 있습니까?

남1 : 그것은…누가 뭐라고 해도 고객이라고 생각합니다.

여 : 그렇습니다. 물론 백화점의 점원이 상품에 대해서 확실히 설명할 수 있는 것도 중요합니다만, 고객이 있어야 우리가 존재하는 것이기 때문에, 오늘은 고객 대응을 어떻게 하면 되는지에 대해서 이야기하겠습니다. 우선, 상품을 구입해 주시는 고객께 정중한 말투와 태도를 취하는 것을 잊지 마세요. 또, 보시기만 하는 고객에 대해서도 예의 바르게 응대하십시오.

남1 : 네, 알겠습니다.

여 : 집요한 것 같지만, 다시 한 번 말하겠습니다. 지난달에 보시기만 하는 고객께 불친절한 태도를 취한 점원이 있다는 클레임이 있었습니다. 고객은 아무리 상품이 좋아도 서비스가 나쁜 백화점에는 오시지 않으니 어떤 분께도 감사의 마음을 잊지 말고 응대해 주세요.

남2 : 백화점에서 일하는 거 생각보다 힘드네요.

남1 : 상품을 사는 것은 사람이니까, 고객의 마음을 잡는 것이 중요하지요.

질문1 여자는 무엇이 가장 중요하다고 말하고 있습니까?

1. 예의 바른 고객에게는 친절하게 응대할 것
2. 점원이 상품에 대해서 정확히 설명할 수 있을 것
3. 고객에 대해서 연구할 것
4. 고객에게 감사의 마음을 가질 것

질문2 백화점에 어떤 클레임이 보고되었습니까?

1. 상품에 결함이 있다는 클레임
2. 상품을 샀는데 서비스 포인트를 받지 못했다는 클레임
3. 상품을 사지 않으면 점원이 불친절한 태도를 취한다는 클레임
4. 상품을 보고 싶은데 보여 주지 않았다는 클레임

> **단어**

研修 연수 | 商品 상품 | 何といっても 누가 뭐라고 해도, 뭐니뭐니 해도 | しっかり 확실히, 똑똑히 | 説明 설명 | 対応 대응 | お買い上げ 사심 | 丁寧 정중함 | 言葉遣い 말씨, 말투 | 態度を取る 태도를 취하다 | ～に対して ～에 대해, ～에게 | 礼儀正しい 예의바르다 | 接する 응대하다, 상대하다 | しつこい 끈덕지다, 집요하다 | 不親切 불

135

스크립트 및 해석 콕콕 실전문제

친절함 | **クレーム** 클레임, 불평 | **来店**(らいてん) 내점 | **感謝**(かんしゃ) 감사 | **働**(はたら)**く** 일하다 | **つかむ** 잡다, 파악하다 | **大事**(だいじ) 중요함 | **きちんと** 정확히 | **報告**(ほうこく) 보고 | **欠陥**(けっかん) 결함

해설

여자는 첫 번째 설명에서 고객에게 상품 설명을 잘하는 것도 중요하지만, 정중한 말투와 태도로 응대하고 감사의 마음을 잊지 말라고 강조하고 있다. 따라서 첫 번째 질문의 답은 4번이다. 여자는 그 다음 설명에서 구경만 하는 고객에게 불친절했던 직원에 대한 클레임이 있었다고 말하며 어떤 고객에게나 감사의 마음으로 응대하라고 직원들에게 당부하고 있다. 따라서 두 번째 질문에 대한 답은 3번이다.

정답 질문1 ❹
　　 질문2 ❸

10番

스크립트 🎧 5-12

男(おとこ)の人(ひと)と女(おんな)の人(ひと)がレストランで女(おんな)の店員(てんいん)に食事(しょくじ)を注文(ちゅうもん)しています。

女1：今日(きょう)のお勧(すす)め料理(りょうり)は何(なに)かしら？

男　：さつまいものスープと鶏肉(とりにく)のから揚(あ)げとオレンジのシャーベットね。見(み)て。

女1：えー。デザートがオレンジのシャーベットなの？今(いま)風邪気味(かぜぎみ)だから、冷(つめ)たいものはなるべく避(さ)けたいわ。

男　：じゃあ、デザートだけ変(か)えてもらったら？あの、すみませんー。

女2：はい、ご注文(ちゅうもん)はお決(き)まりですか。

男　：あの、ランチセットでデザートだけ他(ほか)のものに変(か)えてもらってもいいですか。連(つ)れが体(からだ)の調子(ちょうし)が悪(わる)いので、温(あたた)かいものにしてもらいたいんですが。

女2：そうですか。じゃあ、はちみつ入(い)りのしょうが湯(ゆ)なんかいかがでしょうか。風邪気味(かぜぎみ)の方(かた)にはちょうどいいと思(おも)います。苦(にが)いのが苦手(にがて)でしたら、あらかじめ苦味(にがみ)の加減(かげん)を調整(ちょうせい)できますので気軽(きがる)に召(め)し上(あ)がっていただけます。

女1：じゃあ、はちみつはスプーン2杯(はい)でお願(ねが)いします。甘(あま)すぎるのはあまり好(す)きじゃないから。

男　：じゃあ、ランチセット二(ふた)つお願(ねが)いします。

女2：はい、かしこまりました。

質問(しつもん)1　女(おんな)の人(ひと)は店員(てんいん)の説明(せつめい)を聞(き)いてどうすることにしましたか。

1. 温(あたた)かいコップに入(い)れてあるお茶(ちゃ)を飲(の)むことにした

2. はちみつをたっぷり入れたお茶を飲むことにした
3. 説明を聞いて体が温かくなったので何も飲まないことにした
4. ちょうどいい甘さの温かいお茶を飲むことにした

質問2 女の人と男の人はそれぞれ何を飲みますか。

1. 女の人はオレンジのシャーベット、男の人はしょうが湯
2. 女の人はしょうが湯、男の人はオレンジのシャーベット
3. 女の人はしょうが湯、男の人ははちみつ湯
4. 女の人ははちみつ湯、男の人はしょうが湯

해석

남자와 여자가 레스토랑에서 여자 점원에게 식사를 주문하고 있습니다.

여1 : 오늘 추천 요리는 뭘까?
남 : 고구마 수프랑 닭고기 튀김이랑, 오렌지 셔벗이네, 봐 봐.
여1 : 에? 디저트가 오렌지 셔벗이야? 지금 감기 기운이 있어서 찬 것은 되도록 피하고 싶어.
남 : 그럼, 디저트만 바꿔 달라고 하면 어때? 저, 여기요.
여2 : 네, 주문하시겠습니까?
남 : 저기, 런치 세트에서 디저트만 다른 것으로 바꿔도 됩니까? 일행이 몸이 안 좋아서 따뜻한 것으로 받았으면 하는데요.
여2 : 그렇습니까? 그럼, 벌꿀이 들어간 생강차 같은 것은 어떠세요? 감기 기운이 있으신 분께는 딱 좋다고 생각합니다. 쓴 게 싫으시면 미리 쓴맛의 정도를 조정할 수 있으니까 편하게 드실 수 있습니다.
여1 : 그럼, 벌꿀은 두 스푼으로 부탁합니다. 너무 단것은 그다지 안 좋아해서요.
남 : 그럼, 런치 세트 2개 부탁합니다.
여2 : 네, 알겠습니다.

질문1 여자는 점원의 설명을 듣고 어떻게 하기로 했습니까?

1. 따뜻한 컵에 들어 있는 차를 마시기로 했다.
2. 꿀을 듬뿍 넣은 차를 마시기로 했다.
3. 설명을 듣고 몸이 따뜻해졌기 때문에 아무것도 마시지 않기로 했다.
4. 딱 좋은 단맛의 따뜻한 차를 마시기로 했다.

질문2 여자와 남자는 각각 무엇을 마십니까?

1. 여자는 오렌지 셔벗, 남자는 생강차
2. 여자는 생강차, 남자는 오렌지 셔벗
3. 여자는 생강차, 남자는 벌꿀차
4. 여자는 벌꿀차, 남자는 생강차

스크립트 및 해석 — 콕콕 실전문제

단어

注(ちゅう)文(もん) 주문 | お勧(すす)め料(りょう)理(り) 추천 요리 | さつまいも 고구마 | スープ 수프 | 鶏(とり)肉(にく) 닭고기 | から揚(あ)げ 튀김 | デザート 디저트, 후식 | シャーベット 셔벗 | 風(かぜ)邪(ぎ)気(み)味 감기 기운 | なるべく 되도록 | 避(さ)ける 피하다 | 連(つ)れ 동행, 동반자 | 調(ちょう)子(し)が悪(わる)い 몸 상태가 나쁘다 | 温(あたた)かい 따뜻하다 | はちみつ 벌꿀 | しょうが湯(ゆ) 생강차 | 苦(にが)い 쓰다 | 苦(にが)手(て) 서투름, 잘하지 못함 | あらかじめ 미리, 사전에 | 苦(にが)味(み) 쓴맛 | 加(か)減(げん) 알맞은 정도, 상태 | 調(ちょう)整(せい) 조정 | 気(き)軽(がる) 가볍게 행동함 | 召(め)し上(あ)がる 드시다 | たっぷり 듬뿍

해설

여자 손님은 감기 기운이 있어서 디저트는 따뜻한 것을 먹고 싶어한다. 점원이 벌꿀이 들어간 따뜻한 생강차를 추천하자, 여자는 너무 단것은 싫다고 하며 단맛을 조절해 줄 것을 부탁한다. 따라서 첫 번째 질문에 대한 정답은 4번이다. 두 번째 질문은 세트 메뉴에서 여자의 디저트만 생강차로 바꿨으므로 정답은 2번이다.

정답 질문1 ❹
     질문2 ❷

11番

スクリプト 5-13

男(おとこ)の人(ひと)と女(おんな)の人(ひと)がアパートを探(さが)しています。

男：どうする、アパート。僕(ぼく)は会(かい)社(しゃ)から近(ちか)いところに住(す)みたいんだけど……。

女：そうね。でも会(かい)社(しゃ)の近(ちか)くってなんか高(たか)そうだわ。それに繁(はん)華(か)街(がい)の中(なか)にあるから、人(ひと)通(どお)りが多(おお)くていろいろと騒(さわ)がしそうよ。子(こ)供(ども)の教(きょう)育(いく)にもあまりよくないわ。私(わたし)は近(きん)所(じょ)に公(こう)園(えん)やスーパーがあったほうがいいの。どうせ家(うち)に長(なが)くいるのは私(わたし)と子(こ)供(ども)たちだからね。あなたは毎(まい)日(にち)残(ざん)業(ぎょう)で家(うち)に帰(かえ)ってくるのが遅(おそ)いでしょう？

男：でもさ、会(かい)社(しゃ)から近(ちか)いと帰(き)宅(たく)時(じ)間(かん)が早(はや)くなるじゃないか。いつも帰(かえ)る時(じ)間(かん)が遅(おそ)いのは、今(いま)住(す)んでる家(うち)から会(かい)社(しゃ)まで2時(じ)間(かん)以(い)上(じょう)もかかるからだろう。僕(ぼく)だって家(うち)に早(はや)く帰(かえ)って家(か)事(じ)も手(て)伝(つだ)ってあげたいし、子(こ)供(ども)たちと遊(あそ)んでやりたいよ。だから、僕(ぼく)の言(い)うとおりにしてくれよ。

女：そうね、どうしたらいいかしら。やっぱり会(かい)社(しゃ)の近(ちか)くはだめだわ。別(べつ)の場(ば)所(しょ)を探(さが)しましょう。

男：どうしてだよ。

女：だって、こんな近(ちか)くに繁(はん)華(か)街(がい)があったら、会(かい)社(しゃ)帰(がえ)りに一(いっ)杯(ぱい)また一(いっ)杯(ぱい)ってことになりかねないわよ。せっかく近(ちか)いところに引(ひ)っ越(こ)してもまた帰(かえ)るのが遅(おそ)くなるに決(き)まってるわ。

男：そうか。僕(ぼく)ってそんなに信(しん)用(よう)がないのかな。がっかりだよ。

女：日ごろの行いがよくないからね。まあ、別のいいところが見つかるわよ。あきらめるのはまだ早いって。

質問 1　男の人ががっかりしている一番の理由は何ですか。

1. 帰宅時間が遅くなるから
2. 会社から遠いところに引っ越すから
3. 妻が男の人のことを信じないから
4. 会社から近いところに引っ越さないから

質問 2　女の人はどんなところに住みたいのですか。

1. デパートが集まっているところ
2. 繁華街に近いところ
3. 子供の学校から近いところ
4. 公園があるところ

> **해석**

남자와 여자가 아파트를 찾고 있습니다.

남 : 아파트 어떻게 할 거야? 나는 회사에서 가까운 곳에 살고 싶은데….

여 : 글쎄. 하지만 회사 근처는 왠지 비쌀 것 같아. 게다가 번화가 안에 있으니까 사람들 왕래도 많아서 여러 가지로 시끄러울 것 같아. 아이들 교육에도 별로 안 좋아. 나는 근처에 공원이나 슈퍼마켓이 있는 편이 좋거든. 어차피 집에 오래 있는 것은 나와 아이들이니까. 당신은 매일 야근 때문에 집에 돌아오는 게 늦잖아?

남 : 하지만 회사에서 가까우면 귀가 시간이 빨라지잖아. 늘 귀가 시간이 늦는 것은 지금 살고 있는 집에서 회사까지 2시간 이상이나 걸리니까 그런 거잖아. 나도 집에 일찍 돌아와서 집안일도 도와주고 싶고, 아이들과 놀아 주고 싶다고. 그러니까 내 말대로 해 줘.

여 : 글쎄. 어떻게 하면 좋으려나. 역시 회사 근처는 안 돼. 다른 장소를 찾아보자.

남 : 왜 그러는데?

여 : 왜냐하면, 이렇게 가까운 곳에 번화가가 있으면 회사에서 돌아오는 길에 한잔, 또 한잔해야지라는 상황이 될지도 몰라. 애써 가까운 곳에 이사해도 또 귀가하는 게 늦어질 게 뻔해.

남 : 그런가. 내가 그렇게 신용이 없는 건가? 힘 빠지네.

여 : 평소의 행동이 안 좋으니까. 뭐 다른 좋은 곳을 찾을 거야. 포기하는 것은 아직 일러.

질문 1　남자가 힘이 빠져 있는 가장 큰 이유는 무엇입니까?

1. 귀가 시간이 늦어져서
2. 회사에서 먼 곳으로 이사가서
3. 아내가 남자를 믿지 않아서
4. 회사에서 가까운 곳으로 이사가지 않아서

스크립트 및 해석 | 콕콕 실전문제

질문 2 여자는 어떤 곳에 살고 싶은 것입니까?
1. 백화점이 모여 있는 곳
2. 번화가에 가까운 곳
3. 아이들 학교에서 가까운 곳
4. 공원이 있는 곳

단어

探す 찾다 | 近く 근처, 가까운 곳 | 繁華街 번화가 | 人通り 사람의 왕래 | 騒がしい 소란스럽다 | 近所 근처 | どうせ 어차피, 이왕에 | 残業 잔업, 야근 | 遅い 늦다 | 帰宅 귀가 | 家事 가사, 집안일 | 手伝う 돕다 | ~かねない ~할지도 모른다, ~할 법도 하다 | せっかく 모처럼, 일부러 | 引っ越す 이사하다 | ~に決まっている 반드시 ~이다, ~할 것이 뻔하다 | 信用 신용 | がっかり 낙담하는 모양 | 日ごろ 평소 | 行い 행동, 품행 | 見つかる 발견되다, 찾게 되다 | あきらめる 포기하다 | 妻 아내 | 集まる 모이다

해설

회사와 집이 가까워지면 남편이 술을 마시고 여전히 늦게 귀가할 것이라고 아내가 단정짓자 남편이 실망하고 있다. 따라서 첫 번째 질문의 답은 3번이다. 여자는 회사 근처는 번화가라서 싫고, 공원과 슈퍼가 가까운 곳을 선호하고 있다. 따라서 두 번째 질문의 답은 4번이다.

정답 질문 1 ❸
　　　질문 2 ❹

Memo

Part 3

점수를 UP시키는
N2 청해

N2 청해
실전 공략하기

1. 파이널 테스트
2. 파이널 테스트 스크립트
3. 파이널 테스트 정답
4. 해답용지

일본어 능력시험 청해 N2 파이널 테스트 ①

問題 1

問題1では、まず質問を聞いてください。それから話を聞いて、問題用紙の1から4の中から、最もよいものを一つ選んでください。

1番 6-01

1 ほかほかの出前を取る
2 夕食を直接作る
3 夕食を買いに外に出る
4 男の人に夕食を作ってもらう

2番 6-02

1 男の人はかばんの持ち主に電話してみる
2 男の人はかばんの持ち主が現れるのを待ってみる
3 女の人は忘れ物センターにかばんを届けに行く
4 女の人はかばんの持ち主にかばんを届けに行く

3番 6-03

1 携帯電話の充電器を取りに家に戻る
2 男の子の携帯に臨時のパスワードを送ってもらう
3 別のIDとパスワードで登録しなおす
4 臨時のパスワードを充電した自分の携帯に送ってもらう

4番 6-04

1 代理店に連絡して自分の予約をキャンセルする
2 代理店に連絡して清水さんの予約をキャンセルする
3 社内のツールで出張の予約をする
4 清水さんに予約をキャンセルするよう連絡する

5番 🎧 6-05

1 郵便局に荷物の到着時間を問い合わせる
2 管理人に連絡して荷物の受け取りをお願いする
3 携帯電話のメールを確認する
4 近藤さんに電話で連絡する

問題2

問題2では、まず質問を聞いてください。そのあと、問題用紙のせんたくしを読んでください。読む時間があります。それから話を聞いて、問題用紙の1から4の中から、最もよいものを一つ選んでください。

1番 6-06

1 会社の同僚だから親しみやすいと思った
2 おもしろい人だと思った
3 おかしな人だと思った
4 元気な人だと思った

2番 6-07

1 自分だけが友だちにコーヒーをおごってあげられる点
2 経済的な余裕ができた点
3 忙しくて自分だけの時間ができない点
4 自力で喫茶店を開ける点

3番 🎧 6-08

1 男の人が女の人のやりたいようにさせてくれないから
2 男の人が中古車を買おうと言っているから
3 男の人が隣の奥さんのことを悪く言うから
4 男の人が自動車修理店を開くと言っているから

4番 🎧 6-09

1 そろばんのレッスン
2 水泳のレッスン
3 ピアノのレッスン
4 歌のレッスン

5番 🎧 6-10

1 一人だけ会社の忘年会に行く点
2 会社の送別会が開かれることを早く言わなかった点
3 自分のことしか考えない自己中心的な点
4 女の人にきれいだと言ってくれない点

6番 🎧 6-11

1 店のスケジュールを調整するのが難しいから
2 1時から授業があるから
3 授業が1時に終わるから
4 2時には自分の子供が学校から帰ってくるから

問題3 🎧 6-12~16

問題3では、問題用紙に何もいんさつされていません。この問題は、全体としてどんな内容かを聞く問題です。話の前に質問はありません。まず話を聞いてください。それから、質問とせんたくしを聞いて、1から4の中から、最もよいものを一つ選んでください。

―メモ―

問題 4 6-17~28

問題4では、問題用紙に何もいんさつされていません。まず文を聞いてください。それから、それに対する返事を聞いて、1から3の中から、最もよいものを一つ選んでください。

－メモ－

問題5

問題5では、長めの話を聞きます。この問題には練習はありません。メモをとってもかまいません。

1番、2番 6-29~30

問題用紙に何もいんさつされていません。まず話を聞いてください。それから、質問とせんたくしを聞いて、1から4の中から、最もよいものを一つ選んでください。

―メモ―

3番 6-31

まず話を聞いてください。それから、二つの質問を聞いて、それぞれ問題用紙の1から4の中から、最もよいものを一つ選んでください。

質問1

1　子供が中国語が大好きだから
2　英語と中国語を一緒に勉強させると効果があると聞いたから
3　授業についていけなくなってから対処しても遅いと思うから
4　学校の授業を理解できなかったから

質問2

1　妻の言うとおりだと思っている
2　本当に必要な時来てもらった方がいい
3　家庭教師をつけると子供が授業に追いつけなくなる
4　家庭教師はいてもいなくても同じだ

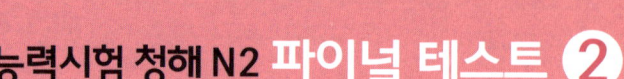

問題 1

問題1では、まず質問を聞いてください。それから話を聞いて、問題用紙の1から4の中から、最もよいものを一つ選んでください。

1番 7-01

1 近所の店で新しい眼鏡を買ってから借りた眼鏡を捨てる
2 近所の店で新しい眼鏡を買ってから借りた眼鏡を返しに行く
3 お金の払い戻しができないのでそのまま今の店で眼鏡を買う
4 店のあやまちなので借りた眼鏡は返さない

2番 7-02

1 夫に電話をしてコストマーケットに来てもらう
2 スーパーで買い物をする
3 コストマーケットをゆっくり見物する
4 コストマーケットで夫から電話が来るまで待つ

3番 7-03

1 旅行会社へ行って自分のチケットを探してみる
2 旅行会社から郵便が届くのを家で待つ
3 旅行会社から電話が来るのを待つ
4 航空会社から電話が来るのを待つ

4番 7-04

1 新しいパソコンを買いに電気屋に行く
2 電気屋にバッテリーを買いに行く
3 電気屋に充電器コードを買いに行く
4 インターネットで充電器コードを注文する

5番 🎧 7-05

1 エプロン、ハンドタオル、身分証明書

2 エプロン、タッパ、身分証明書

3 タッパ、身分証明書、メモ帳

4 エプロン、タッパ、メモ帳

問題2

問題2では、まず質問を聞いてください。そのあと、問題用紙のせんたくしを読んでください。読む時間があります。それから話を聞いて、問題用紙の1から4の中から、最もよいものを一つ選んでください。

1番 🎧 7-06

1 男の人が部長に、企画部の仕事がしたいと言ったから
2 部長が男の人に、企画部の仕事の方が合っていると言ったから
3 男の人の営業成績が伸びないから
4 男の人が部長に、企画部でがんばって昇進したいと言ったから

2番 🎧 7-07

1 何よりも仕事優先の人
2 無職でもやさしい人
3 美香が紹介してくれる人
4 完璧な理想のタイプでなくてもいいから、親が嫌がらない人

3番 🎧 7-08

1 体の調子がよくないから
2 明日病院で検査があるから
3 お腹が痛くて食べられないから
4 病院で食事の量を減らすように言われたから

4番 🎧 7-09

1 学校のコンクールはレベルが低いから
2 学校のコンクールの準備をする時間がなかったから
3 学校のコンクールで入賞するにはコネが必要だから
4 学校のコンクールで入賞することは簡単だから

5番 🎧 7-10

1 テストをなくしてゆとり教育を実施すると、学生たちが勉強好きになるから
2 社会で認められるためには、定期テストを通して競争に慣れておかないといけないから
3 定期テストでいい点数を取れば、個性ある人になれるから
4 定期テストを行って子供たちを競争させるように親たちが言っているから

6番 🎧 7-11

1 他の約束があって忘れていたから
2 携帯電話が壊れていてアラームが鳴らなかったから
3 携帯電話をマナーモードにしておいたのでアラームの音がしなかったから
4 携帯電話のアラームをセットしておかなかったから

問題3 🎧 7-12~16

　問題3では、問題用紙に何もいんさつされていません。この問題は、全体としてどんな内容かを聞く問題です。話の前に、質問はありません。まず話を聞いてください。それから、質問とせんたくしを聞いて、1から4の中から、最もよいものを一つ選んでください。

―メモ―

問題4 🎧 7-17~28

問題4では、問題用紙に何もいんさつされていません。まず文を聞いてください。それから、それに対する返事を聞いて、1から3の中から、最もよいものを一つ選んでください。

― メモ ―

もんだい
問題 5

問題5では、長めの話を聞きます。この問題には練習はありません。メモをとってもかまいません。

1番、2番 🎧 7-29~30

問題用紙に何もいんさつされていません。まず話を聞いてください。それから、質問とせんたくしを聞いて、1から4の中から、最もよいものを一つ選んでください。

－メモ－

3番 🎧 7-31

まず話を聞いてください。それから、二つの質問を聞いて、それぞれ問題用紙の1から4の中から、最もよいものを一つ選んでください。

質問1

1 から揚げおにぎりセット
2 チーズ入りのキムチおにぎり
3 具なしの普通の塩おにぎりセット
4 具なしの普通の塩おにぎり

質問2

1 から揚げおにぎりセット
2 チーズ入りのキムチおにぎり
3 具なしの普通の塩おにぎりセット
4 具なしの普通の塩おにぎり

일본어 능력시험 청해 N2 파이널 테스트 ❸

問題 1

問題1では、まず質問を聞いてください。それから話を聞いて、問題用紙の1から4の中から、最もよいものを一つ選んでください。

1番 8-01

1 本館の空いてる教室を探しに行く
2 空いてる場所を探しに食堂に行く
3 空いてる場所を探しに図書館に行く
4 先輩にもらった問題集をプリントしに行く

2番 8-02

1 引っ越しをするかどうかを考えてみる
2 エアコンの設置を依頼する
3 コードの修理を依頼する
4 リモコンに新しい電池を入れてみる

3番 8-03

1 自動車整備センターに連絡する
2 荷物の重さを量る
3 最寄りの郵便局を探してみる
4 荷物の幅を測り直す

4番 8-04

1 おやつ、文房具類、絵の具類
2 文房具類、スケッチブック、筆洗いバケツ
3 色紙、スケッチブック
4 おやつ、色紙、絵の具類

5番 🎧 8-05

1 課長にインタビューしに行く
2 社内報のサイズを課長に聞く
3 社内報に載せる写真を決める
4 インタビュー内容の誤字をチェックする

問題2

問題2では、まず質問を聞いてください。そのあと、問題用紙のせんたくしを読んでください。読む時間があります。それから話を聞いて、問題用紙の1から4の中から、最もよいものを一つ選んでください。

1番 🎧 8-06

1 遅刻した人が多かったから
2 エアコンを直すために時間がかかったから
3 意見が多くてまとまらなかったから
4 暑くて会議の雰囲気がよくなかったから

2番 🎧 8-07

1 来週はボランティア活動が遅く終わるから
2 土曜日は用事が早く終わるから
3 来週はボランティア活動で疲れるだろうから
4 来週は女の人もボランティア活動に参加するから

3番 🎧 8-08

1 条件にぴったりの男性と結婚することになったから
2 結婚相談所の仕事が自分の結婚の邪魔になったから
3 条件優先の結婚がいいと思わなくなったから
4 結婚相手の男性が結婚相談所の仕事をいやがっているから

4番 🎧 8-09

1 来年のチームの優勝は無理だと思うから
2 才能ある少年たちを育てたいから
3 若いうちに、もう一度選手として活躍したいから
4 他のチームの若い選手たちを育成したいから

5番 🎧 8-10

1 現代文学の本で討論するから
2 本は面白くなくても、討論は楽しいから
3 メンバーとのおしゃべりが楽しいから
4 先生とのおしゃべりが楽しいから

6番 🎧 8-11

1 自分だけのために作られたシャンプーだから
2 実際使ってみたら、効果があったから
3 自分にぴったりのシャンプーを何度でも作り直してくれるから
4 シャンプーを自分が選んだ容器に入れて送ってくれるから

問題3 🎧 8-12~16

問題3では、問題用紙に何もいんさつされていません。この問題は、全体としてどんな内容かを聞く問題です。話の前に質問はありません。まず話を聞いてください。それから、質問とせんたくしを聞いて、1から4の中から、最もよいものを一つ選んでください。

－メモ－

もんだい
問題 4 8-17~28

問題4では、問題用紙に何もいんさつされていません。まず文を聞いてください。それからそれに対する返事を聞いて、1から3の中から、最もよいものを一つ選んでください。

－メモ－

問題5

問題5では、長めの話を聞きます。この問題には練習はありません。メモをとってもかまいません。

1番、2番 8-29~30

問題用紙に何もいんさつされていません。まず話を聞いてください。それから質問とせんたくしを聞いて、1から4の中から、最もよいものを一つ選んでください。

－メモ－

3番 🎧 8-31

まず話を聞いてください。それから、二つの質問を聞いて、それぞれ問題用紙の1から4の中から、最もよいものを一つ選んでください。

質問1

1　日本の民謡
2　日本の童謡
3　日本の演歌
4　Ｊポップ

質問2

1　日本の民謡
2　日本の童謡
3　日本の演歌
4　Ｊポップ

일본어 능력시험 청해 N2 파이널 테스트 스크립트

파이널 테스트 ❶ 6-00

問題 1
page 144

1番
스크립트 6-01

男の人と女の人が話しています。女の人はこれからどうしますか。

女：餃子買って来たの。キムチ入りのと唐辛子入りの二種類よ。あとキムチうどんもあるわよ。
男：なんだ。辛いのばっかり買ってきたんだな。俺、辛いのだめだって知ってるくせに。どこで買ったんだ？
女：えーと。何だったっけ。メイ何とかって言うのよ。確か餃子入れて来たビニール袋に、店の名前が書いてあるはずよ。
男：もしかして、明星餃子じゃないのか。
女：あー、そうそう。それよ。
男：なあんだ。俺がよく会社で出前取ったり、食べに行ったりしてるところじゃないか。ここの餃子ってけっこう有名なんだよ。野菜炒めご飯とか五目ご飯もおいしいよ。
女：そうなの？じゃあ早く食べてみようっと。
男：僕はやめとく。いつも会社で食べているのに家に帰ってきてまで食べるのはちょっと。
女：えー？夕食何も準備してないわよ。
男：本当か。家にいる時はほかほかの手作りが食べたいのに。
女：もう、しょうがないわねぇ。仕度すればいいんでしょ！

女の人はこれからどうしますか。
1. ほかほかの出前を取る
2. 夕食を直接作る
3. 夕食を買いに外に出る
4. 男の人に夕食を作ってもらう

해석

남자와 여자가 이야기하고 있습니다. 여자는 지금부터 어떻게 합니까?

여 : 만두 사 왔어. 김치 들어간 거랑 고추 들어간 거 두 종류야. 그리고 김치우동도 있어.
남 : 뭐야. 매운 것만 사 왔네. 나, 매운 거 못 먹는 거 알면서. 어디서 산 거야?
여 : 음. 뭐였더라. 메이 뭐라고 하는데. 아마 만두를 넣어온 비닐봉투에 가게 이름이 써 있을 거야.
남 : 혹시 묘죠 만두 아니야?
여 : 아. 그래 그래. 그거야.
남 : 뭐야. 내가 회사에서 자주 배달시키기도 하고 먹으러 가기도 하는 곳이잖아. 여기 만두 꽤 유명해. 채소볶음밥이라든가 고모쿠밥도 맛있어.
여 : 그래? 그럼 빨리 먹어 봐야지.
남 : 나는 관둘래. 항상 회사에서 먹고 있는데 집에 와서까지 먹는 것은 좀 그래.
여 : 뭐? 저녁밥 아무것도 준비 안 했는데.
남 : 정말이야? 집에 있을 때는 손수 만든 따뜻한 밥이 먹고 싶은데.
여 : 정말이지 어쩔 수 없네. 준비하면 되잖아!

여자는 지금부터 어떻게 합니까?
1. 따뜻한 음식을 배달시킨다.
2. 저녁밥을 직접 만든다.
3. 저녁밥을 사러 밖으로 나간다.
4. 남자에게 저녁밥을 만들어 달라고 한다.

2番

스크립트 🎧 6-02

男の人と女の人が空港で荷物が出てくるのを待っています。二人はこれからどうしますか。

男：困ったな。いくら待っても荷物が出てこないんです。
女：どんなかばんなんですか。
男：白黒のスーツケースなんですけど……。
女：あの、もしかして、下に降ろしてあるあのかばんじゃないですか。
男：あ、そうかもしれませんね。僕のに似てます。うーん、でも、名札の名前が違いますね。かばんはまるっきり僕のと同じなんですけど。
女：じゃあ、誰かが間違って持ってっちゃったのかもしれませんね。
男：そうかもしれませんね。誰かそそっかしい人が自分のだと勘違いして……。
女：どうしますか。
男：一応このかばんの持ち主に電話してみます。この人が持ってった可能性が高いですからね。どこかに電話番号書いてないかな。ああ、この人電話番号書いてないみたいですね。
女：じゃあ、私は一応忘れ物センターに行って紛失届け出してきます。
男：僕はここで待ってます。かばんが入れ替わってるの気がついて戻ってくるかもしれませんから。
女：もしかしたら後から荷物が出てくるかもしれないからよくみててください。

二人はこれからどうしますか。
1. 男の人はかばんの持ち主に電話してみる
2. 男の人はかばんの持ち主が現れるのを待ってみる
3. 女の人は忘れ物センターにかばんを届けに行く
4. 女の人はかばんの持ち主にかばんを届けに行く

해석

남자와 여자가 공항에서 짐이 나오는 것을 기다리고 있습니다. 두 사람은 지금부터 어떻게 합니까?

남 : 난감하네. 아무리 기다려도 짐이 나오질 않습니다.
여 : 어떤 가방인가요?
남 : 흑백의 여행용 가방인데요….
여 : 저, 혹시 밑에 내려져 있는 저 가방이 아닙니까?
남 : 아, 그럴지도 모르겠네요. 제 것과 비슷해요. 음. 하지만 명찰 이름이 다르네요. 가방은 완전히 제 것과 똑같은데.
여 : 그럼, 누군가가 잘못 가져가 버린 것일지도 모르겠네요.
남 : 그럴지도 모르겠네요. 누군가 덜렁대는 사람이 자기 거라고 착각해서….
여 : 어떻게 할 거예요?
남 : 일단 이 가방 주인에게 전화해 보겠습니다. 이 사람이 갖고 있을 가능성이 높으니까요. 어딘가에 전화번호가 안 써 있으려나? 아~, 이 사람 전화번호를 안 써 놓은 것 같네요.
여 : 그럼, 저는 일단 분실물 센터에 가서 분실 신고를 하고 오겠습니다.
남 : 저는 여기서 기다리겠습니다. 가방이 바뀐 것을 깨닫고 돌아올지도 모르니까요.
여 : 혹시 나중에 짐이 나올지도 모르니까 잘 보고 계세요.

두 사람은 지금부터 어떻게 합니까?
1. 남자는 가방 주인에게 전화를 걸어 본다.
2. 남자는 가방 주인이 나타나기를 기다려 본다.
3. 여자는 분실물 센터에 가방을 전달하러 간다.
4. 여자는 가방 주인에게 가방을 전달하러 간다.

3番

スクリプト 6-03

高校生の男の子と女の子がコンピューターの前で話しています。女の子はこれからどうすればいいですか。

女：あのね。インターネットでテストを受けないといけないの。ところでIDは合ってるんだけどパスワードがわからなくて入れないのよ。

男：どうやって作ったのか覚えてないの？

女：いつもは誕生日とか携帯や家の電話番号とか車のナンバーを使ってるから、この中の一つだと思ったんだけど、どれもだめなの。

男：どうしても思い出せないなら、臨時のパスワードを携帯に送ってもらって、他のに変えればいいんじゃないか。

女：そうね。じゃあ、小林君の携帯電話の方に送ってもらってもいいかな。

男：え？それって無理なんじゃないかな。個人的な情報って会員登録した時に記入した携帯電話にしか送れないと思うよ。

女：そうか。どうしよう。私の携帯、今バッテリーが切れているの。

男：予備のバッテリーないの？じゃあ、Eメールに送ってもらえばいいんじゃない？

女：それがね、言うの恥ずかしいんだけど、登録してあるEメールってほとんど使ってなくて、IDもパスワードもはっきり覚えてないの。

男：なんだよ。しっかりしろよ。

女：あ、そうだ！かばんの中に充電器入ってるの忘れてた。

男：それを早く言えよ。よかったじゃん。

女の子はこれからどうすればいいですか。

1. 携帯電話の充電器を取りに家に戻る
2. 男の子の携帯に臨時のパスワードを送ってもらう
3. 別のIDとパスワードで登録しなおす
4. 臨時のパスワードを充電した自分の携帯に送ってもらう

해석

남자 고등학생과 여자 고등학생이 컴퓨터 앞에서 이야기하고 있습니다. 여자는 지금부터 어떻게 하면 됩니까?

여 : 있잖아. 인터넷으로 시험을 보지 않으면 안 돼. 그런데 ID는 맞는데 비밀번호를 몰라서 들어갈 수가 없어.

남 : 어떻게 만들었는지 기억이 안 나는 거야?

여 : 평소에는 생일이라든지 휴대전화나 집 전화번호라든지 차 번호를 사용하고 있으니까 이중에 하나라고 생각했는데 다 안 되더라.

남 : 아무리 해도 생각이 안 나면 임시 비밀번호를 휴대전화로 받아서 다른 것으로 바꾸면 되잖아.

여 : 그러네. 그럼 고바야시 군 휴대전화로 보내 달라고 해도 될까?

남 : 뭐? 그건 무리가 아닐까? 개인정보는 회원등록 했을 때 기입한 휴대전화로밖에 보낼 수 없을 거야.

여 : 그렇구나. 어떻게 하지? 내 휴대전화 지금 배터리가 다 됐어.

남 : 예비 배터리 없어? 그럼 이메일로 받으면 되잖아.

여 : 그게 말이지, 말하는 것도 창피한 일이지만 등록해 놓은 이메일은 거의 안 써서 아이디도 비밀번호도 확실히 기억이 안 나.

남 : 뭐야. 정신 차려.

여 : 아, 맞다! 가방 안에 충전기 들어 있는 걸 잊고 있었어.

남 : 그걸 빨리 말해야지. 다행이네.

여자는 지금부터 어떻게 하면 됩니까?

1. 휴대전화 충전기를 가지러 집으로 돌아간다.
2. 남자의 휴대전화로 임시 비밀번호를 받는다.
3. 다른 아이디와 비밀번호로 다시 등록한다.
4. 임시 비밀번호를 충전한 자신의 휴대전화로 받는다.

4番

스크립트 🎧 6-04

会社で課長と女の人が話しています。女の人はこの後、まず何をしますか。

男：金田君。来月のヨーロッパ出張の件なんだけど。
女：はい。もしかしてキャンセルですか。
男：いや、そうじゃなくて。出張の手配のことなんだけど、たしか君が直接代理店のオンライン予約をしたんだよね？
女：はい、そうですが。何か問題でもあるんでしょうか。
男：会社の方針がね、社内の予約ツールを利用しないといけないらしいんだ。社外の直接予約は、安全面での問題もあるけど、経費の節約が難しくなるからね。悪いけど、キャンセルできるかな。
女：あ、そうなんですか。もちろんできますよ。
男：キャンセルしたら、社内のツールで予約しておいてね。あ、そうだ。一緒に行く、清水君のも君がキャンセルできる？
女：キャンセルは予約者が直接しないといけないので、私のが済んだら、清水さんに連絡して一緒に予約しなおします。
男：じゃあ、お願いするよ。

女の人はこの後、まず何をしますか。
1. 代理店に連絡して自分の予約をキャンセルする
2. 代理店に連絡して清水さんの予約をキャンセルする
3. 社内のツールで出張の予約をする
4. 清水さんに予約をキャンセルするよう連絡する

해석

회사에서 과장과 여자가 이야기하고 있습니다. 여자는 이후에 우선 무엇을 합니까?

남 : 가네다 군. 다음 달 유럽 출장 건 말인데.
여 : 네. 혹시 취소됐나요?
남 : 아니, 그게 아니라. 출장 준비에 관한 일인데, 분명히 자네가 직접 대리점의 온라인 예약을 한 거 맞지?
여 : 네, 그런데요. 뭔가 문제라도 있나요?
남 : 회사 방침이 말야. 사내 예약 툴을 이용하지 않으면 안 된대. 회사 외의 직접 예약은 안전면에서의 문제도 있지만, 경비 절약이 어려워지니까. 미안하지만 취소할 수 있을까?
여 : 아, 그래요? 물론 할 수 있어요.
남 : 취소하면 사내 툴로 예약해 둬. 아, 참. 같이 가는 시미즈 군 것도 자네가 취소할 수 있나?
여 : 취소는 예약자가 직접 하지 않으면 안 되니까. 제 것이 끝나면 시미즈 씨한테 연락해서 같이 다시 예약할게요.
남 : 그럼 부탁해.

여자는 이후에 우선 무엇을 합니까?
1. 대리점에 연락해서 자기가 한 예약을 취소한다.
2. 대리점에 연락해서 시미즈 씨의 예약을 취소한다.
3. 사내 툴로 출장 예약을 한다.
4. 시미즈 씨에게 예약을 취소하라고 연락한다.

5番

스크립트 🎧 6-05

留守番電話のメッセージです。飯田さんはこの後、まずどうしますか。

女：もしもし、飯田さん。近藤です。お電話したのにつながらなかったのでメッセージを残します。昨日送った荷物ですが、ホームページで確認してみたところ、現在配達中だと出ています。宅配業者に問い合わせてみたら、今日の夕方あたりに到着するそうです。午前中に到着時間を知らせるメールが届くと言ってました。生ものですのでお早目のお受け取りをお勧めします。不在

中だと受け取りに時間がかかってしまい、生ものが傷んでしまう可能性があるので、メールが届いたら到着時間をしっかり確認してください。生ものですので、マンションの管理人にもなるべく任せないようにお願いします。それでは、荷物が届き次第ご連絡くださいね。

飯田さんはこの後、まずどうしますか。
1. 郵便局に荷物の到着時間を問い合わせる
2. 管理人に連絡して荷物の受け取りをお願いする
3. 携帯電話のメールを確認する
4. 近藤さんに電話で連絡する

해석

자동응답전화의 메시지입니다. 이다 씨는 이후에 우선 어떻게 합니까?

여 : 여보세요, 이다 씨. 곤도입니다. 전화했는데 연결이 안 돼서 메시지를 남깁니다. 어제 보낸 짐 말인데요, 홈페이지에서 확인해 봤더니 현재 배달 중이라고 나와 있습니다. 택배업자에게 문의해 보니 오늘 저녁쯤에 도착한다고 합니다. 오전 중에 도착시간을 알리는 메일이 올 거라고 했습니다. 상하기 쉬운 물건이라서 빨리 수취해 주실 것을 권합니다. 부재중이면 수취에 시간이 걸려서 날것이 상해 버릴 가능성이 있으니 메일이 오면 도착시간을 꼭 확인해 주세요. 상하기 쉬운 물건이니 맨션 관리인에게도 되도록 맡기지 않도록 부탁드립니다. 그럼 짐이 도착하는 대로 연락 주십시오.

이다 씨는 이후에 우선 어떻게 합니까?
1. 우체국에 짐의 도착시간을 문의한다.
2. 관리인에게 연락해서 짐의 수취를 부탁한다.
3. 휴대전화 메일을 확인한다.
4. 곤도 씨에게 전화로 연락한다.

問題 2

page 147

1番

스크립트 6-06

男の人と女の人が会社で話しています。女の人は男の人のことをどう思いましたか。

男 : 苦手な人からの誘い、どう断ってますか。
女 : そうですね。私はとにかく忙しいと言います。
男 : それでもしつこく誘ってくる時にはどうしますか。
女 : あ、そうだ。体調が悪いって言う時もありますね。どうしたんですか。誰かストーカーのような人でもいるんですか。
男 : いや、別にそういう訳じゃないんですけどね。あの、もし同僚とかにしつこく迫られたら、それでも断りますか。
女 : 同僚とかね……。そういう場合は一回ぐらい我慢して応じるかもしれませんね。あとで気まずくならないように。
男 : その人と一度デートしてみて、もし気持ちが変わったらどうしますか。
女 : そうですね。よくわかりませんね。
男 : あの……。佐藤さん。突然ですが、週末に一緒にお茶でもしませんか。
女 : え？ あの……すみませんが、週末は家族の行事があって忙しいんです。このところ体の調子もよくないし。
男 : 佐藤さん。周りの人だったら一回ぐらいは大丈夫だって言ったじゃないですか。
女 : はあ？ 武田さん、何か変ですよ。

女の人は男の人のことをどう思いましたか。
1. 会社の同僚だから親しみやすいと思った
2. おもしろい人だと思った
3. おかしな人だと思った
4. 元気な人だと思った

해석

남자와 여자가 회사에서 이야기하고 있습니다. 여자는 남자를 어떻게 생각했습니까?

남 : 껄끄러운 상대가 만나자고 하면 어떻게 거절합니까?
여 : 글쎄요. 저는 아무튼 바쁘다고 합니다.
남 : 그래도 끈질기게 만나자고 할 때는 어떻게 합니까?
여 : 아, 맞다. 컨디션이 안 좋다고 할 때도 있네요. 왜 그러세요? 누군가 스토커 같은 사람이라도 있나요?
남 : 아니, 딱히 그런 것은 아니지만요. 저 만약에 동료 같은 사람이 끈질기게 접근해 오면 그래도 거절할 겁니까?
여 : 동료 같은 경우에는 말이죠…. 그런 경우는 한 번 정도는 참고 응할지도 모르겠네요. 나중에 어색해지지 않도록요.
남 : 그 사람과 한번 데이트해 보고, 만약 마음이 바뀌면 어떻게 할 겁니까?
여 : 글쎄요. 잘 모르겠네요.
남 : 저…. 사토 씨. 갑작스럽지만 주말에 같이 차라도 마시지 않겠습니까?
여 : 네? 저…죄송하지만 주말에는 가족 행사가 있어서 바쁩니다. 요즘 컨디션도 안 좋고.
남 : 사토 씨. 주변 사람이라면 한 번 정도는 괜찮다고 했잖아요.
여 : 네? 다케다 씨 뭔가 이상해요.

여자는 남자를 어떻게 생각했습니까?

1. 회사 동료라서 친해지기 쉽겠다고 생각했다.
2. 재미있는 사람이라고 생각했다.
3. 이상한 사람이라고 생각했다.
4. 활기찬 사람이라고 생각했다.

2番

스크립트　6-07

女の人が講演会で話しています。女の人は、仕事を始めてよかったと思っている点は何だと言っていますか。

女 : 第二の人生のつもりで仕事を始めました。もちろん家事との両立は大変体力の要るものですが、自分の才能を誰かのために活かせるという喜びは、他では味わえません。私は、この様に仕事を通して自己実現できたばかりでなく、心の余裕を持つこともできました。自分の力で稼いだお金をはじめて手にしたその日、一番にしたことは、コーヒーを友だちにおごることでした。以前は喫茶店でコーヒーを飲むなんて贅沢だとばかり思っていました。喫茶店で堂々とコーヒーを飲めるこの小さな贅沢が、私にはかけがえのない幸せです。

女の人は、仕事を始めてよかったと思っている点は何だと言っていますか。

1. 自分だけが友だちにコーヒーをおごってあげられる点
2. 経済的な余裕ができた点
3. 忙しくて自分だけの時間ができない点
4. 自力で喫茶店を開ける点

해석

여자가 강연회에서 이야기하고 있습니다. 여자가 일을 시작하길 잘했다고 생각하고 있는 점은 무엇이라고 말하고 있습니까?

여 : 제2의 인생인 셈치고 일을 시작했습니다. 물론 가사와의 양립은 체력이 매우 필요한 것이지만, 자신의 재능을 누군가를 위해서 살린다는 기쁨은 다른 곳에서는 맛볼 수 없습니다. 저는 이처럼 일을 통해서 자아실현을 할 수 있었을 뿐만 아니라 마음의 여유를 가질 수도 있었습니다. 내 힘으로 번 돈을 처음 손에 넣은 그 날, 제일 처음 한 일은 친구들에게 커피를 산 것이었습니다. 이전에는 커피숍에서 커피를 마신다는 것은 사치라고만 생각하고 있었습니다. 커피숍에서 당당하게 커피를 마실 수 있는 이 작은 사치가 저에게는 둘도 없는 행복입니다.

여자가 일을 시작하길 잘했다고 생각하고 있는 점은 무엇이라고 말하고 있습니까?

1. 자기만이 친구들에게 커피를 사줄 수 있는 점
2. 경제적인 여유가 생긴 점
3. 바빠서 자기만의 시간을 만들 수 없는 점
4. 자기 힘으로 커피숍을 여는 점

3番

スクリプト 6-08

男の人と女の人が車の雑誌を見ながら話しています。女の人はどうして怒っていますか。

女：この車いいわね。私のと取り替えてほしいわ。

男：なんだよ。お前の車まだちゃんと走るじゃないか。

女：でも、スピーカーも壊れているし、あちこちキズだらけよ。

男：それくらいどうってことないだろ。定期検査でもあと5年は乗れるって言ってたぞ。

女：隣の奥さん、最近新車買ってうきうきしてるのよ。正直言ってうらやましいわ。

男：また隣の奥さんの話か。あの人は新し物好きだからな。あのさ、まだ使える車なんだから、もう少しがんばってみようぜ。もっと物を大切にしないと。

女：私だってそれくらい分かってるわよ。じゃあ、光沢だけでも出してもらおうかな。1万5千円ぐらい出せば、新品みたいにピカピカにしてくれるそうよ。

男：誰に聞いたんだ？

女：この前バッテリーの交換してもらった修理屋さん。

男：ちょっと高すぎないか。もっと安くしてもらえるところ探してみたら？

女：もうー。これもだめあれもだめって。えらそうなこと言って結局お金の問題じゃないの。知らない、もう。

男：そうじゃなくて、ただ俺は何でも慎重にやりたいだけなんだよ。

女の人はどうして怒っていますか。

1. 男の人が女の人のやりたいようにさせてくれないから
2. 男の人が中古車を買おうと言っているから
3. 男の人が隣の奥さんのことを悪く言うから
4. 男の人が自動車修理店を開くと言っているから

해석

남자와 여자가 자동차 잡지를 보면서 이야기하고 있습니다. 여자는 왜 화가 났습니까?

여 : 이 차 좋다. 내 거랑 바꾸고 싶다.

남 : 뭐야. 당신 차 아직 잘 달리잖아.

여 : 하지만 스피커도 고장 났고 여기저기 흠집투성이야.

남 : 그 정도쯤 아무것도 아니잖아. 정기검사에서도 앞으로 5년은 더 탈 수 있다고 했어.

여 : 옆집 아줌마, 요새 새 차 사서 들떠 있더라. 솔직히 말해서 부러워.

남 : 또 옆집 아줌마 얘기야? 그 사람은 뭐든지 새것을 좋아하니까. 있잖아, 아직 쓸 수 있는 차니까 좀 더 버텨 보자. 물건을 좀 더 소중히 여겨야지.

여 : 나도 그 정도는 알고 있어. 그럼 광택만이라도 내 달라고 할까. 만 오천 엔 정도 내면 신품처럼 반짝반짝하게 해 준대.

남 : 누구한테 들었어?

여 : 요전에 배터리 교환해 준 수리점.

남 : 좀 너무 비싸지 않나? 좀 더 싸게 해 주는 곳 찾아보는 게 어때?

여 : 정말. 이것도 안 되고 저것도 안 되고. 잘난 척하더니 결국에는 돈 문제잖아. 이제 나도 몰라.

남 : 그게 아니라, 다만 나는 뭐든지 신중하게 하고 싶을 뿐이야.

여자는 왜 화가 났습니까?

1. 남자가 여자가 하고 싶은 대로 시켜 주지 않아서
2. 남자가 중고차를 사자고 해서
3. 남자가 옆집 아줌마를 나쁘게 말해서
4. 남자가 자동차 수리점을 열겠다고 해서

4番

スクリプト 🎧 6-09

男の人と女の人が子供の習い事について話しています。二人が真紀子にまずさせようとしている習い事は何ですか。

女：今日真紀子の先生から電話があってね、数学の勉強はさせてますかって聞かれたわ。

男：どういう意味だ？

女：真紀子がね、暗算が苦手らしいの。今からでも遅くないから早く何とかするように言われたわ。

男：そうか。真紀子は数学が得意そうに見えたんだけどな。じゃあ、どうするつもりなんだ？

女：そろばんの塾に行かせようかと思うの。彼女、大勢集まってやるのって大好きだし。

男：いい考えだけど、じゃあ、童謡大会の練習はどうするんだ？大会が今月の末にあるんだろ？あと、水泳もまた始めるって言ってなかったか。

女：そうね。童謡の練習はいいかげん始めないといけないと思うわ。先生が、ピアノの伴奏にあわせて歌うのって、慣れるのに時間がかかるって言ってたから。

男：もうすぐ冬休みだから、そろばんや水泳は冬休みの特別プログラムにでも参加させるっていうのはどうだ？

女：そうね。そうしましょうか。

男：冬休みになるまでは俺が数学の面倒を見るよ。

女：じゃあ、お願いね。

二人が真紀子にまずさせようとしている習い事は何ですか。

1. そろばんのレッスン
2. 水泳のレッスン
3. ピアノのレッスン
4. 歌のレッスン

해석

남자와 여자가 아이의 과외 수업에 대해서 이야기하고 있습니다. 두 사람이 마키코에게 우선 시키려는 과외는 무엇입니까?

여：오늘 마키코네 선생님한테 전화가 왔는데, 수학 공부는 시키고 있냐고 묻더라.

남：무슨 뜻이야?

여：마키코가 말이야, 암산을 잘 못하나 봐. 지금부터라도 늦지 않으니까 빨리 어떻게든 하라고 하더라고.

남：그래? 마키코는 수학을 잘하는 것처럼 보였는데. 그럼, 어떻게 할 거야?

여：주산 학원에 보낼까 해. 마키코는 여럿이 모여서 하는 걸 아주 좋아하니까.

남：좋은 생각이지만, 그럼 동요대회 연습은 어떻게 할 건데? 대회가 이달 말에 있다면서? 그리고 수영도 다시 시작한다고 하지 않았어?

여：그렇지. 동요 연습은 이제 슬슬 시작하지 않으면 안 될 것 같아. 선생님이 피아노 반주에 맞춰서 노래 부르는 것은 익숙해지는 데 시간이 걸린다고 했거든.

남：이제 곧 겨울방학이니까 주산이나 수영은 겨울방학 특별 프로그램에라도 참가시키는 것은 어때?

여：그렇네. 그렇게 할까?

남：겨울방학이 될 때까지는 수학은 내가 봐 줄게.

여：그럼, 부탁할게.

두 사람이 마키코에게 우선 시키려는 과외는 무엇입니까?

1. 주산 레슨
2. 수영 레슨
3. 피아노 레슨
4. 노래 레슨

5番

スクリプト 6-10

男の人と女の人が話しています。女の人は男の人のどういうところが不満ですか。

男：明日、会社の忘年会を近くのホテルでするんだけど。夫婦同伴なんだけど一緒に行かない？

女：もう少し早く言ってくれれば良かったのに。そういう集まりにはちゃんとした身なりで行かないといけないんじゃないの？今からだと何の準備もできないわよ。

男：きれいな服装で行けばいいんじゃないの？そういう服いっぱい持ってるじゃない。

女：持ってる服っていっても時代遅れのものばかりよ。髪の毛だってパーマがほとんどとれちゃってぼさぼさだし。

男：僕の見た限りではそんなに変じゃないよ。

女：あなたは何でもかんでもいいって言うから信用できないわ。あ、そうだ。そういえば、あなた昨日美容院に行ってきたじゃない。自分だけずるいわよ。

男：え？別にそういうわけじゃ……。

女：どうしてもっと早く言ってくれなかったの？いつもぎりぎりになって言うから困っちゃうじゃない。自分だけ準備できればいいと思ってるんでしょう？

男：そうカッカするなよ。僕だってわざとじゃないんだ。忙しくて言う暇がなかっただけだよ。

女：へえ。そうですか。まるで忙しいのは自分だけだって言いたそうな口ぶりですね。

男：わかったよ。ごめんよ。次からは気をつけるから。

女の人は男の人のどういうところが不満ですか。
1. 一人だけ会社の忘年会に行く点
2. 会社の送別会が開かれることを早く言わなかった点
3. 自分のことしか考えない自己中心的な点
4. 女の人にきれいだと言ってくれない点

해석

남자와 여자가 이야기하고 있습니다. 여자는 남자의 어떤 점이 불만입니까?

남 : 내일 회사 송년회를 근처 호텔에서 하는데. 부부 동반인데 같이 가지 않을래?

여 : 좀 더 일찍 말해 줬으면 좋았을 텐데. 그런 모임에는 제대로 차려 입고 가지 않으면 안 되는 거 아니야? 지금부터라면 아무런 준비도 못해.

남 : 깔끔한 복장으로 가면 되는 거 아닌가? 그런 옷 많이 갖고 있잖아.

여 : 가지고 있는 옷이라고 해도 시대에 뒤쳐진 것뿐이야. 머리도 파마가 거의 풀려서 부스스하고.

남 : 내가 보는 한은 그렇게 이상하지 않아.

여 : 당신은 뭐든지 좋다고 하니까 믿을 수 없어. 아, 맞다. 그러고 보니 당신은 어제 미용실에 갔다 왔잖아. 자기만 약삭빠르게.

남 : 뭐? 딱히 그런 건 아닌데….

여 : 왜 좀 더 일찍 말해 주지 않았어? 항상 임박해서 말하니까 곤란하잖아. 자기만 준비되면 된다고 생각하는 거지?

남 : 그렇게 발끈하지 마. 나도 일부러 그런 게 아니야. 바빠서 말할 틈이 없었던 것뿐이야.

여 : 허참. 그래요? 마치 바쁜 건 자기 혼자뿐이라고 말하고 싶은 말투네.

남 : 알았어. 미안해. 다음부터는 조심할 테니까.

여자는 남자의 어떤 점이 불만입니까?
1. 혼자만 회사 송년회를 가는 점
2. 회사 송별회가 열리는 것을 일찍 말하지 않은 점
3. 자기만 생각하는 이기적인 점
4. 여자에게 예쁘다고 말해 주지 않는 점

6番

スクリプト 6-11

女の人が電話で友達と話しています。智子はどうして友達の集まりに参加できないのですか。

女1：もしもし、智子？来週あたりみんなで会うことにしたんだけど午前中に時間ある？
女2：火曜日と木曜日だったら空いてるわよ。
女1：月曜日に会うことにしたんだけど来られる？
女2：その日は9時から授業があるから無理だわ。千賀だって平日だと仕事があるから無理なんじゃないの？違う日にしたらだめかな？
女1：千賀は店のオーナーだからね。店のことはマネージャーに任しておけばいいらしいわよ。実はその日、私が重要な用事があるのよ。
女2：そうなんだ。
女1：午前中に集まってレストランでお昼の予約を取っておいたんだけど。お昼休みにも出て来られないの？
女2：私の昼休みって1時からなんだけど、間に合うかな。
女1：そうね。みんな2時には子供たちが学校から帰ってくるって言ってたから、その時間にはほとんど帰っちゃってるんじゃない？
女2：じゃあ、仕方がないわね。私は今回はパスさせてもらうわ。久しぶりにみんなの顔、見られると思ったんだけどね。みんなによろしく伝えといて。
女1：そう。残念ね。じゃあ、また連絡するわね。

智子はどうして友達の集まりに参加できないのですか。

1. 店のスケジュールを調整するのが難しいから
2. 1時から授業があるから
3. 授業が1時に終わるから
4. 2時には自分の子供が学校から帰ってくるから

해석

여자가 전화로 친구와 이야기하고 있습니다. 도모코는 왜 친구 모임에 참석하지 못합니까?

여1 : 여보세요, 도모코? 다음 주 정도에 다 같이 만나기로 했는데 오전 중에 시간 있어?
여2 : 화요일과 목요일이라면 비어 있어.
여1 : 월요일에 만나기로 했는데 올 수 있어?
여2 : 그날은 9시부터 수업이 있어서 무리야. 치카도 평일이라면 일이 있으니까 무리 아니야? 다른 날로 하면 안 될까?
여1 : 치카는 가게 주인이니까. 가게 일은 매니저한테 맡겨두면 되는 모양이야. 실은 그날 내가 중요한 일이 있어.
여2 : 그렇구나.
여1 : 오전 중에 모여서 레스토랑에서 점심식사하려고 예약을 해 두었는데. 점심시간에라도 나올 수 없어?
여2 : 내 점심시간은 1시부터인데 갈 수 있을까?
여1 : 그렇구나. 다들 2시에는 아이들이 학교에서 돌아온다고 했으니까, 그 시간에는 거의 돌아가지 않을까?
여2 : 그럼 어쩔 수 없네. 나는 이번에는 패스할게. 오랜만에 모두의 얼굴을 볼 수 있겠다고 생각했는데. 모두에게 안부 전해 줘.
여1 : 그래. 아쉽네. 그럼, 또 연락할게.

도모코는 왜 친구 모임에 참석하지 못합니까?

1. 가게 스케줄을 조정하는 것이 어렵기 때문에
2. 1시부터 수업이 있기 때문에
3. 수업이 1시에 끝나기 때문에
4. 2시에는 자기 아이가 학교에서 돌아오기 때문에

問題 3

1番

スクリプト 6-12

テレビでアナウンサーが話しています。
男：大手自動車会社トウヨウのリコール問題はたいへん深刻な事態となっております。リコールの原因はアクセルの故障だと言われています。安い部品を使ったことが決定的な原因となっているそうです。リコール件数は今年度の販売数よりも多く、トウヨウに大きな打撃を与えることになると思われます。この事態を受け、ライバル会社であるヒカリ自動車は喜ぶどころか、緊急対策会議を立ち上げたと言いました。同じ会社の部品を使っているので、自分たちに同じような事態が起こってもおかしくないからです。競争相手の危機がプラスになるかマイナスになるかは、まだ誰も予想できません。

アナウンサーは何について話していますか。
1. トウヨウ自動車がリコールできない理由
2. ヒカリ自動車のリコール件数
3. ヒカリ自動車が緊張している理由
4. 自動車会社のリコール競争

해석

TV에서 아나운서가 이야기하고 있습니다.
남 : 대기업 자동차 회사 도요의 리콜 문제는 매우 심각한 사태가 되고 있습니다. 리콜 원인은 액셀 고장이라고 합니다. 값싼 부품을 사용한 것이 결정적인 원인이 되었다고 합니다. 리콜 건수는 올해 판매 수보다도 많아, 도요에 큰 타격을 주게 될 것 같습니다. 이 사태를 보고 경쟁사인 히카리자동차는 기뻐하기는커녕 긴급 대책회의를 열었다고 했습니다. 같은 회사의 부품을 사용하고 있기 때문에, 자기들에게 같은 사태가 벌어지더라도 이상하지 않기 때문입니다. 경쟁 상대의 위기가 플러스가 될지 마이너스가 될지는 아직 아무도 예상할 수 없습니다.

아나운서는 무엇에 대해서 이야기하고 있습니까?
1. 도요자동차가 리콜할 수 없는 이유
2. 히카리자동차의 리콜 건수
3. 히카리자동차가 긴장하고 있는 이유
4. 자동차 회사의 리콜 경쟁

2番

スクリプト 6-13

大手スーパーで店員がお客に話しています。
女：お客様、弊社の原則としては領収書なしの払い戻しはできないことになっております。ただ、カードでのお支払いの記録をこちらで確認できたということと、お持ちの商品が弊社のオリジナルブランドであるということで、今回は払い戻しが可能でございます。通常は領収書なしの払い戻しは承りかねますので、次回からは必ず領収書をお持ちくださいますようお願い申し上げます。いつも弊社をご利用くださいましてありがとうございます。

店員は何について説明していますか。
1. スーパーのオリジナルブランド
2. 領収書なしの払い戻しの不便さ
3. スーパーとカード会社との関係
4. 領収書なしの払い戻しの例外的な承認

해석

대형 슈퍼마켓에서 점원이 손님에게 이야기하고 있습니다.
여 : 고객님, 저희 회사의 원칙으로는 영수증 없는 환불은 안 되게 되어 있습니다. 다만 카드로 지불하신 기록을 저희 쪽에서 확인할 수 있다는 점과, 가지고 오신 상품이 저희 회사의 고유 브랜드인 점으로 봐서, 이번에는 환불이 가능하십니다. 보통은 영수증 없이는 환불이 어려우니 다음부터는 꼭 영수증을 지참해 주시길 부탁드립니다. 늘 저희 회사를 이용해 주셔서 감사합니다.

점원은 무엇에 대해서 설명하고 있습니까?
1. 슈퍼마켓의 고유 브랜드
2. 영수증 없는 환불의 불편함
3. 슈퍼마켓과 카드 회사와의 관계
4. 영수증 없는 환불의 예외적인 승인

3番

스크립트 6-14

女の人が話しています。
女：大切な人に手編みの品を贈ることはとても素晴らしいことです。私は学生時代に何度か、母親にマフラーを編んであげようとがんばった経験がありますが、いつも最後まで仕上げられませんでした。編み方の図が載っている本を買って何度も挑戦してみたのですが、なかなか上手に編めないのです。それが最近、近所にできた手芸店の編み物教室に通うようになって、ついに素敵なマフラーを完成させることができました。私としては、本を参考にするよりも人に教わった方がずっとわかりやすいと思います。完成したマフラーは素晴らしい作品とはとても言えませんが、母を思う温かい気持ちがこもっていますので、十分素敵なプレゼントになったのではないかと思います。

女の人は何について話していますか。
1. 本に載っているわかりやすい編み方
2. 真心がこもっている手作りの編み物
3. 編み物と楽しかった学生時代
4. プレゼントにふさわしくない手作りの編み物

해석

여자가 이야기하고 있습니다.
여 : 소중한 사람에게 손으로 뜬 물건을 선물하는 것은 아주 멋진 일입니다. 나는 학창 시절에 몇 번인가 어머니께 목도리를 떠 드리려고 열심히 짠 경험이 있습니다만, 늘 마지막까지 완성하지 못했습니다. 뜨개질 방법 그림이 실려 있는 책을 사서 몇 번이나 도전해 봤지만, 좀처럼 잘 뜰 수 없는 것입니다. 그것이 최근에 근처에 생긴 수예점의 뜨개질 강습에 다니게 되어서, 드디어 멋진 목도리를 완성시킬 수 있었습니다. 저로서는 책을 참고로 하기보다도 사람에게 배우는 편이 훨씬 이해하기 쉬운 것 같습니다. 완성한 목도리는 훌륭한 작품이라고는 도저히 말할 수 없지만, 어머니를 생각하는 따뜻한 마음이 담겨 있기 때문에 충분히 훌륭한 선물이 되지 않았나 생각합니다.

여자는 무엇에 대해서 이야기하고 있습니까?
1. 책에 실려 있는 이해하기 쉬운 뜨개질 방법
2. 진심이 담겨 있는 손수 뜬 편물
3. 뜨개질과 즐거웠던 학창 시절
4. 선물로 어울리지 않는 손수 뜬 편물

4番

스크립트 6-15

男の人が講演会で話しています。
男：一定の職業を持たないフリーターと呼ばれる人が増えていると言われて久しくなりました。フリーター増加の大きな要因としては、非正規雇用の増加という雇用形態の変化があげられます。また、フリーターが高齢化し、高齢になるまでフリーターを続けてきたがゆえに正規職に就けず、そのままフリーターを続けざるを得ないという問題も重要な要因として考えられます。しかし何よりも問題なのは、過保護によるフリーターが増えているということだと思います。つまり、20代の若者たちが経済的に家から独立できずにいつまでも親に頼って

いるという事態が、社会現象になっているということです。非正規雇用や高齢者の再就職の問題は景気がよくなれば解決する余地があると考えられますが、過保護は家庭教育の問題です。フリーターの増加傾向は、親たちの意識が変わらない限り、変化することはないと思います。

男の人は何について話していますか。

1. フリーターという社会問題と家庭教育の関係
2. フリーターである人たちの再就職
3. 高齢者のフリーターの医療問題
4. 学校教育とフリーター増加現象の関係

해석

남자가 강연회에서 이야기하고 있습니다.

남 : 일정한 직업을 갖지 않는 프리터라고 불리는 사람이 늘고 있다고 한 지 오래되었습니다. 프리터 증가의 커다란 요인으로는 비정규직 고용의 증가라고 하는 고용 형태의 변화를 들 수 있습니다. 또한 프리터가 고령화되고 고령이 될 때까지 프리터를 계속해 왔기 때문에 정규직에 취직하지 못하고, 그대로 프리터를 계속할 수밖에 없다는 문제도 중요한 요인으로 생각됩니다. 하지만 무엇보다도 문제인 것은 과보호에 의한 프리터가 증가하고 있는 것이라고 생각합니다. 즉, 20대의 젊은이들이 경제적으로 집에서 독립하지 못하고, 언제까지나 부모에게 의지하고 있다는 사태가 사회 현상이 되고 있다는 점입니다. 비정규직 고용이나 고령자의 재취업 문제는 경기가 좋아지면 해결될 여지가 있다고 생각되지만, 과보호는 가정교육의 문제입니다. 프리터의 증가 경향은 부모들의 의식이 바뀌지 않는 한 변화할 수는 없다고 생각합니다.

남자는 무엇에 대해서 이야기하고 있습니까?

1. 프리터라는 사회 문제와 가정 교육의 관계
2. 프리터인 사람들의 재취업
3. 고령자 프리터의 의료 문제
4. 학교 교육과 프리터 증가 현상의 관계

5番

스크립트  6-16

ダイエットの専門家が話しています。

女 : さつまいもはカロリーが低いのでダイエットにいいと言われています。たしかに生の状態ではそうですが、焼き芋にしたりふかしたりすると、かえってカロリーは高くなってしまうそうです。それならなぜ「さつまいもダイエット」なるものがあるのでしょうか。これは「さつまいもを食べるからやせる」のではなく、ダイエット中にさつまいもを食べることで空腹感がなくなり、余計なおやつを食べることが減るという効果を狙ったものなのですね。つまり焼き芋を食べて体重が減るのは、焼き芋がカロリーが低いからではなく、満腹感を与えて食べたいという欲求を抑えてくれるからなのです。

ダイエットの専門家は何について話していますか。

1. さつまいものカロリーが低い本当の理由
2. さつまいもにダイエット効果がある本当の理由
3. さつまいもダイエットの難しさ
4. さつまいものおいしい料理法

해석

다이어트 전문가가 이야기하고 있습니다.

여 : 고구마는 칼로리가 낮기 때문에 다이어트에 좋다고들 합니다. 확실히 생고구마 상태일 때는 그렇습니다만, 굽거나 찌면 오히려 칼로리는 높아져 버린다고 합니다. 그렇다면 왜 '고구마 다이어트' 같은 것이 있을까요? 이것은 '고구마를 먹어서 살이 빠지는' 것이 아니라 다이어트 중에 고구마를 먹음으로써 공복감이 없어져서, 불필요한 간식을 먹는 일이 줄어드는 효과를 노린 것입니다. 즉 군고구마를 먹고 체중이 줄어드는 것은 군고구마가 칼로리가 낮기 때문이 아니라 포만감을 주어 먹고 싶다는 욕구를 억제해 주기 때문입니다.

다이어트 전문가는 무엇에 대해서 이야기하고 있습니까?
1. 고구마의 칼로리가 낮은 진짜 이유
2. 고구마에 다이어트 효과가 있는 진짜 이유
3. 고구마 다이어트의 어려움
4. 고구마의 맛있는 요리법

問題 4　　　　　　　　　　page 151

1番

스크립트  6-17

男：この紙幣を細かいお金に両替してもらえますか。
女：1. あいにくこちらも一万円札しかないんです。
　　2. そんなこと言ってもなんの役にも立ちませんよ。
　　3. それでは一ついただきます。

해석

남：이 지폐를 잔돈으로 바꿔 주시겠습니까?
여：1. 마침 저희도 만 엔 지폐밖에 없어요.
　　2. 그런 말을 해도 아무런 도움이 안 돼요.
　　3. 그러면 하나 받겠습니다.

2番

스크립트  6-18

女：いよいよ明日は田舎に帰る日ですね。準備は整ってますか。
男：1. 恐らく明日までに連絡すればいいと思います。
　　2. およそ三日残ってます。
　　3. 荷物の準備はできていますが、心の準備がまだです。

해석

여：드디어 내일은 고향에 돌아가는 날이네요. 준비는 되어 있습니까?
남：1. 아마 내일까지 연락하면 될 거예요.
　　2. 약 3일 남아 있습니다.
　　3. 짐 준비는 되어 있는데 마음의 준비가 아직입니다.

3番

스크립트 6-19

男：学校が終わったら一緒に遊びに行かない?
女：1. 学校が終わったらさっさと帰ってくるように母に言われてるの。
　　2. せっかくだからもらっておくよ。
　　3. さっさと前に進もうじゃないか。

해석

남：학교가 끝나면 같이 놀러 안 갈래?
여：1. 학교가 끝나면 엄마가 바로 돌아오라고 했어.
　　2. 모처럼이니까 받아 둘게.
　　3. 빨리빨리 앞으로 나아가자.

4番

스크립트 6-20

女 : 彼はあくまで自分は無実だと言っています。
男 : 1. 本当に悪魔って存在するんでしょうか。
　　 2. だれもがそう言うものですよ。
　　 3. だれかにそう言ってもらいます。

해석

여 : 그는 끝까지 자기는 죄가 없다고 말하고 있습니다.
남 : 1. 정말로 악마는 존재하는 걸까요?
　　 2. 누구든지 그렇게 말하는 법입니다.
　　 3. 누군가에게 그렇게 말해 달라고 하겠습니다.

5番

스크립트 6-21

男 : 今朝、近所で大きな交通事故がありました。
女 : 1. けが人が出なかったのがせめてもの救いですね。
　　 2. 順調なスタートですね。
　　 3. 不注意による死亡事故について調べてきました。

해석

남 : 오늘 아침 근처에서 큰 교통사고가 있었습니다.
여 : 1. 부상자가 나오지 않은 것이 그나마 다행이네요.
　　 2. 순조로운 출발이네요.
　　 3. 부주의에 의한 사망사고에 대해서 조사해 왔습니다.

6番

스크립트 6-22

女1 : お母さん、私たち来月結婚することにしたの。
女2 : 1. せっかくだからご飯でも食べて行きなさい。
　　　 2. あまりにも突然のことで、喜んでいいのかわからないわ。
　　　 3. じゃあ、結婚式で着るドレスを買ってさしあげましょう。

해석

여1 : 엄마, 우리 다음 달에 결혼하기로 했어.
여2 : 1. 모처럼이니까 밥이라도 먹고 가거라.
　　　 2. 너무나도 갑작스러운 일이라서 기뻐해도 될지 모르겠다.
　　　 3. 그럼, 결혼식에서 입을 드레스를 사 드립시다.

7番

스크립트 6-23

男 : すみません、誰か至急救急車を呼んでください。ここにけが人がいます。
女 : 1. これこそまたとないチャンスですね。
　　 2. けがを治してくださってありがとうございます。
　　 3. 承知しました。

해석

남 : 저기요, 누가 빨리 구급차를 불러 주세요. 여기에 다친 사람이 있습니다.
여 : 1. 이거야말로 다시없을 기회네요.
　　 2. 상처를 치료해 주셔서 감사합니다.
　　 3. 알겠습니다.

8番

スクリプト 6-24

男：すみませんが、風邪気味なんで今日は早く帰ってもよろしいでしょうか。

女：1. まあ、お気の毒に。
　　2. かまってください。
　　3. いってらっしゃいませ。

해석

남 : 죄송하지만, 감기 기운이 있어서 오늘은 일찍 돌아가도 될까요?

여 : 1. 어머, 안됐네요.
　　2. 신경 좀 써 주세요.
　　3. 다녀오세요.

9番

스크립트 6-25

女：先生、私、大学卒業後何をすればいいんでしょうか。

男：1. なにをぼんやりと立っているんだい？
　　2. 自分の特技を活かしたらどうかな。
　　3. しっかりとつかんでいるんだよ。

해석

여 : 선생님, 저는 대학 졸업 후에 무엇을 하면 좋을까요?

남 : 1. 뭘 멍하니 서 있는 거야?
　　2. 자신의 특기를 살리는 것이 어떨까?
　　3. 꽉 잡고 있어.

10番

스크립트 6-26

女：今日はかばんの中の持ち物検査をします。

男：1. しまった！　マンガの本が入っているのに。
　　2. やっぱりきっとそうなんだ。
　　3. 大変だ！　今日お父さんの誕生日なの忘れていたよ。

해석

여 : 오늘은 가방 속 소지품 검사를 하겠습니다.

남 : 1. 아차! 만화책이 들어 있는데.
　　2. 역시 틀림없이 그렇구나.
　　3. 큰일났다! 오늘 아버지 생신인 걸 잊고 있었어.

11番

스크립트 6-27

男：今年はまた日本語能力試験の聴解問題が一層難しくなるそうだよ。

女：1. やったー。とうとう終わったぞ。
　　2. 年々難しくなってるのね。
　　3. いっそのこと私に任せてくれる？

해석

남 : 올해는 다시 일본어능력시험의 청해 문제가 한층 어려워진대.

여 : 1. 야호! 드디어 끝났다.
　　2. 해마다 어려워지고 있구나.
　　3. 차라리 나한테 맡겨 줄래?

12番

スクリプト 6-28

女:先生、三日後にまた来ればいいんですね?
男:1. はい、そうです。お大事にね。
　　2. はい、そうです。大きなお世話です。
　　3. いいえ、そんなみっともないこと言わないでください。

해석

여 : 선생님, 3일 후에 다시 오면 되는 거죠?
남 : 1. 네, 그렇습니다. 몸조심하세요.
　　2. 네, 그렇습니다. 괜한 참견입니다.
　　3. 아니요, 그런 창피한 소리 하지 마세요.

問題 5　　　　　　　　　　　page 152

1番

スクリプト 6-29

建設会社で社長と女の社員がある男の人について話しています。

男:安田君。インテリア業者の木村、覚えてる?
女:もしかしてあの木村さんですか。飲み会でけんかして社長が取引停止になさったあの木村さん?
男:実は、木村から連絡が来たんだ。また一緒に仕事がしたいって。
女:本当ですか。あの人どうも信用できないんですよね。普段は紳士的だけど、お酒が入ったとたんすぐにけんか腰になってしまうじゃないですか。この前はこわかったですよ。社長に殴りかかろうとして。周りの人たちが止めなかったら大変なことになってましたよ。
男:まあ、その時は僕の冗談がちょっときつかったせいもあるんだ。それに殴りかかろうとしたっていうのはちょっと大げさすぎるよ。僕よりも背が高いうえに体も大きいからそう見えただけだよ。
女:社長。確かに私にはそう見えました。木村さんをかばってるのをみると、また使う気になっていらっしゃるのではないんですか。
男:いや、でもインテリアに対する感覚はこの業界で一番だしな。アイディアが独創的で画期的なんだ。あの時、取引停止にした後もすぐ後悔したんだ。酒癖が悪いだけなんだし、飲み会の時は酒を飲まないようにするって約束をしたから大丈夫だと思うよ。
女:何が起きても知りませんよ。あの人とまた一緒に仕事をすることになるなら、私はここやめさせていただきますので。
男:そんなに嫌いなのか。じゃあ、もう少し考えてみるよ。

社長はどうして木村さんをまた使おうとしているのですか。
1. お酒を飲みさえすればアイディアがどんどん浮かぶから
2. 酒癖が悪くても仕事に必要な人だから
3. 取引停止にして悪かったと思っていたから
4. 女の人がもうすぐ会社をやめると言っているから

해석

건설회사에서 사장과 여자 사원이 어떤 남자에 대해서 이야기하고 있습니다.

남 : 야스다 군. 인테리어 업자 기무라, 기억해?

여 : 혹시 그 기무라 씨 말인가요? 회식 때 싸우고 사장님께서 거래 정지시킨 그 기무라 씨요.

남 : 실은 기무라한테서 연락이 왔어. 다시 함께 일하고 싶다고.

여 : 정말요? 그 사람 아무래도 신용을 못하겠어요. 평소에는 신사적인데 술이 들어가면 바로 시비조가 되어 버리잖아요. 요전에는 무서웠어요. 사장님한테 주먹질하려고 해서요. 주위 사람들이 말리지 않았으면 큰일날 뻔했어요.

남 : 뭐, 그때는 내 농담이 좀 심했던 탓도 있지. 게다가 주먹질하려고 했다는 것은 좀 과장이 지나쳐. 나보다도 키가 큰 데다 체격도 크니까 그렇게 보인 것뿐이야.

여 : 사장님. 확실히 저한테는 그렇게 보였어요. 기무라 씨를 감싸는 걸 보니 다시 고용할 생각이신 거 아니에요?

남 : 뭐, 하지만 인테리어에 대한 감각은 이 업계에서 최고라서 말이야. 아이디어가 독창적이고 획기적이거든. 그때 거래 정지한 후에도 바로 후회했어. 술버릇이 나쁜 것뿐이고 회식 때는 술을 안 마시겠다고 약속을 했으니까 괜찮을 거야.

여 : 무슨 일이 일어나도 몰라요. 그 사람과 다시 함께 일하게 된다면 저는 여기를 그만둘 테니까요.

남 : 그렇게 싫어? 그럼, 좀 더 생각해 볼게.

사장은 왜 기무라 씨를 다시 고용하려고 합니까?

1. 술을 마시기만 하면 아이디어가 자꾸자꾸 떠오르기 때문에
2. 술버릇이 안 좋아도 업무에 필요한 사람이기 때문에
3. 거래 정지한 것을 미안하다고 생각하고 있기 때문에
4. 여자가 이제 곧 회사를 그만둔다고 말했기 때문에

2番

스크립트  6-30

男の人がカレーライスについて話しています。

男1 : 今日のおすすめメニューは鶏肉入りの野菜カレーでございます。どのカレーにもにんじん、じゃがいも、たまねぎは基本的に入っておりますが、野菜カレーにはさらにパプリカとかぼちゃを加えました。お肉は鶏の胸肉を使って脂肪分を少なくしてあります。最後に特製の調味料を加えました。野菜の苦手な方もおいしく召し上がれるように、特製調味料は少し辛目の味付けにしてあります。辛さが加わると野菜の苦みが半減して食べやすくなりますのでどうぞお試しください。野菜がどうしてもだめな方には普通のビーフカレーもご用意いたしております。詳しくはメニューをご覧ください。

女 : 私、今日は激辛のカレーにしようと思ってるんだけど。佐藤君はどうする?

男2 : そうだな。激辛のカレーはこの前食べたばかりだしな。僕はおすすめメニューにしようかな。なんかその特製調味料っていうのがどんな味なのか気になるよ。

女 : 私は久しぶりに激辛のカレーが食べたいんだけどね。でも特製調味料は気になるわね。おすすめメニューは鶏肉が入っているから嫌だけど、辛目の味付けはほしいから普通のビーフカレーに特製調味料を入れてくださいって頼んでみようかな。

男2 : じゃあ、野菜カレーとビーフカレーでいいね。

女 : うん、注文してもらっていいかしら。

男2 : いいよ。すいませーん。

女の人はどうして普通のビーフカレーを注文したのですか。

1. 鶏肉が入っているカレーが嫌いだから
2. 激辛のカレーを食べるとお腹が痛くなりそうだから
3. 辛さを加えても野菜カレーは食べられないから
4. 別に特製調味料が気になるわけではないから

해석

남자가 카레라이스에 대해서 이야기하고 있습니다.

남1 : 오늘의 추천 메뉴는 닭고기가 들어간 채소 카레입니다. 어느 카레나 당근, 감자, 양파는 기본적으로 들어 있습니다만, 채소 카레에는 거기에 파프리카와 호박을 추가했습니다. 고기는 닭가슴살을 사용해서 지방분을 낮췄습니다. 마지막으로 특제 조미료를 첨가했습니다. 채소를 싫어하는 분도 맛있게 드실 수 있도록 특제 조미료는 조금 맵게 간을 맞췄습니다. 매운맛이 더해지면 채소의 쓴맛이 반감되어 먹기 편해지니 부디 시도해 보시기 바랍니다. 채소가 아무래도 안 되는 분께는 보통의 비프 카레도 준비해 두었습니다. 자세한 것은 메뉴를 봐 주세요.

여 : 나, 오늘은 아주 매운 카레를 먹으려고 하는데. 사토는 어떻게 할 거야?

남2 : 글쎄. 아주 매운 카레는 요전에 먹은 지 얼마 안 돼서. 나는 추천 메뉴로 할까? 어쩐지 그 특제 조미료라는 게 어떤 맛인지 궁금해.

여 : 나는 오랜만에 아주 매운 카레가 먹고 싶은데. 하지만 특제 조미료는 궁금하네. 추천 메뉴는 닭고기가 들어 있어서 싫지만, 매운맛은 먹어 보고 싶으니까 보통의 비프 카레에 특제 조미료를 넣어 달라고 부탁해 볼까?

남2 : 그럼, 채소 카레랑 비프 카레면 되겠네.

여 : 그래. 주문해 줄래?

남2 : 좋아. 여기요.

여자는 왜 보통의 비프 카레를 주문했습니까?

1. 닭고기가 들어 있는 카레를 싫어해서
2. 아주 매운 카레를 먹으면 배가 아플 것 같아서
3. 매운맛을 더해도 채소 카레는 못 먹어서
4. 딱히 특제 조미료가 신경 쓰이지는 않아서

3番

스크립트  6-31

夫婦が小学生の子供の教育方法について話しています。

女 : 聡子が来年から学校で中国語を習い始めるそうなの。

男 : そうか。中国語って発音が大変なんだろう?

女 : そうなの。私も英語なら教えてあげられるんだけど中国語はね。

男 : まあ、学校でわかりやすく教えてくれるんじゃないかな。あんまり心配しなくてもいいと思うけど。

女 : 実はね、冬休みの間に前もって中国語の勉強をさせようかなと思ってるの。賢治君のお母さんにね、中国人の家庭教師を紹介してもらったの。日本語も少しできるから聡子もそんなに嫌がらないと思うわ。学校の授業についていけなくなったら困るから、今から特訓しないとね。クラスのみんなもそうしてるらしいわよ。

男 : なんだ。学校でちゃんと教えてくれるのに、どうしてわざわざお金をかけて勉強させるんだ？ もしどうしても家庭教師が必要なら、授業に追いつけなくなってから来てもらってもいいんじゃないのか。

女 : 授業が始まってからだともう遅いのよ。最低でも挨拶ぐらいはマスターさせてから学校に行かせたいわ。

男 : 学校の授業より先に進んでしまうと、聡子が授業の内容に興味がなくなってしまうんじゃないかな。授業に集中しなくなるかもしれないぞ。よく考えてから決めた方がいいよ。

質問1 女の人はどうして子供に家庭教師をつけようとしていますか。
1. 子供が中国語が大好きだから
2. 英語と中国語を一緒に勉強させると効果があると聞いたから
3. 授業についていけなくなってから対処しても遅いと思うから
4. 学校の授業を理解できなかったから

質問2 男の人は家庭教師をつけることについてどう思っていますか。
1. 妻の言うとおりだと思っている
2. 本当に必要な時来てもらった方がいい
3. 家庭教師をつけると子供が授業に追いつけなくなる
4. 家庭教師はいてもいなくても同じだ

질문1 여자는 왜 아이에게 가정교사를 붙이려고 합니까?
1. 아이가 중국어를 아주 좋아해서
2. 영어와 중국어를 함께 공부시키면 효과가 있다고 들어서
3. 수업에 못 따라가게 된 후 대처해도 늦는다고 생각해서
4. 학교 수업을 이해 못해서

질문2 남자는 가정교사를 붙이는 것에 대해서 어떻게 생각하고 있습니까?
1. 아내가 말하는 대로라고 생각하고 있다.
2. 정말로 필요할 때 와 달라고 하는 편이 좋다.
3. 가정교사를 붙이면 아이가 수업을 못 따라가게 된다.
4. 가정교사는 있든 없든 마찬가지다.

해석

부부가 초등학생 아이의 교육 방법에 대해서 이야기하고 있습니다.

여 : 사토코가 내년부터 학교에서 중국어를 배우기 시작한대.

남 : 그렇구나. 중국어는 발음이 힘들지?

여 : 맞아. 나도 영어라면 가르쳐 줄 수 있지만 중국어는 좀.

남 : 뭐 학교에서 알기 쉽게 가르쳐 주지 않을까? 너무 걱정하지 않아도 될 것 같은데.

여 : 실은 말야, 겨울방학 동안에 미리 중국어 공부를 시킬까 생각 중이야. 겐지 군 엄마한테 중국인 가정교사를 소개받았거든. 일본어도 조금 할 수 있으니까 사토코도 그렇게 싫어하지 않을 거야. 학교 수업을 못 따라가게 되면 곤란하니까 지금부터 특훈해야 돼. 반의 다른 애들도 그렇게 하는 모양이야.

남 : 뭐야. 학교에서 잘 가르쳐 줄 텐데 왜 일부러 돈을 들여서 공부를 시키는 거지? 만약 가정교사가 꼭 필요하다면 수업을 못 따라가게 된 후에 와 달라고 해도 되잖아.

여 : 수업이 시작되고 나서면 이미 늦어. 최소한 인사 정도는 마스터시킨 뒤에 학교에 보내고 싶어.

남 : 학교 수업보다 앞서가 버리면 사토코가 수업 내용에 흥미가 없어져 버리지 않을까? 수업에 집중하지 않게 될지도 몰라. 잘 생각하고 나서 결정하는 게 좋겠어.

파이널 테스트 ❷ 🎧 7-00

問題 1　page 154

1番
스크립트　🎧 7-01

男の店員と女の人が電話で話しています。女の人はこれからどうしますか。

女：もしもし。坂田と申しますが、お昼過ぎに注文した眼鏡のことで電話したんですが。

男：え？お受け取りにならなかったんですか。

女：ええ。担当の人がレンズを割ってしまって、明日来るように言われたんです。同じレンズを仕入れるまで一日かかるということで。

男：それは本当に申し訳ございません。

女：かわりの眼鏡を貸してくださったんですけど、度が合わなくてとても不便なんですよ。よく見えなくて頭もガンガンするし。それで近所の眼鏡店でもう一度注文しなおそうと思ってるんです。

男：そうですか。眼鏡の方はどういたしますか。手前どものミスですので、お客様のご希望通りにいたしますが。

女：じゃあ、すみませんけど、キャンセルお願いできますか。

男：はい、かしこまりました。カードでのお支払いでございましたね？

女：はい。お貸しいただいた眼鏡はどうしましょうか。

男：それはご都合のよろしい時にご来店くださればけっこうですので。

女：わかりました。

女の人はこれからどうしますか。

1. 近所の店で新しい眼鏡を買ってから借りた眼鏡を捨てる
2. 近所の店で新しい眼鏡を買ってから借りた眼鏡を返しに行く
3. お金の払い戻しができないのでそのまま今の店で眼鏡を買う
4. 店のあやまちなので借りた眼鏡は返さない

해석

남자 점원과 여자가 전화로 이야기하고 있습니다. 여자는 이제부터 어떻게 합니까?

여 : 여보세요. 사카타라고 합니다만, 점심 지나서 주문한 안경 때문에 전화했는데요.

남 : 네? 아직 못 받으셨나요?

여 : 네. 담당자가 렌즈를 깨뜨려 버려서 내일 오라고 했어요. 같은 렌즈를 입수할 때까지 하루 걸린다고 해서.

남 : 그거 정말 죄송합니다.

여 : 대신할 안경을 빌려 주셨는데 도수가 안 맞아서 아주 불편해요. 잘 안 보여서 머리도 지끈거리고. 그래서 근처 안경점에서 다시 한 번 주문할까 생각 중이에요.

남 : 그렇습니까? 안경은 어떻게 할까요? 저희 실수니까 고객님이 희망하시는 대로 하겠습니다만.

여 : 그럼 죄송하지만 취소를 부탁할 수 있을까요?

남 : 네, 알겠습니다. 카드로 지불하셨죠?

여 : 네. 빌려 주신 안경은 어떻게 할까요?

남 : 그것은 형편이 되실 때 내점해 주시면 됩니다.

여 : 알겠습니다.

여자는 이제부터 어떻게 합니까?

1. 근처 안경점에서 새 안경을 사고 나서 빌린 안경을 버린다.
2. 근처 안경점에서 새 안경을 사고 나서 빌린 안경을 돌려주러 간다.
3. 환불이 안 되기 때문에 그대로 지금 안경점에서 안경을 산다.
4. 안경점의 과실이기 때문에 빌린 안경은 돌려주지 않는다.

2番

スクリプト 🎧 7-02

夫婦が車の中で話しています。女の人はコストマーケットで買い物が終わったらどうしますか。

男：コストマーケットに行くには時間帯があまりよくないんじゃないか。週末は午前11時を過ぎると駐車するだけで30分以上かかるぜ。

女：本当ね。もうこんなところから車の列ができてるわ。なんでそんなに人気なのかしら。

男：珍しい商品がたくさん揃ってるらしいんだ。フードコートはどこも安くておいしいって言うし、みんな遊び感覚で買い物に行ってるみたいだぞ。

女：そうなの。これじゃあ、30分どころか1時間はかかりそうね。仕方ないわ。必要なものだけ買って、ゆっくり見物するのは平日にするわ。

男：今日買おうと思っている物って化粧品だけだろ？食品とかは向かい側のスーパーで買ってもいいんじゃないか。

女：うん、そうね。じゃあ悪いけど、ここで私だけ降ろしてもらってもいいかしら。

男：俺もその方が助かるよ。スーパーの駐車場にいるから終わったら電話してくれ。

女：そうする。わざわざ迎えに来なくてもいいわよ。

男：おう。じゃあ、あとでな。

女の人はコストマーケットで買い物が終わったらどうしますか。

1. 夫に電話をしてコストマーケットに来てもらう
2. スーパーで買い物をする
3. コストマーケットをゆっくり見物する
4. コストマーケットで夫から電話が来るまで待つ

해석

부부가 차 안에서 이야기하고 있습니다. 여자는 코스트마켓에서 쇼핑이 끝나면 어떻게 합니까?

남 : 코스트마켓에 가기에는 시간대가 별로 안 좋은 것 아닌가? 주말에는 오전 11시를 넘으면 주차만으로 30분 이상 걸려.

여 : 정말이네. 벌써 이런 곳에서부터 자동차 줄이 생겼어. 왜 그렇게 인기인 거지?

남 : 희귀한 상품이 많이 갖춰져 있는 것 같아. 푸드코트는 어디나 싸고 맛있다고 하고, 모두 놀러 가는 기분으로 쇼핑하러 가는 것 같아.

여 : 그래? 이렇게 되면 30분은커녕 1시간은 걸릴 것 같네. 어쩔 수 없지. 필요한 것만 사고 천천히 구경하는 건 평일에 해야겠어.

남 : 오늘 사려고 생각했던 물건은 화장품뿐이지? 식품 같은 건 건너편 슈퍼마켓에서 사도 되는 거 아니야?

여 : 응, 그래. 그럼 미안하지만 여기에서 나만 내려 줘도 될까?

남 : 나한테도 그쪽이 더 도움이 되지. 슈퍼마켓 주차장에 있을 테니까 끝나면 전화해 줘.

여 : 그렇게 할게. 일부러 데리러 안 와도 돼.

남 : 그래. 그럼 이따 봐.

여자는 코스트마켓에서 쇼핑이 끝나면 어떻게 합니까?

1. 남편한테 전화해서 코스트마켓에 와 달라고 한다.
2. 슈퍼마켓에서 쇼핑을 한다.
3. 코스트마켓을 천천히 구경한다.
4. 코스트마켓에서 남편한테 전화가 올 때까지 기다린다.

3番

スクリプト 7-03

旅行会社の男の人と女の人が電話で話しています。女の人はこれからどうしますか。

女：もしもし。谷口と申しますが、飛行機のチケットを取りにそちらに伺おうと思うんですが。

男：谷口様ですね。チケットは1週間前に郵送されていると出てますが。

女：え？1週間前だともう届いてなきゃおかしいですよね。まだ何も届いていませんけど。書留で送ったんですか。

男：いいえ、普通郵便です。

女：ふつう、重要な書類とかは書留で送りませんか。

男：はい、すみません。あの、発券しなおしますのでもう少しお待ち願えますか。

女：あの、出発する日が来週ですので早めにお願いします。

男：発券するまで二日ぐらいかかりまして、速達で送りますので遅くても三日後にはお客様のお手元に届くと思います。

女：あの、チケットが出ましたら連絡ください。家が近所なので取りに行きます。

男：あ、そうしていただけると大変助かります。では、発券され次第ご連絡申し上げます。

女の人はこれからどうしますか。

1. 旅行会社へ行って自分のチケットを探してみる
2. 旅行会社から郵便が届くのを家で待つ
3. 旅行会社から電話が来るのを待つ
4. 航空会社から電話が来るのを待つ

해석

여행사의 남자와 여자가 전화로 이야기하고 있습니다. 여자는 이제부터 어떻게 합니까?

여 : 여보세요. 다니구치라고 합니다만, 비행기 티켓을 가지러 그쪽에 방문하려고 하는데요.

남 : 다니구치 님이시군요. 티켓은 일주일 전에 우송됐다고 나와 있는데요.

여 : 네? 일주일 전이면 벌써 도착하지 않으면 이상하잖아요. 아직 아무것도 도착하지 않았는데요. 등기로 보내셨어요?

남 : 아니요, 보통우편이요.

여 : 보통 중요한 서류 같은 것은 등기로 보내지 않나요?

남 : 네, 죄송합니다. 저, 다시 발권할 테니까 조금 더 기다려 주시겠습니까?

여 : 저기, 출발하는 날이 다음 주니까 좀 더 빨리 부탁합니다.

남 : 발권하기까지 이틀 정도 걸리고 빠른우편으로 보내니까 늦어도 3일 후에는 고객님 앞으로 도착할 거예요.

여 : 저, 티켓이 나오면 연락 주세요. 집이 근처니까 가지러 갈게요.

남 : 아, 그렇게 해 주신다면 매우 도움이 되겠습니다. 그럼 발권되는 대로 연락드리겠습니다.

여자는 이제부터 어떻게 합니까?

1. 여행사에 가서 자기 티켓을 찾아본다.
2. 여행사에서 우편이 도착하기를 집에서 기다린다.
3. 여행사에서 전화가 오는 것을 기다린다.
4. 항공사에서 전화가 오는 것을 기다린다.

4番

スクリプト 🎧 7-04

男の学生と女の学生が図書館で話しています。男の学生はこの後、何をしなければなりませんか。

男：大変だ。プレゼンテーションの資料探しの真っ最中だったのに、急にパソコンの電源がつかなくなっちゃったよ。

女：本当？もしかして充電器コードの接続がよくないんじゃないの？

男：うん、そうかもね。コンセントにつないだのに、充電ランプが消えてるから、問題ありってことだ。実は今回でもう二回目なんだ。

女：そうなんだ。でも、バッテリーがあるから、当分は使えるんじゃないの？どうしてつかないのかしら。もしかしてウィルスに感染したんじゃ。

男：それが、古いパソコンだから、バッテリーの寿命が短いんだよ。来年には、パソコンを買い替えないと。

女：へえ、そうなんだ。じゃあ、コードは近くの電気屋で買えばいいんだよね。

男：そうだね。一応行っては見るけどね、あまり期待しないよ。この前行ったときも同じ種類のコードがなくて買えなかったんだ。

女：じゃあ、インターネットで注文するの？プレゼンまで三日しかないわよ。

男：同じ種類のが見つからなかったら仕方ないよ。二日で届くと思うから、大丈夫さ。それまでに、大体の要約はしておくよ。

男の学生はこの後、何をしなければなりませんか。

1. 新しいパソコンを買いに電気屋に行く
2. 電気屋にバッテリーを買いに行く
3. 電気屋に充電器コードを買いに行く
4. インターネットで充電器コードを注文する

해석

남학생과 여학생이 도서관에서 이야기하고 있습니다. 남학생은 이후에 무엇을 하지 않으면 안 됩니까?

남 : 큰일났다. 한창 프레젠테이션 자료 찾기 중이었는데 갑자기 컴퓨터 전원이 나가 버렸어.

여 : 정말? 혹시 충전기 코드 접속이 안 좋은 거 아냐?

남 : 응, 그럴지도 모르겠네. 콘센트에 연결했는데 충전램프가 꺼져 있으니 문제 있다는 거네. 실은 이번이 벌써 두 번째야.

여 : 그렇구나. 하지만 배터리가 있으니까 당분간은 사용할 수 있는 거 아냐? 왜 안 켜지지? 혹시 바이러스에 감염된 거 아냐?

남 : 그게, 오래된 컴퓨터라서 배터리 수명이 짧거든. 내년에는 컴퓨터를 새로 사야지.

여 : 어, 그렇구나. 그럼, 코드는 근처 전파상에서 사면 되겠네.

남 : 글쎄. 일단 가 보기는 하겠지만, 별로 기대 안 해. 요전에 갔을 때도 같은 종류의 코드가 없어서 못 샀거든.

여 : 그럼, 인터넷으로 주문하는 거야? 프레젠테이션까지 3일밖에 없어.

남 : 같은 종류의 충전기 코드를 못 찾으면 어쩔 수 없지. 이틀이면 도착할 테니까 괜찮아. 그때까지 대충 요약은 해 둘게.

남학생은 이후에 무엇을 하지 않으면 안 됩니까?

1. 새 컴퓨터를 사러 전파상에 간다.
2. 전파상에 배터리를 사러 간다.
3. 전파상에 충전기 코드를 사러 간다.
4. 인터넷으로 충전기 코드를 주문한다.

5番

スクリプト 🎧 7-05

文化センターのオリエンテーションで料理研究家が学生たちに説明しています。学生たちは次に来るとき、何を準備しなければなりませんか。次に来るときです。

女：料理教室では、来月から3か月間、週に一回家庭料理について学びます。持ち帰り可能ですので、食べ物を入れるタッパなどの入れ物を用意してください。初日は一日体験レッスンの日ですので、簡単な親子どんぶりから始めます。自分のエプロンと身分証明書を忘れずにご持参ください。手を拭くハンドタオルは、二週目から用意してくだされば結構です。あと、レシピを配りますが、詳しいことは料理をしながら口で説明しますので、聞いたらすぐレシピの紙にメモを取ってください。

学生たちは次に来るとき、何を準備しなければなりませんか。

1. エプロン、ハンドタオル、身分証明書
2. エプロン、タッパ、身分証明書
3. タッパ、身分証明書、メモ帳
4. エプロン、タッパ、メモ帳

해석

문화센터 오리엔테이션에서 요리연구가가 학생들에게 설명하고 있습니다. 학생들은 다음에 올 때 무엇을 준비하지 않으면 안 됩니까? 다음에 올 때입니다.

여 : 요리 교실에서는 다음 달부터 3개월 동안 일주일에 한 번 가정요리에 대해서 배웁니다. 집에 가져갈 수 있으니 음식을 담을 타파웨어 같은 용기를 준비해 주세요. 첫날은 일일체험 레슨 날이니 간단한 닭고기덮밥부터 시작하겠습니다. 본인 앞치마와 신분증을 잊지 말고 지참해 주세요. 손을 닦을 핸드타월은 둘째 주부터 준비해 주시면 됩니다. 그리고 레시피를 나눠 드리는데, 자세한 것은 요리를 하면서 말로 설명할 테니 들으면 바로 레시피 종이에 메모를 해 주세요.

학생들은 다음에 올 때 무엇을 준비하지 않으면 안 됩니까?

1. 앞치마, 핸드타월, 신분증
2. 앞치마, 타파웨어, 신분증
3. 타파웨어, 신분증, 메모장
4. 앞치마, 타파웨어, 메모장

問題 2　page 157

1番

스크립트 🎧 7-06

会社で男の人と女の人が話しています。男の人はどうして営業部をやめさせられましたか。

男：来週から企画部に移ることになったんだ。

女：よかったわね。そっちの仕事の方もやってみたいって前から言ってたじゃない。

男：実はそんなにうれしいことでもないんだ。部長に、僕は営業に向いてないって言われたんだ。

女：え？辻君ってけっこう仕事楽しくやってたじゃない。色々な人に会って仕事の説明するのってやりがいがあるって言ってたでしょう。

男：部長がね、「いつも楽しく仕事しているのにどうして販売成績がよくないんだ」って言うんだ。入社して2年も経ったのにって。

女：そうだったんだ。あまり気を落とさないでね。

男：まあ、人生いいこともあれば悪いこともあるんだろうけど。ちょっぴり気が抜けるよ。

女：企画部でがんばって部長を見返してやりなさいよ。

男：そのつもりでがんばるよ。

男の人はどうして営業部をやめさせられましたか。

1. 男の人が部長に、企画部の仕事がしたいと言ったから
2. 部長が男の人に、企画部の仕事の方が合っていると言ったから
3. 男の人の営業成績が伸びないから
4. 男の人が部長に、企画部でがんばって昇進したいと言ったから

해석

회사에서 남자와 여자가 이야기하고 있습니다. 남자는 왜 영업부를 그만두게 됐습니까?

남 : 다음 주부터 기획부로 옮기게 됐어.
여 : 잘됐네. 그쪽 일도 해 보고 싶다고 전부터 말했잖아.
남 : 실은 그렇게 기쁜 일도 아니야. 부장님한테 나는 영업 쪽에 안 맞는다는 말을 들었거든.
여 : 뭐? 쓰지 군은 일을 꽤 즐겁게 했잖아. 여러 사람들을 만나서 일을 설명하는 것이 보람이 있다고 했잖아.
남 : 부장님이 '언제나 즐겁게 일을 하고 있는데 왜 판매실적이 안 좋지'라고 말했어. 입사해서 2년이나 지났는데도 그렇다고.
여 : 그랬구나. 너무 낙심하지 마.
남 : 뭐 인생 좋은 일도 있으면 나쁜 일도 있겠지만. 좀 힘이 빠지네.
여 : 기획부에서 열심히 해서 부장님한테 본때를 보여 줘.
남 : 그 생각으로 열심히 할게.

남자는 왜 영업부를 그만두게 됐습니까?

1. 남자가 부장에게 기획부 일을 하고 싶다고 말해서
2. 부장이 남자에게 기획부 일이 맞는다고 해서
3. 남자의 영업 실적이 늘지 않아서
4. 남자가 부장에게 기획부에서 열심히 해서 승진하고 싶다고 말해서

2番

스크립트 🎧 7-07

女の人二人が神社のお賽銭箱の前で祈っています。千佳はどんな結婚相手を探していますか。

女1：今年こそはいい人にめぐり会えますように。
女2：私もやさしくてユーモアがあって、ちゃんとした仕事を持っている人に会えますように。
女1：千佳の理想のタイプって、いそうでないよね。意外と。
女2：そうなの。やさしくていいなと思ったら無職だって言われて、付き合うの親に大反対されたこともあったわ。別に結婚するって決まったわけでもないのに。
女1：そうだったんだ。
女2：逆に仕事熱心な人と付き合ったときは、まるで仕事が恋人みたいな感じでデートする時間もなかったの。
女1：まったく正反対の二人と付き合ってたのね。
女2：そうなの。今年は絶対いい人に出会って結婚するって決めているから、美香もいい人いたらどんどん紹介してね。少しぐらいタイプとずれててもかまわないから。ただし親が反対するような人はだめだよ。
女1：いい人がいたら私が先に付き合っちゃうわよ。
女2：それもそうね。ハハハ。

千佳はどんな結婚相手を探していますか。
1. 何よりも仕事優先の人
2. 無職でもやさしい人
3. 美香が紹介してくれる人
4. 完璧な理想のタイプでなくてもいいから、親が嫌がらない人

해석

여자 두 명이 신사의 새전함 앞에서 기도하고 있습니다. 지카는 어떤 결혼 상대를 찾고 있습니까?

여 1 : 올해야말로 좋은 사람을 만날 수 있게 해 주세요.
여 2 : 저도 착하고 유머가 있고, 제대로 된 일을 갖고 있는 사람을 만날 수 있게 해 주세요.
여 1 : 지카의 이상형은 의외로 있을 것 같으면서도 없어.
여 2 : 그렇다니까. 착해서 좋다고 생각하면 무직이라고 해서 사귀는 걸 부모님이 크게 반대하신 경우도 있었어. 딱히 결혼한다고 결정된 것도 아닌데 말이야.
여 1 : 그랬구나.
여 2 : 반대로 일을 열심히 하는 사람과 사귀었을 때는 마치 일이 애인인 것 같은 느낌이어서 데이트할 시간도 없었어.
여 1 : 정말 정반대의 두 사람과 사귀었구나.
여 2 : 그래. 올해는 꼭 좋은 사람을 만나서 결혼하겠다고 정했으니까 미카도 좋은 사람 있으면 자꾸자꾸 소개시켜 줘. 조금은 이상형에서 벗어나도 상관없으니까. 다만 부모님이 반대할 것 같은 사람은 안 돼.
여 1 : 좋은 사람이 있으면 내가 먼저 사귈 거야.
여 2 : 그것도 그러네. 하하하.

지카는 어떤 결혼 상대를 찾고 있습니까?
1. 무엇보다도 일이 우선인 사람
2. 무직이라도 착한 사람
3. 미카가 소개해 주는 사람
4. 완벽한 이상형이 아니라도 좋으니까 부모가 싫어하지 않을 사람

3番

스크립트 7-08

男の人と女の人が話しています。男の人はどうして夕食を食べないのですか。
男：今日の夕食は悪いけど一人で食べてくれないかな。
女：どうしたの？体調でも悪いの？
男：最近ご飯を食べた後でお腹のあたりが苦しくてね。明日病院の検査の予約をしてあるんだ。
女：どんな検査をするの？
男：血圧はかったり内視鏡で検査したりだと思うよ。今から水も飲んだらいけないんだよ。
女：そうなの？健康診断を受けたの、つい最近なのに。その時は大丈夫だったじゃない？
男：苦しくなったのはその後なんだ。その時の検査で異常がなかったからたぶん何でもないと思うけど、念のためにね。
女：そう？心配だわ。定期健診でもみつからない病気もあるって言うし。

男の人はどうして夕食を食べないのですか。
1. 体の調子がよくないから
2. 明日病院で検査があるから
3. お腹が痛くて食べられないから
4. 病院で食事の量を減らすように言われたから

해석

남자와 여자가 이야기하고 있습니다. 남자는 왜 저녁을 먹지 않습니까?

남 : 오늘 저녁은 미안하지만 혼자서 먹을래?
여 : 왜? 컨디션이라도 안 좋아?
남 : 요새 밥을 먹은 후에 배 주위가 답답해서 말야. 내일 병원 검사를 예약해 놨어.
여 : 어떤 검사를 하는데?
남 : 혈압을 재거나 내시경으로 검사할 것 같아. 지금부터 물도 마시면 안 되거든.
여 : 그래? 건강검진 받은 거 얼마 안 됐는데. 그때는 괜찮았잖아.
남 : 답답해진 것은 그 후거든. 그때 검사에서 이상이 없었으니까 아마 아무것도 아닐 것 같지만, 만약을 위해서 말이야.
남 : 그래? 걱정이네. 정기검진에서도 발견되지 않는 병도 있다고 하니까.

남자는 왜 저녁을 먹지 않습니까?

1. 컨디션이 안 좋아서
2. 내일 병원에서 검사가 있어서
3. 배가 아파서 먹을 수 없어서
4. 병원에서 식사량을 줄이라고 말을 들어서

4番

스크립트 🎧 7-09

女の人二人が小学校の前で子供たちを待っています。恵子のお母さんが子供を学校の器楽コンクールに参加させない理由は何ですか。

女1 : 下校時間はとっくに過ぎているのに、二人ともなかなか出てきませんね。
女2 : そうですね。恵子はこれからピアノコンクールがあるんです。おやつも食べさせないといけないのに、まったくどうしてこんなに遅いんでしょう。
女1 : 学校で開かれる器楽コンクールに出るんですか。すごいですね。
女2 : 学校のじゃないんです。ピアノ教室の先生にすすめられたコンクールなんです。
女1 : じゃあ、学校の方には参加しないんですか。
女2 : ええ。学校のコンクールで入賞するには、審査員の先生方にレッスンを受けたことのある人が有利だと聞きました。私はそれが嫌で。
女1 : じゃあ、賞をもらう人がすでに決まってるってことですか。
女2 : もちろん実力がないと入賞できないと思いますけど、ある程度決まってるって言ってもいいでしょうね。
女1 : まあ、そうなんですか。

恵子のお母さんが子供を学校の器楽コンクールに参加させない理由は何ですか。

1. 学校のコンクールはレベルが低いから
2. 学校のコンクールの準備をする時間がなかったから
3. 学校のコンクールで入賞するにはコネが必要だから
4. 学校のコンクールで入賞することは簡単だから

해석

여자 두 명이 초등학교 앞에서 아이들을 기다리고 있습니다. 게이코의 엄마가 아이를 학교의 기악 콩쿠르에 참가시키지 않는 이유는 무엇입니까?

여1 : 하교 시간은 훨씬 전에 지났는데 둘 다 좀처럼 안 나오네요.
여2 : 그러게요. 게이코는 지금부터 피아노 콩쿠르가 있어요. 간식도 먹여야 하는데 정말 왜 이렇게 늦는 걸까요?
여1 : 학교에서 열리는 기악 콩쿠르에 나가는 거예요? 굉장하네요.
여2 : 학교 것이 아니에요. 피아노 교실 선생님한테 추천받은 콩쿠르랍니다.
여1 : 그럼, 학교 쪽에는 참가하지 않는 거예요?
여2 : 네. 학교 콩쿠르에서 입상하려면 심사위원 선생님들한테 레슨을 받은 적이 있는 사람이 유리하다고 들었어요. 저는 그게 싫어서.
여1 : 그럼 상 받을 사람이 이미 정해져 있다는 뜻인가요?
여2 : 물론 실력이 없으면 입상할 수 없겠지만, 어느 정도 결정되어 있다고 해도 되겠죠.
여1 : 어머, 그래요?

게이코의 엄마가 아이를 학교의 기악 콩쿠르에 참가시키지 않는 이유는 무엇입니까?

1. 학교 콩쿠르는 수준이 낮아서
2. 학교 콩쿠르 준비를 할 시간이 없어서
3. 학교 콩쿠르에서 입상하려면 연줄이 필요해서
4. 학교 콩쿠르에서 입상하는 것은 간단해서

5番

스크립트  7-10

男の人が定期テストについて話しています。男の人はどうして定期テストが必要だと言っていますか。

男：かつて定期テストを廃止しようという動きがありました。学生間の競争をなくして、ゆとりをもって勉強してもらおうという訳です。確かに、定期テストをなくしてのびのびと育てれば、個性あふれる子供が大勢出てくるかもしれません。しかし、競争が子供たちの学習意欲や向上心を育むということもあると私は思います。子供たちは、負けたくないという気持ちによって能力が高められ、やがて社会に必要とされる人材に育っていくのではないでしょうか。社会で生き残っていくためには、ちょっとくらいの競争にもへこたれない、そういう気持ちが必要なんです。もはやゆとり教育は今の時代には物足りない教育であると言えます。

男の人はどうして定期テストが必要だと言っていますか。

1. テストをなくしてゆとり教育を実施すると、学生たちが勉強好きになるから
2. 社会で認められるためには、定期テストを通して競争に慣れておかないといけないから
3. 定期テストでいい点数を取れば、個性ある人になれるから
4. 定期テストを行って子供たちを競争させるように親たちが言っているから

해석

남자가 정기시험에 대해서 이야기하고 있습니다. 남자는 왜 정기시험이 필요하다고 말하고 있습니까?

남 : 이전에 정기시험을 폐지하자는 움직임이 있었습니다. 학생 간의 경쟁을 없애고 여유를 가지고 공부를 해 줬으면 하는 이유입니다. 확실히 정기시험을 없애고 느긋하게 키우면 개성 넘치는 아이가 많이 나올지도 모릅니다. 하지만 경쟁이 아이들의 학습의욕이나 향상심을 키우는 면도 있다고 저는 생각합니다. 아이들은 지고 싶지 않다는 마음에 의해서 능력이 향상되어, 머지않아 사회에 필요한 인재로 성장해 나가는 것이 아닐까요? 사회에서 살아남기 위해서는 약간의 경쟁에도 주저앉지 않는 그런 마음이 필요한 것입니다. 이제 여유 교육은 지금 시대에는 부족한 교육이라고 할 수 있습니다.

남자는 왜 정기시험이 필요하다고 말하고 있습니까?

1. 시험을 없애고 여유 교육을 실시하면 학생들이 공부를 좋아하게 되니까
2. 사회에서 인정받기 위해서는 정기시험을 통해서 경쟁에 익숙해져 있지 않으면 안 되니까
3. 정기시험에서 좋은 점수를 따면 개성 있는 사람이 될 수 있으니까
4. 정기시험을 실시해서 아이들을 경쟁시키도록 부모들이 말하고 있으니까

6番

 7-11

男の人と女の人が話しています。男の人はどうして約束の日だということに気づかなかったのですか。

女 : 昨日どうして約束の時間に来なかったの？
男 : え？何言ってるの？
女 : とぼけないでよ。私すごく怒ってるんだから。
男 : もしかして昨日って映画の約束をしてたっけ。
女 : そうよ。覚えてないの？映画館の前で1時間も待ってたのよ。
男 : ごめん。でも電話してくれたら急いで行ったのに。
女 : 約束すっぽかされたの今度で3回目よ。3回目はアウトだって言ったでしょう。
男 : ごめん。悪かったよ。
女 : 携帯に登録しておいたって言ってたじゃない。鳴らなかったの？
男 : ぜんぜん鳴らなかったよ。おかしいな。めざましは鳴ったのに。
女 : もしかしてマナーモードにしてたんじゃないの？
男 : そうかも。気づかなかった。
女 : 日程を知らせるアラームはマナーモードにしておくと鳴らないのよ。とにかく、あんたとはこれでおしまいよ。さよなら。
男 : ゆるしてくれー。

男の人はどうして約束の日だということに気づかなかったのですか。
1. 他の約束があって忘れていたから
2. 携帯電話が壊れていてアラームが鳴らなかったから
3. 携帯電話をマナーモードにしておいたのでアラームの音がしなかったから
4. 携帯電話のアラームをセットしておかなかったから

해석

남자와 여자가 이야기하고 있습니다. 남자는 왜 약속 날이라는 것을 몰랐습니까?

여 : 어제 왜 약속 시간에 안 왔어?
남 : 뭐? 무슨 소리야?
여 : 딴전 부리지 마. 나 굉장히 화났으니까.
남 : 혹시 어제 영화 약속을 했던가?
여 : 그래. 기억 안 나? 영화관 앞에서 1시간이나 기다렸어.
남 : 미안. 하지만 전화 줬으면 서둘러서 갔을 텐데.
여 : 약속 바람 맞은 거 이번으로 세 번째야. 세 번째는 아웃이라고 말했잖아.
남 : 미안. 잘못했어.
여 : 휴대폰에 등록해 놨다고 했잖아. 안 울린 거야?
남 : 전혀 울리지 않았어. 이상하다. 알람은 울렸는데.
여 : 혹시 매너모드로 되어 있는 것 아냐?
남 : 그럴지도. 몰랐어.
여 : 일정을 알려 주는 알람은 매너모드로 해 두면 안 울리거든. 어쨌든 너하고는 이제 끝이야. 잘 가.
남 : 용서해 줘.

남자는 왜 약속 날이라는 것을 몰랐습니까?
1. 다른 약속이 있어서 잊고 있었기 때문에
2. 휴대폰이 고장 나서 알람이 안 울렸기 때문에
3. 휴대폰을 매너모드로 해 놔서 알람 소리가 안 났기 때문에
4. 휴대폰 알람을 맞춰 놓지 않았기 때문에

問題 3

page 160

1番

스크립트 🎧 7-12

男の人が講演会で話しています。

男：インターネットの普及で、年賀状を送らず、代わりにメールを送る人が多くなってきました。絵や写真入りの年賀メールを送る人も多いようです。しかし、メールのチェックに無関心な人の場合、年賀メールが届いたことに気づかない、ということも起こりえます。送った側は返事が来ないことで傷つくかもしれません。たとえ返事を期待していないとしても、送ったからには相手にちゃんと読んでもらわないと意味がありません。はがきは形がありますので、もらった人が気づかないということはないでしょう。また、メールよりもはがきのほうが、相手への感謝の気持ち、健康を祈る気持ちがよく伝わるのではないかと思います。メールは簡単に削除されてしまいますが、はがきはすぐに捨てられることはほとんどないでしょう。

男の人は何について説明していますか。
1. 年賀状に返事を書くことの意味
2. 年賀メールの盲点と年賀状のよさ
3. 年賀メールと年賀状の類似点
4. 年賀状の盲点と年賀メールのよさ

> **해석**

남자가 강연회에서 이야기하고 있습니다.

남 : 인터넷의 보급으로 연하장을 보내지 않고 대신 메일을 보내는 사람이 많아졌습니다. 그림이나 사진이 들어간 연하메일을 보내는 사람도 많은 것 같습니다. 하지만 메일 체크에 무관심한 사람일 경우, 연하메일이 도착한 것을 알아차리지 못하는 일도 일어날 수 있습니다. 보낸 쪽은 답장이 안 오는 것 때문에 상처를 받을지도 모릅니다. 설령 답장을 기대하지 않는다고 해도 보낸 이상은 상대가 제대로 읽어 주지 않으면 의미가 없습니다. 엽서는 형태가 있기 때문에 받는 사람이 알아차리지 못하는 일은 없을 것입니다. 또한, 메일보다도 엽서가 상대에 대한 감사의 마음, 건강을 기원하는 마음이 잘 전해지는 것이 아닐까 생각합니다. 메일은 간단히 삭제되어 버리지만, 엽서는 바로 버려지는 일은 거의 없을 것입니다.

남자는 무엇에 대해서 설명하고 있습니까?

1. 연하장에 답장을 쓰는 것의 의미
2. 연하메일의 맹점과 연하장의 장점
3. 연하메일과 연하장의 유사점
4. 연하장의 맹점과 연하메일의 장점

2番

スクリプト 7-13

先生が教室で学生たちに話しています。

女 : 日本では、ハンカチは涙を拭くものなので、プレゼントすると別れを意味すると勘違いされることがあるそうです。同じように、入院中の人に根のある植物を持っていくと嫌がられると言われています。病院に長くいてくださいという意味になるからだそうです。また菊の花を持っていくのも、お葬式を思い出させるのでお見舞いとしてふさわしくありません。ハンカチは贈る側も贈られる側もあまり負担にならないのでプレゼントしやすいアイテムではありますが、誤解されるといけないので、私の場合必ず感謝の気持ちを一筆したためたカードを添えることにしています。いっぽう入院中の人には、鉢植えや菊の花はカードを添えても喜ばれることは絶対にないと思うので、そのようなものは贈りません。

先生が説明している主な内容は何ですか。

1. 贈ったら喜ばれるプレゼント
2. 贈る時カードを添えない方がいいプレゼント
3. 贈ったら運がよくなるプレゼント
4. 贈らない方がいいプレゼント

> **해석**

선생님이 교실에서 학생들에게 이야기하고 있습니다.

여 : 일본에서는 손수건은 눈물을 닦는 것이기 때문에 선물하면 이별을 의미한다고 오해받는 일이 있다고 합니다. 마찬가지로 입원 중인 사람에게 뿌리가 있는 식물을 가져가면 싫어한다고 합니다. 병원에 오래 있어 달라는 의미가 되기 때문이라고 합니다. 또한 국화꽃을 가져가는 것도 장례식을 떠올리게 하기 때문에 병문안용으로 어울리지 않습니다. 손수건은 보내는 쪽도 받는 쪽도 그다지 부담이 되지 않아서 선물하기 쉬운 아이템이기는 하지만, 오해받으면 안 되기 때문에 저의 경우는 꼭 감사의 마음을 간단히 쓴 카드를 첨부하도록 하고 있습니다. 한편 입원 중인 사람에게는 화분이나 국화꽃은 카드를 첨부해도 기뻐할 일은 절대로 없다고 생각하기 때문에 그런 것은 선물하지 않습니다.

선생님이 설명하고 있는 주요 내용은 무엇입니까?

1. 주면 상대가 기뻐할 선물
2. 줄 때 카드를 첨부하지 않는 게 좋은 선물
3. 주면 운이 좋아지는 선물
4. 안 주는 편이 좋은 선물

3番

スクリプト 7-14

館内放送で案内が流れています。

男：お知らせです。本日午後2時より、2階大講堂にて、産婦人科の医師であり、大学の教授でもある川崎健三郎先生の講演会が開催されます。川崎先生のお話は身近な話題を題材にしており、わかりやすいと、マスコミでも話題になっております。本日は、先生のご著書『ママも子供になりたい』の内容を中心に、病院にやってくるお母さんと子供たちのエピソードを交えながらお話ししていただきます。赤ちゃんの夜泣き、発熱、自分の時間が持てないなど、子育てについてお悩みの方は、ぜひご参加ください。

講演会のテーマは何ですか。
1. 育児の大変さ
2. 育児の不思議さ
3. 育児のおもしろさ
4. 育児のおそろしさ

해석

관내 방송에서 안내가 흘러나오고 있습니다.

남：안내 말씀드리겠습니다. 오늘 오후 2시부터 2층 대강당에서 산부인과 의사이자 대학교수이기도 한 가와사키 겐자부로 선생님의 강연회가 개최됩니다. 가와사키 선생님의 말씀은 우리 주변의 화제를 제재로 하고 있어서 이해하기 쉽다고 매스컴에서도 화제가 되고 있습니다. 오늘은 선생님의 저서 『엄마도 아이가 되고 싶다』의 내용을 중심으로 병원에 찾아오는 어머니와 아이들의 에피소드를 섞어 가며 이야기해 주시겠습니다. 아기가 밤에 우는 것, 발열, 자기 시간을 가질 수 없다는 이야기 등, 육아에 대해서 고민이 있으신 분은 꼭 참석해 주십시오.

강연회의 주제는 무엇입니까?
1. 육아의 힘듦
2. 육아의 불가사의
3. 육아의 재미
4. 육아의 무서움

4番

스크립트 7-15

留守番電話のメッセージを聞いています。

男：ル・マンの高木です。お問い合わせいただきました黒のワンピースの件でご連絡いたします。ご注文なさったエムサイズのワンピースでございますが、恐れ入りますが、ただ今品切れとなっております。残念ながら今現在再入庫の時期は決まっておりません。ピンク色の商品は在庫が本店の方にございますので、色々お手数をお掛けしますが、一度本店へご来店くださってご試着なさってみてください。ピンク色のワンピースは今大人気の商品ですのでお客様に自信を持ってお勧めいたします。ワンピースをご試着なさってみてお気に召さなければお支払いをキャンセルなさってもかまいません。では、ご来店くださることを心からお待ちしております。

何についてのメッセージですか。
1. 洋服の再入庫の時期
2. 洋服の品切れのお知らせ
3. 洋服のサイズ変更
4. 洋服の色のお知らせ

> **해석**

자동응답전화의 메시지를 듣고 있습니다.

남 : 르망의 다카기입니다. 문의하신 검은색 원피스 건으로 연락드립니다. 주문하신 M 사이즈의 원피스 말인데요, 죄송하지만 현재 품절입니다. 유감스럽게도 지금 현재 재입고 시기는 정해져 있지 않습니다. 분홍색 상품은 재고가 본점 쪽에 있으니 여러 가지로 번거로우시겠지만 한번 본점에 내점하셔서 맞는지 입어 봐 주세요. 분홍색 원피스는 지금 큰 인기를 끌고 있는 상품이므로 고객님께 자신 있게 권해 드립니다. 원피스를 입어 보시고 마음에 안 드시면 지불을 취소하셔도 상관없습니다. 그럼 내점해 주시기를 진심으로 기다리고 있겠습니다.

무엇에 대한 메시지입니까?
1. 옷의 재입고 시기
2. 옷의 품절 알림
3. 옷의 사이즈 변경
4. 옷의 색상 알림

5番

 7-16

料理の先生が話しています。
女 : 梅干は日本の代表的な食べ物です。健康食品としても知られており、食欲がないときや疲れがたまっているときに食べると効果があると言われています。味はとてもすっぱいですが、慣れてしまうと食事のたびに欲しくなります。しかし梅干には塩分も少なからず含まれているので毎日一個が理想的です。よくおにぎりの具として入れたりお弁当の中に入れたりしますが、それは梅干に防腐・殺菌作用があるからです。

料理の先生は何について説明していますか。
1. 梅干の塩分
2. 梅干の効用
3. 梅干の調理法
4. 梅干のすっぱさ

> **해석**

요리 선생님이 이야기하고 있습니다.

여 : 우메보시(매실장아찌)는 일본의 대표적인 음식입니다. 건강식품으로도 알려져 있고 식욕이 없을 때나 피로가 쌓여 있을 때 먹으면 효과가 있다고 합니다. 맛은 매우 시지만 익숙해지면 식사 때마다 먹고 싶어집니다. 하지만 우메보시에는 염분도 적잖이 함유되어 있기 때문에 매일 한 개가 이상적입니다. 곧잘 주먹밥 속재료로 넣거나 도시락 안에 넣기도 합니다만, 그것은 우메보시에 방부, 살균 작용이 있기 때문입니다.

요리 선생님은 무엇에 대해서 설명하고 있습니까?
1. 우메보시의 염분
2. 우메보시의 효용
3. 우메보시의 조리법
4. 우메보시의 신맛

問題 4

page 161

1番

スクリプト 7-17

男：三杯も食べたのか。大食いだな。

女：1. くだらないでしょ。お腹が空いてたんだから。
2. 仕方ないでしょ。お腹が空いてたんだから。
3. いじきたないでしょ。お腹が痛かったんだから。

해석

남：세 공기나 먹었어? 대식가네.

여：1. 시시하지. 배가 고팠으니까.
2. 어쩔 수 없잖아? 배가 고팠으니까.
3. 게걸스럽잖아? 배가 아팠으니까.

2番

スクリプト 7-18

女：帰宅途中に転んでしまったんです。

男：1. それはお気の毒に。
2. お待ちどおさまでした。
3. 物騒な世の中ですね。

해석

여：귀가 도중에 넘어졌어요.

남：1. 그것 참 안됐네요.
2. 오래 기다리셨습니다.
3. 참 뒤숭숭한 세상이네요.

3番

スクリプト 7-19

女：そんな下品な言い方はやめなさい。

男：1. 言い方の改良をしているんだよ。
2. これから気をつけます。
3. 先ほどまでそうしていました。

해석

여：그런 품위 없는 말투는 그만둬.

남：1. 말투를 좋게 고치고 있어.
2. 이제부터 조심하겠습니다.
3. 아까까지 그렇게 하고 있었습니다.

4番

スクリプト 7-20

男：僕は地味な女性が好みなんです。

女：1. 彼女は派手な洋服が好きなんですよ。
2. 彼女はあまり派手な感じではありませんよ。
3. 彼女はブランド物の洋服が好きなんですよ。

해석

남：나는 수수한 여성이 이상형입니다.

여：1. 그녀는 화려한 옷을 좋아해요.
2. 그녀는 그다지 화려한 느낌은 안 들어요.
3. 그녀는 명품 옷을 좋아해요.

5番

スクリプト 7-21

女：私は壊れた電気製品を直すのが得意なんです。

男：1. 丁寧なんですね。
　　2. 上品なんですね。
　　3. 器用なんですね。

해석

여 : 저는 고장 난 전자제품을 고치는 것을 잘해요.

남 : 1. 예의 바르네요.
　　2. 품위가 있네요.
　　3. 손재주가 있네요.

6番

스크립트 7-22

男：このお茶、ぬるくて飲んでられないよ。
女：1. 冷めたお茶をお持ちしますので、少々お待ちください。
　　2. 温かいお茶をお持ちしますので、少々お待ちください。
　　3. 生ぬるいお茶をお持ちしますので、少々お待ちください。

해석

남 : 이 차, 미지근해서 못 마시겠어.

여 : 1. 식은 차를 가져올 테니까 잠시 기다려 주세요.
　　2. 따뜻한 차를 가져올 테니까 잠시 기다려 주세요.
　　3. 미지근한 차를 가져올 테니까 잠시 기다려 주세요.

7番

스크립트 7-23

女：彼女、今日の試験の結果良くなかったみたいですね。

男：1. なかなかするどいですね。
　　2. なかなか冷たいですね。
　　3. なかなかお上手ですね。

해석

여 : 그녀는 오늘 시험 결과가 안 좋았나 보네요.

남 : 1. 꽤 예리하시네요.
　　2. 꽤 냉정하시네요.
　　3. 꽤 잘하시네요.

8番

스크립트 7-24

男：林君はきれいな彼女がいるのに合コンに参加しているぞ。

女：1. まったく面倒くさいわね。
　　2. まったく厚かましいわね。
　　3. まったく騒々しいわね。

해석

남 : 하야시 군은 예쁜 여자친구가 있는데 미팅에 참가하고 있어.

여 : 1. 정말 귀찮네.
　　2. 정말 뻔뻔하네.
　　3. 정말 시끄럽네.

9番

スクリプト 7-25

男：そんなに重いかばんを持って大丈夫ですか。僕が持ちますよ。
女：1. 鈴木さんって醜いんですね。
　　2. 鈴木さんってみっともないんですね。
　　3. 鈴木さんって頼もしいんですね。

해석

남 : 그렇게 무거운 가방을 들고 괜찮으세요? 제가 들게요.
여 : 1. 스즈키 씨는 보기 흉하네요.
　　2. 스즈키 씨는 꼴불견이네요.
　　3. 스즈키 씨는 믿음직스럽네요.

10番

스크립트 7-26

男：こんなに古くなっているのに捨てないんですか。
女：1. 思い出がある物なので捨てられないんです。
　　2. 私は物をよく捨てるんです。
　　3. 物を作るのが好きですから。

해석

남 : 이렇게 낡았는데 안 버립니까?
여 : 1. 추억이 있는 물건이라서 버릴 수 없어요.
　　2. 저는 물건을 잘 버려요.
　　3. 물건 만드는 것을 좋아하거든요.

11番

스크립트 7-27

女：私は学校で勉強するより家でのんびりする方がいいなあ。
男：1. そんな険しいこと言って、大学落ちた後で後悔しても遅いよ。
　　2. そんな呑気なこと言って、大学落ちた後で後悔しても遅いよ。
　　3. そんな思いがけないこと言って、大学落ちた後で後悔しても遅いよ。

해석

여 : 나는 학교에서 공부하는 것보다 집에서 한가롭게 하는 게 좋아.
남 : 1. 그런 험한 말을 하다니 대학 떨어지고 난 뒤에 후회해도 늦어.
　　2. 그런 한가한 소리를 하다니 대학 떨어지고 난 뒤에 후회해도 늦어.
　　3. 그런 생각지도 않은 소리를 하다니 대학 떨어지고 난 후에 후회해도 늦어.

12番

스크립트 7-28

男：明日から会社に出勤することになりました。
女：1. みっともない出発ですね。がんばってください。
　　2. 率直な出発ですね。応援します。
　　3. 新たな出発ですね。がんばってください。

해석

남 : 내일부터 회사에 출근하게 되었습니다.
여 : 1. 꼴사나운 출발이네요. 열심히 하세요.
　　2. 솔직한 출발이네요. 응원할게요.
　　3. 새로운 출발이네요. 열심히 하세요.

問題 5

page 162

1番

スクリプト 7-29

塾で英語の先生が同僚と話しています。

女1：来年からアメリカの歴史の授業を始めるから準備しておきなさいって言われたんですけど。

女2：先生が教えることになったんですか。大変じゃないですか。

女1：そうなんです。大学での専攻は英文学だったし、今までアメリカの歴史を教えたことなんてないんです。どうすればいいんでしょうか。

男　：じゃあ、アメリカ史専攻の先生を新たに募集するしかないですね。

女1：日本人でアメリカ史を上手に教えられる人なんて、そんなにいないと思うんですけどね。アメリカ人の先生を募集した方がいいかもしれませんね。

女2：でもこんな規模の小さな塾にアメリカ人が来ますかね。大きい塾の方が学生も多いし、待遇もいいですからね。

男　：困りましたね。

女1：やっぱり私、やってみます。駅前にある塾でアメリカの歴史を教えているところがあるんです。お金はかかるし、忙しくなると思うけど、何ヶ月か我慢すれば勉強した内容を自分のものにできると思うんです。それに英語を教えていても、知識がなくて学生たちに説明できなかったこともあったので、この機会にしっかりと勉強しようと思います。

男　：偉いですね。がんばってください。

英語の先生が他の塾で歴史を勉強する理由は何ですか。

1. 駅前の塾に移りたいから
2. 勉強して学生たちにうまく教えたいから
3. 塾でそうするように言われたから
4. 英文学の勉強が足りないから

해석

학원에서 영어 선생님이 동료와 이야기하고 있습니다.

여1：내년부터 미국의 역사 수업을 시작하니까 준비해 두라는 말을 들었는데요.

여2：선생님이 가르치게 됐어요? 힘들겠네요.

여1：맞아요. 대학에서 전공은 영문학이었고, 지금까지 미국의 역사를 가르친 경험 따위 없어요. 어떻게 하면 좋을까요?

남　：그럼 미국사 전공인 선생님을 새로 모집할 수밖에 없겠네요.

여1：일본인 중에서 미국사를 잘 가르칠 수 있는 사람은 그렇게 없을 것 같지만요. 미국인 선생님을 모집하는 편이 좋을지도 모르겠네요.

여2：하지만 이렇게 규모가 작은 학원에 미국인이 올까요? 큰 학원 쪽이 학생도 많고 대우도 좋을 테니까요.

남　：난감하네요.

여1：역시 제가 해 보겠습니다. 역 앞에 있는 학원에서 미국 역사를 가르치는 곳이 있어요. 돈은 들고 바빠지겠지만, 몇 달 참으면 공부한 내용을 내 것으로 만들 수 있을 거예요. 게다가 영어를 가르치고 있어도 지식이 없어서 학생들에게 설명하지 못했던 적도 있었기 때문에, 이번 기회에 확실히 공부할까 합니다.

남　：대단하네요. 힘내세요.

영어 선생님이 다른 학원에서 역사를 공부하는 이유는 무엇입니까?

1. 역 앞의 학원으로 옮기고 싶어서
2. 공부해서 학생들에게 잘 가르치고 싶어서
3. 학원에서 그렇게 하라고 해서
4. 영문학 공부가 부족해서

2番

스크립트 7-30

家族が洗面台のつまりについて話しています。

女1：お母さん、洗面台またつまってるよ。
女2：またなの？この前業者さんに来てもらったばっかりなのに、おかしいわね。お金かかるからまた呼ぶのは嫌だし。面倒だけどパイプクリーナーをかけておくしかないわね。
女1：私がやっておくわ。でもいつまでクリーナーで済ませるつもりなの？
女2：業者さんが言うには、パイプの内側のさびに髪の毛とかが引っかかって、それでよくつまるらしいの。パイプを新しいのに替えた方がいいって言われたわ。クリーナーかけても、そのさびが完全になくなるわけじゃないし。
男 ：来年新しい家に引っ越すから、それまではクリーナーでがんばってみようじゃないか。
女1：でも来年ってまだ5ヶ月も待たないといけないのよ。その間にかかるクリーナー代を考えると新しいパイプに替えた方が得なんじゃないの？
女2：パイプ代が4,000円で作業費があれこれ3,000円くらいかかるそうだから、全部で7,000円かかるわ。クリーナーは一回分が300円だから一ヶ月に一回使うとしてもずっと安いわよ。
男 ：そうか。それじゃあしょうがないな。洋子、我慢できるな？
女1：わかったわ。

どうしてクリーナーで我慢することにしたのですか。

1. パイプ工事をしても直らないと言われたから
2. クリーナーの方がパイプ工事より6,000円安いから
3. クリーナーの方がパイプ工事より6,500円安いから
4. クリーナーの方がパイプ工事より5,500円安いから

해석

가족이 세면대 막힌 것에 대해서 이야기하고 있습니다.

여 1 : 엄마, 세면대 또 막혔어요.
여 2 : 또? 요전에 업자가 왔다 간 지 얼마 안 됐는데 이상하네. 돈이 드니까 다시 부르는 것은 싫고. 귀찮지만 파이프 클리너를 뿌려둘 수밖에 없네.
여 1 : 제가 해 둘게요. 하지만 언제까지 클리너로 때울 셈이에요?
여 2 : 업자가 말하길 파이프 안쪽 녹슨 곳에 머리카락 같은 것이 걸려서 그래서 잘 막히는 것 같대. 파이프를 새것으로 교환하는 편이 좋을 거라고 했어. 클리너를 뿌려도 녹슨 것이 완전히 없어지는 것도 아니고.
남 : 내년에 새집으로 이사가니까 그때까지는 클리너로 견뎌보자.
여 1 : 하지만 내년이라고 해도 아직 5개월이나 기다려야 하잖아요. 그 동안 드는 클리너 값을 생각하면 새 파이프로 바꾸는 게 이득 아니에요?
여 2 : 파이프 값이 4,000엔이고 작업비가 이것저것 3,000엔 정도 든다고 하니까 전부 합쳐서 7,000엔 들어. 클리너는 1회분이 300엔이니까 한 달에 한 번 사용한다고 해도 훨씬 싸.
남 : 그런가? 그럼 어쩔 수 없네. 요코, 참을 수 있지?
여 1 : 알았어요.

왜 클리너를 뿌리는 것으로 참기로 한 것입니까?

1. 파이프 공사를 해도 안 고쳐진다고 해서
2. 클리너가 파이프 공사보다 6,000엔 싸서
3. 클리너가 파이프 공사보다 6,500엔 싸서
4. 클리너가 파이프 공사보다 5,500엔 싸서

3番

スクリプト 7-31

弁当屋の店員がおにぎりの中に入れる具について話しています。

男1：うちのおにぎりは種類がいっぱいですよ。大人にも子供にも人気なのは鶏のから揚げおにぎり。男の子にはボリュームのある肉類の具が人気。チーズ入りおにぎりはカルシウムも摂取できて女性に大好評。中でも一番人気は少し辛めのチーズキムチおにぎりですよ。スクランブルエッグのマヨネーズ和えおにぎりもよく出てます。具なしの普通の塩おにぎりは定番メニュー。おにぎりセットは味噌汁がついてお得ですよ。

女：朝いっぱい食べてきたからお昼はおにぎりで十分だわ。

男2：僕もあんまりお腹空いてないなあ。食欲ないから辛めのおにぎりを食べようかな。

女：私はから揚げおにぎりを二つお願いしようかしら。

男2：そうか。朝食べ過ぎてお腹の調子が悪いって言ってたじゃないか。

女：うーん。鶏のから揚げ、私の大好物なのよ。でも体の事を考えるとやっぱり中に何も入ってないおにぎりにした方がいいわね。

男2：じゃ、注文するね。

女：あ、ちょっと待って。私のはセットにしてね。あったかいのがいいから。

男2：わかったよ。

質問1　男の人が食べるのは何ですか。

1. から揚げおにぎりセット
2. チーズ入りのキムチおにぎり
3. 具なしの普通の塩おにぎりセット
4. 具なしの普通の塩おにぎり

質問2　女の人が食べるのは何ですか。

1. から揚げおにぎりセット
2. チーズ入りのキムチおにぎり
3. 具なしの普通の塩おにぎりセット
4. 具なしの普通の塩おにぎり

해석

도시락집 점원이 주먹밥 안에 넣는 속재료에 대해서 이야기하고 있습니다.

남1 : 저희 집 주먹밥은 종류가 많습니다. 어른에게도 아이에게도 인기인 것은 닭튀김 주먹밥. 남자아이에게는 두툼한 육류의 속이 인기입니다. 치즈가 들어간 주먹밥은 칼슘도 섭취할 수 있어서 여성에게 대호평입니다. 그중에서도 가장 인기인 것은 약간 매운 치즈 김치 주먹밥입니다. 마요네즈에 버무린 스크램블에그 주먹밥도 잘 나갑니다. 속이 없는 소금을 친 보통 주먹밥은 기본 메뉴입니다. 주먹밥 세트는 된장국이 함께 나가니 이득입니다.

여 : 아침에 잔뜩 먹고 와서 점심은 주먹밥이면 충분해.

남2 : 나도 별로 배 안 고파. 식욕이 없으니까 조금 매운 주먹밥을 먹을까?

여 : 나는 닭튀김 주먹밥을 두 개 부탁할까?

남2 : 그래? 아침에 과식해서 속이 안 좋다며?

여 : 음. 닭튀김, 내가 정말 좋아하는 음식이거든. 하지만 몸을 생각하면 역시 안에 아무것도 들어 있지 않은 주먹밥을 먹는 게 낫겠지?

남2 : 그럼, 주문할게.

여 : 아, 잠깐만. 내 건 세트로 해 줘. 따뜻한 게 좋으니까.

남2 : 알았어.

질문1 남자가 먹는 것은 무엇입니까?

1. 닭튀김 주먹밥 세트
2. 치즈가 들어간 김치 주먹밥
3. 속이 없는 소금 간만 한 보통 주먹밥 세트
4. 속이 없는 소금 간만 한 보통 주먹밥

질문 2 여자가 먹는 것은 무엇입니까?
1. 닭튀김 주먹밥 세트
2. 치즈가 들어간 김치 주먹밥
3. 속이 없는 소금을 친 보통 주먹밥 세트
4. 속이 없는 소금을 친 보통 주먹밥

파이널 테스트 ❸ 8-00

問題 1　　　　　　　　　　page 164

1番
スクリプト　8-01

大学で男の学生と女の学生が話しています。男の学生はこれから何をしに行きますか。

男：今の時間だと、試験勉強をする教室ってなかなか見つからないね。

女：当たり前よ。午前中は授業で空いてる教室がないわよ。お昼休みならともかく。あ、そろそろお昼休みよ。コーヒー買ってくるから、本館で空いてる教室あるか探してくれる？

男：あのさ、お昼ごはんはちゃんと食べるんだよね？

女：もう、少しくらい我慢できないの？食事は教室を見つけたらにしましょうよ。

男：腹が減っては戦ができぬって言うだろ？食事の後、そのまま食堂で勉強するってのはどう？

女：うるさくて勉強に集中できないわよ。ほら、早くしないと。お昼時間も教室、他の人に取られちゃうわよ。そうだ、先輩に過去問はもらってきたの？

男：まだだよ。これから、図書館にもらいに行くところなんだ。

女：そうか。案外、お昼休みには図書館が空いてるかもね。用事が済んだら空いてる席があるか見て来てね。

男：わかった。先輩にもらった過去問は印刷して来ようか。

女：そうね。内容、見てからにする。じゃあ、お願いね。

男の学生はこれから何をしに行きますか。
1. 本館の空いてる教室を探しに行く
2. 空いてる場所を探しに食堂に行く
3. 空いてる場所を探しに図書館に行く
4. 先輩にもらった問題集をプリントしに行く

해석

대학교에서 남학생과 여학생이 이야기하고 있습니다. 남학생은 이제부터 무엇을 하러 갑니까?

남 : 지금 시간이면 시험공부를 할 만한 교실은 좀처럼 찾을 수 없네.

여 : 당연하지. 오전 중에는 수업으로 빈 교실이 없어. 점심시간이면 몰라도. 아, 슬슬 점심시간이야. 커피 사 올 테니까 본관에 빈 교실이 있는지 찾아봐 줄래?

남 : 저기. 점심은 꼭 먹을 거지?

여 : 정말, 잠시도 못 참아? 식사는 교실을 찾고 나서 하자.

남 : 배가 고파서는 싸울 수가 없다고 하잖아. 식사 후에 그대로 식당에서 공부하는 건 어때?

여 : 시끄러워서 공부에 집중할 수 없어. 자, 서둘러야지. 점심시간도 교실을 다른 사람한테 뺏기겠다. 참, 선배한테 기출문제는 받아 왔어?

남 : 아직. 이제 도서관에 받으러 가려는 참이야.

여 : 그렇구나. 의외로 점심시간에는 도서관이 비어 있을지도 몰라. 용무가 끝나면 빈자리가 있는지 보고 와.

남 : 알았어. 선배한테 받은 기출문제는 인쇄해 올까?

여 : 글쎄. 내용 보고 나서 하게. 그럼, 부탁해.

남학생은 이제부터 무엇을 하러 갑니까?
1. 본관의 빈 교실을 찾으러 간다.
2. 비어 있는 장소를 찾으러 식당에 간다.
3. 비어 있는 장소를 찾으러 도서관에 간다.
4. 선배한테 받은 문제집을 프린트하러 간다.

2番

스크립트 8-02

エアコンのお客様サポートセンターの男の人と女の人が電話で話しています。女の人はこの後、どうしますか。

女 : あの、エアコンを設置したいんですが。先に、エアコンが作動するかどうかを確認したいんです。

男 : それじゃあ、お客様。まず、本体のチェックをしてみますね。電源を一度お付けになってみてください。

女 : あ、はい。リモコン、どこかな。あれ？付かないですね。やっぱり壊れてるのかしら。

男 : お客様、リモコンの電池が入ってるかお確かめいただけますか。

女 : はい、ちゃんと入れてありますが。電池が古いのかもしれませんね。

男 : でしたら、電池切れしている可能性がありますので、本体の電源を押してみてください。コードがつながっているのかも確認してください。

女 : 押しましたが、作動しませんね。コードはつながってるんですけどね。

男 : やっぱり、直接行って調べてみないと何が問題かわかりませんね。それと、完璧に作動するかは、設置をしてからでないと確認できないんですが。お客様、設置工事のお申込みをお手伝いいたしましょうか。

女 : え？でも設置したのに、エアコンが作動しなかったら、設置した意味がないじゃないですか。

男 : そうなんですけど、確かめる方法がそれしかないんです。

女 : じゃあ、ちょっと待ってください。どうせ、そのうち引っ越すかもしれないので、

エアコンの設置はもう少し考えてみます。リモコンの方も、電池を入れ替えてみます。

男：じゃあ、お決まりになりましたら、ご連絡ください。

女の人はこの後、どうしますか。
1. 引っ越しをするかどうかを考えてみる
2. エアコンの設置を依頼する
3. コードの修理を依頼する
4. リモコンに新しい電池を入れてみる

해석

에어컨 고객지원센터의 남자와 여자가 전화로 이야기하고 있습니다. 여자는 이후에 어떻게 합니까?

여 : 저기, 에어컨을 설치하고 싶은데요. 먼저 에어컨이 작동하는지 어떤지를 확인하고 싶어요.

남 : 그럼, 고객님. 우선, 본체 확인을 해 볼게요. 전원을 한 번 켜 봐 주세요.

여 : 아, 네. 리모컨이 어디 있더라. 어? 안 켜지네요. 역시 고장 난 걸까.

남 : 고객님. 리모컨 건전지가 들어 있는지 확인해 주시겠어요?

여 : 네, 제대로 들어 있는데요. 건전지가 오래됐을지도 모르겠네요.

남 : 그러면 건전지가 다 됐을 가능성이 있으니까 본체의 전원을 눌러 봐 주세요. 코드가 연결되어 있는지도 확인해 주세요.

여 : 눌렀는데 작동하지 않네요. 코드는 연결되어 있는데요.

남 : 역시 직접 가서 조사해 보지 않으면 뭐가 문제인지 모르겠네요. 그리고 완벽하게 작동하는지는 설치를 하고 나서가 아니면 확인할 수 없습니다만. 고객님. 설치 공사의 신청을 도와 드릴까요?

여 : 네? 하지만 설치했는데 에어컨이 작동하지 않으면 설치한 의미가 없잖아요.

남 : 그렇긴 하지만 확인할 방법이 그것밖에 없거든요.

여 : 그럼, 잠시 기다려 주세요. 어차피 가까운 시일 내에 이사갈지도 모르니 에어컨 설치는 좀 더 생각해 볼게요. 리모컨 쪽도 건전지를 갈아끼워 보겠습니다.

남 : 그럼, 결정되시면 연락 주십시오.

여자는 이후에 어떻게 합니까?
1. 이사를 할지 어떨지를 생각해 본다.
2. 에어컨 설치를 의뢰한다.
3. 코드 수리를 의뢰한다.
4. 리모컨에 새 건전지를 넣어 본다.

3番

스크립트 8-03

郵便局の女の人と男の人が話しています。男の人はこの後、まず何をしなければなりませんか。

男：もしもし。郵便局の宅配サービスを利用したいんですけど。

女：はい。お荷物は、長さ、幅、厚さの合計が1メートル以内でございますか。

男：いいえ。1.5メートル程度だと思いますが。

女：すみませんが、そのくらいの大きさでしたら、直接郵便局の方へご訪問なさらないと受付できません。

男：あ、そうですか。あの、浜田町の最寄りの郵便局を教えていただけますか。

女：浜田町でしたら、浜田町駅の近くに一つございます。

男：あ、うちからずいぶん離れてますね。重いから持って運ぶのも無理だし。自動車の修理が終わるまで待つしかないですね。あの、もっと近い所にはないんですか。

女：申し訳ございませんが、検索し直しても浜田町駅が一番近いと出ております。

男：そうですか。

女：それから、お荷物の重さは30キロを超えると郵便パックをご利用できませんので、いらっしゃる前に必ずお確かめください。

男：え、そうなんですか。それは知りませんでした。

男の人はこの後、まず何をしなければなりませんか。
1. 自動車整備センターに連絡する
2. 荷物の重さを量る
3. 最寄りの郵便局を探してみる
4. 荷物の幅を測り直す

해석

우체국의 여자와 남자가 이야기하고 있습니다. 남자는 이후에 우선 무엇을 하지 않으면 안 됩니까?

남 : 여보세요. 우체국 택배 서비스를 이용하고 싶은데요.
여 : 네, 짐은 길이, 폭, 두께의 합계가 1m 이내이신가요?
남 : 아니요. 1.5m 정도일 것 같은데요.
여 : 죄송하지만, 그 정도 크기면 직접 우체국에 방문하시지 않으면 접수할 수 없습니다.
남 : 아, 그래요? 저기, 하마다초의 가장 가까운 우체국을 가르쳐 주시겠어요?
여 : 하마다초라면 하마다초역 근처에 하나 있습니다.
남 : 아, 저희 집에서 꽤 떨어져 있네요. 무거워서 들고 옮기는 것도 무리고. 자동차 수리가 끝날 때까지 기다릴 수밖에 없네요. 저, 더 가까운 곳에는 없나요?
여 : 죄송하지만, 다시 검색을 해도 하마다초역이 가장 가깝다고 나옵니다.
남 : 그래요?
여 : 그리고 짐의 무게는 30kg를 초과하면 우편화물서비스를 이용할 수 없으니 오시기 전에 꼭 확인해 주세요.
남 : 어, 그래요? 그건 몰랐네요.

남자는 이후에 우선 무엇을 하지 않으면 안 됩니까?
1. 자동차 정비센터에 연락한다.
2. 짐의 무게를 잰다.
3. 가장 가까운 우체국을 찾아본다.
4. 짐의 폭을 다시 잰다.

4番

스크립트 8-04

文化センターの講座の説明会で絵本作りの先生が話しています。絵本作り講座に参加する人は次に来るとき、必ず持って来ないといけないものは何ですか。次に来るときです。

女 : この絵本作り講座は来月から3ヶ月間、週一回開催します。教室内は飲食可能ですので、子供連れの方はおやつなどを持ってきていただいてもかまいません。絵本作りのためのクレヨン、色鉛筆、はさみ、のりなどの文房具類は揃っておりますが、色紙やスケッチブックは各自持参してください。毎月、4週目の授業は、絵の具で描いた絵本を、みんなの前で説明する時間となりますので、絵の具類を忘れないでください。筆洗いバケツはこちらでご用意します。

絵本作り講座に参加する人は次に来るとき、必ず持って来ないといけないものは何ですか。

1. おやつ、文房具類、絵の具類
2. 文房具類、スケッチブック、筆洗いバケツ
3. 色紙、スケッチブック
4. おやつ、色紙、絵の具類

해석

문화센터의 강좌 설명회에서 그림책 만들기 선생님이 이야기하고 있습니다. 그림책 만들기 강좌에 참가하는 사람이 다음에 올 때 꼭 가져와야 하는 것은 무엇입니까? 다음에 올 때입니다.

여 : 이 그림책 만들기 강좌는 다음 달부터 3개월 동안 일주일에 한 번 개최합니다. 교실에서는 음식을 먹을 수 있으니 아이를 동반하신 분들은 간식 등을 가져오셔도 됩니다. 그림책 만들기를 위한 크레용, 색연필, 가위, 풀 등의 문구류는 갖춰져 있지만 색종이나 스케치북은 각자 지참해 주세요. 매월 넷째 주 수업은 물감으로 그린 그림책을 모두 앞에서 설명하는 시간이 될 테니 물감류를 잊지 마세요. 붓을 빠는 물통은 이쪽에서 준

비하겠습니다.

그림책 만들기 강좌에 참가하는 사람이 다음에 올 때 꼭 가져와야 하는 것은 무엇입니까?

1. 간식, 문구류, 그림물감류
2. 문구류, 스케치북, 붓을 씻는 물통
3. 색종이, 스케치북
4. 간식, 색종이, 그림물감류

5番

スクリプト　8-05

会社で男の人と女の人が話しています。女の人はこの後、まず何をしますか。

男：太田君。今月の社内報、どのサイズで印刷するか課長に聞いてみた？

女：あ、まだですけど。これから、課長の営業ノウハウをインタビューしに行きますので、終わったら伺ってきます。

男：そうか。この前行ってきた社員旅行の団体写真も載せるから、スペース残しておいてね。よさそうな写真を何枚か選んでおいて。どの写真を載せるかは、明日最終決定をしよう。

女：はい。写真のサイズはどうしましょうか。

男：そうだな。社内報のサイズによって写真のサイズが決まるからね。

女：あ、そうですね。

男：それから、プレゼンテーションを成功させる秘訣についてのインタビュー内容は、まだ誤字などチェックしてないでしょう？

女：はい。それもやっておきましょうか。

男：いや、それは僕に任せて。

女：あ、はい。じゃ、行ってまいります。

女の人はこの後、まず何をしますか。

1. 課長にインタビューしに行く
2. 社内報のサイズを課長に聞く
3. 社内報に載せる写真を決める
4. インタビュー内容の誤字をチェックする

해석

회사에서 남자와 여자가 이야기하고 있습니다. 여자는 이후에 우선 무엇을 합니까?

남：오타 군. 이달 사내보는 어느 사이즈로 인쇄할지 과장님께 여쭤봤어?

여：아, 아직인데요. 지금부터 과장님 영업 노하우를 인터뷰하러 가니까 끝나면 여쭤보고 올게요.

남：그렇구나. 요전에 갔다 온 사원여행의 단체사진도 실을 거니까 공간 남겨 놔. 좋아 보이는 사진을 몇 장 골라 놓고. 어느 사진을 실을지는 내일 최종 결정하자.

여：네. 사진 사이즈는 어떻게 할까요?

남：글쎄. 사내보 사이즈에 따라서 사진 사이즈가 결정될 테니까.

여：아, 그렇네요.

남：그리고 프레젠테이션을 성공시키는 비결에 관한 인터뷰 내용은 아직 오자 같은 거 체크 안 했지?

여：네. 그것도 해 둘까요?

남：아냐, 그건 나한테 맡겨.

여：아, 네. 그럼 다녀오겠습니다.

여자는 이후에 우선 무엇을 합니까?

1. 과장을 인터뷰하러 간다.
2. 사내보 사이즈를 과장에게 물어본다.
3. 사내보에 실을 사진을 정한다.
4. 인터뷰 내용의 오자를 체크한다.

問題 2

page 167

1番

スクリプト 🎧 8-06

会社で男の人と女の人が話しています。会議が予定より遅く終わった一番の理由は何ですか。

男：ずいぶん会議が長引いたんですね。何かあったんですか。
女：遅れてきた人が一人いて、会議を始めるのが遅かったせいもあるけど、それよりも会議の途中にちょっとしたハプニングがあったんです。
男：え？どんなことですか。
女：会議室のエアコンの調子が悪くて大変だったんです。今日すごく暑かったでしょう？
男：暑くて会議どころじゃなかったんじゃないんですか。
女：そうでしたね。暑いせいか苛立って、みんなの意見はなかなかまとまらないし、計算ミスは出るわ課長には叱られるわで、雰囲気が悪くなって会議がなかなか進みませんでした。
男：それだったら、別の日にやり直せばよかったのに。
女：それが、今日中に話し合わないといけないことがあったんです。空いてる会議室に移動するまで大変でした。
男：本当に大変でしたね。それでエアコンは直ったんですか。
女：ええ。そのようです。

会議が予定より遅く終わった一番の理由は何ですか。

1. 遅刻した人が多かったから
2. エアコンを直すために時間がかかったから
3. 意見が多くてまとまらなかったから
4. 暑くて会議の雰囲気がよくなかったから

해석

회사에서 남자와 여자가 이야기하고 있습니다. 회의가 예정보다 늦게 끝난 가장 큰 이유는 무엇입니까?

남 : 회의가 꽤 길어졌네요. 무슨 일 있었어요?
여 : 늦게 온 사람이 한 명 있어서 회의를 시작하는 게 늦어진 탓도 있지만, 그것보다도 회의 도중에 작은 해프닝이 있었어요.
남 : 네? 어떤 일인데요?
여 : 회의실의 에어컨 상태가 나빠서 힘들었어요. 오늘 꽤 더웠잖아요.
남 : 더워서 회의할 상황이 아니었겠어요.
여 : 그렇죠. 더워서 그런지 짜증이 나서 모두의 의견은 좀처럼 정리가 안 되고, 계산 실수가 나오질 않나 과장님께는 혼나질 않나, 분위기가 나빠져서 회의가 좀처럼 진행되지 않았어요.
남 : 그랬으면 다른 날에 다시 하면 됐을 텐데.
여 : 그게, 오늘 중으로 논의되지 않으면 안 되는 일이 있었거든요. 빈 회의실로 이동하기까지 힘들었어요.
남 : 정말로 힘들었겠네요. 그래서 에어컨은 고쳤어요?
여 : 네. 그런 것 같아요.

회의가 예정보다 늦게 끝난 가장 큰 이유는 무엇입니까?

1. 지각한 사람이 많아서
2. 에어컨을 고치기 위해 시간이 걸려서
3. 의견이 많고 정리가 안 돼서
4. 더워서 회의 분위기가 좋지 않아서

2番

スクリプト 🎧 8-07

男の学生と女の学生が話しています。男の学生は、どうして野球の試合を今週見に行く方がいいと言っていますか。

女：ねえ。先生に野球の試合のチケットを二枚いただいてきたの。見に行きましょうよ。

男：え？本当？もしかして今やってる日韓交流戦のチケットなの？

女：うん。そうなの。すごいでしょう。先生の論文のお手伝いを頑張った甲斐があるわ。

男：そうだったのか。今週の試合のチケットなの？

女：うん。土曜日と月、火にあるわよ。あ、そう言えば、来週はボランティア活動で忙しいんでしょう？土曜日はそのオリエンテーションがあるって言ってたし。時間あるの？

男：ボランティア活動は3時には終わるから問題ないけど、家に帰って次の日の準備をしないといけないから、僕は今週の方がいいんだ。

女：え？オリエンテーションに行かなくてもいいの？

男：去年も参加してるから、大体のことは知ってるんだ。ボランティア活動に関する保険の書類にサインだけしてくればいいから、大丈夫。

女：それにしても、えらいわね。ボランティア活動だなんて。来年は私も参加しようっと。えーと、試合は5時に始まるけど、間に合うよね？

男：うん。もし遅れたら、先に入って待ってて。

男の学生は、どうして野球の試合を今週見に行く方がいいと言っていますか。
1. 来週はボランティア活動が遅く終わるから
2. 土曜日は用事が早く終わるから
3. 来週はボランティア活動で疲れるだろうから
4. 来週は女の人もボランティア活動に参加するから

해석

남학생과 여학생이 이야기하고 있습니다. 남학생은 왜 야구 시합을 이번 주에 보러 가는 게 좋다고 말하고 있습니까?

여 : 있잖아. 선생님께서 야구 시합 티켓을 2장 주셨어. 보러 가자.

남 : 뭐? 정말? 혹시 지금 하고 있는 한일 교류전 티켓이야?

여 : 응. 맞아. 굉장하지? 선생님 논문 심부름을 열심히 한 보람이 있네.

남 : 그랬구나. 이번 주 시합 티켓이야?

여 : 응. 토요일과 월, 화요일에 있어. 아, 그러고 보니 다음 주는 자원봉사 활동으로 바쁘지? 토요일은 그 오리엔테이션이 있다고 했었고. 시간 있는 거야?

남 : 자원봉사 활동은 3시에는 끝나니까 문제없는데, 집에 가서 다음 날 준비를 하지 않으면 안 돼서 나는 이번 주가 더 좋아.

여 : 뭐? 오리엔테이션에 안 가도 돼?

남 : 작년에도 참가했으니까 대충 알고 있어. 자원봉사 활동에 관한 보험 서류에 사인만 하고 오면 되니까 괜찮아.

여 : 그런데 참 대단하다. 자원봉사 활동이라니. 내년에는 나도 참가해야지. 음, 시합은 5시에 시작하지만, 시간 내에 올 수 있지?

남 : 응. 혹시 늦으면 먼저 들어가서 기다리고 있어.

남학생은 왜 야구 시합을 이번 주에 보러 가는 게 좋다고 말하고 있습니까?
1. 다음 주는 자원봉사 활동이 늦게 끝나서
2. 토요일은 용무가 일찍 끝나서
3. 다음 주는 자원봉사 활동으로 피곤할 거라서
4. 다음 주는 여자도 자원봉사 활동에 참가해서

3番

スクリプト 8-08

結婚相談所の女の人と男の人が話しています。女の人はどうして今の仕事をやめることにしましたか。

男：結婚相談所の仕事をやめるって聞きました。今井さんが取り持ったカップルたちの結婚成功率が高いと評判がよかったのに、どうして急にそんな決定をしたんですか。

女：それがですね、私って運命的な出会いを信じないタイプだったんですけど、本当に偶然、ある男性に出会ったんです。お互い一目で好きになって、結局来月結婚することになったんです。これまでに考えていた結婚条件にぴったりの相手ではないんですけど、好きになってしまうと条件なんて関係なくなるんですね。それで、感情よりもあれこれ条件を優先して結婚させるという仕事に疑問を持つようになったんです。こんな気持ちではもう今の仕事を続けることはできないですね。

男：でも、条件を踏まえての結婚は安定した結婚生活を送れることから失敗する確率が低いと思うんですけどね。まあ、とにかく、おめでとうございます。

女の人はどうして今の仕事をやめることにしましたか。

1. 条件にぴったりの男性と結婚することになったから
2. 結婚相談所の仕事が自分の結婚の邪魔になったから
3. 条件優先の結婚がいいと思わなくなったから
4. 結婚相手の男性が結婚相談所の仕事をいやがっているから

해석

결혼상담소의 여자와 남자가 이야기하고 있습니다. 여자는 왜 지금의 일을 그만두기로 했습니까?

남：결혼상담소 일을 그만둔다고 들었습니다. 이마이 씨가 주선한 커플들의 결혼 성공률이 높다고 평판이 좋았는데, 왜 갑자기 그런 결정을 한 거예요?

여：그게 말이죠. 저는 운명적인 만남을 믿지 않는 타입이었는데요, 정말로 우연히 한 남성을 만났어요. 서로 한눈에 반해서 결국 다음 달 결혼하게 됐어요. 지금까지 생각했던 결혼 조건에 딱 맞는 상대는 아니지만 좋아하게 되니까 조건 같은 건 관계없게 되더라고요. 그래서 감정보다도 이것저것 조건을 우선해서 결혼시키는 일에 의문을 갖게 되었어요. 이런 마음으로는 더 이상 지금의 일을 계속할 수는 없어요.

남：하지만 조건을 따진 결혼은 안정된 결혼 생활을 보낼 수 있으니까 실패할 확률이 낮다고 생각하는데요. 뭐 어쨌든 축하드립니다.

여자는 왜 지금의 일을 그만두기로 했습니까?

1. 조건에 딱 맞는 남성과 결혼하게 되어서
2. 결혼상담소 일이 자신의 결혼에 방해가 되어서
3. 조건 우선의 결혼이 좋다고 생각하지 않게 되어서
4. 결혼 상대 남성이 결혼상담소의 일을 싫어해서

4番

スクリプト 8-09

テレビでアナウンサーがプロサッカーチームの監督にインタビューをしています。監督はどうして今シーズンで監督を辞めると言っていますか。

女：監督、今シーズンで監督を辞められるそうですが、その理由について伺えますか。優勝を逃したとは言え、準優勝も素晴らしい成績だと思いますが。

男：まあ、来年の優勝に向けて今の選手たちと頑張りたい気持ちもあるんですが、個人的な理由がありましてね。若い選手たちの活気ある姿を見ていると、才能ある少年たちを育成してみたいという気持ちに駆られる

んです。僕の少年時代に才能ある子どもたちを育ててくれる先生方がもっといたら、今頃実力のある選手たちがたくさん活躍していただろうなと思うんですよ。だから、僕がそんな子どもたちを育成する指導者になろうと思ってるんです。僕の体力と意欲が残ってる若いうちにね。

監督はどうして今シーズンで監督を辞めると言っていますか。
1. 来年のチームの優勝は無理だと思うから
2. 才能ある少年たちを育てたいから
3. 若いうちに、もう一度選手として活躍したいから
4. 他のチームの若い選手たちを育成したいから

해석

TV에서 아나운서가 프로축구 팀 감독을 인터뷰하고 있습니다. 감독은 왜 이번 시즌으로 감독을 그만두겠다고 말하고 있습니까?

여 : 감독님, 이번 시즌으로 감독을 그만두신다고 들었는데요, 그 이유에 대해서 여쭤봐도 되겠습니까? 우승을 놓쳤다고 해도 준우승도 훌륭한 성적이라고 생각하는데요.

남 : 글쎄, 내년 우승을 향해서 지금 선수들과 열심히 하고 싶은 마음도 있는데요, 개인적인 이유가 있어서요. 젊은 선수들의 활기찬 모습을 보고 있으면 재능 있는 소년들을 육성해 보고 싶다는 마음에 사로잡힌답니다. 내 소년시절에 재능 있는 아이들을 키워 주는 선생님들이 좀 더 계셨다면 지금쯤 실력 있는 선수들이 많이 활약하고 있었을 텐데 하고 생각합니다. 그래서 제가 그런 아이들을 육성하는 지도자가 되려고 합니다. 저의 체력과 의욕이 남아 있는 젊은 동안에요.

감독은 왜 이번 시즌으로 감독을 그만두겠다고 말하고 있습니까?
1. 내년 팀 우승은 무리라고 생각해서
2. 재능 있는 소년들을 키우고 싶어서
3. 젊을 때 한 번 더 선수로서 활약하고 싶어서
4. 다른 팀 젊은 선수들을 육성하고 싶어서

5番

스크립트  8-10

図書館で男の人と女の人が読書講座について話しています。女の人が今週、講座に欠席しない理由は何ですか。

男：読書講座の今週の本は、古典文学だよね。僕の好きなジャンルなんだ。

女：先週は、人類学関連の本でしょう。今週は古典文学だし、ちょっと私には合わないかも。

男：そうか。来週は現代文学の本を読むって先生が言ってたよ。

女：現代文学なら、ついていけるわ。じゃあ、今週も授業での討論の参加はできないって言っておかないと。いやいや読んだ本だから、内容の把握が難しいの。

男：それでもいいんじゃない？授業で必ず話し合いに参加する必要はないんだから。討論の準備ができてないからって欠席するよりましだよ。

女：討論の参加はしなくても、先生の説明が面白いからなるべく出席しようと思ってるの。それに、講座メンバーの中で気が合う人が多くて、正直その人達と雑談するのが楽しみで行くこともあるのよね。

男：そうなのか。

女の人が今週、講座に欠席しない理由は何ですか。
1. 現代文学の本で討論するから
2. 本は面白くなくても、討論は楽しいから
3. メンバーとのおしゃべりが楽しいから
4. 先生とのおしゃべりが楽しいから

해석

도서관에서 남자와 여자가 독서 강좌에 대해서 이야기하고 있습니다. 여자가 이번 주 강좌에 결석하지 않는 이유는 무엇입니까?

남 : 독서 강좌 이번 주 책은 고전문학이지? 내가 좋아하는 장르야.
여 : 지난주는 인류학 관련 책이었지? 이번 주는 고전문학이고, 나한테는 좀 안 맞을지도 몰라.
남 : 그래? 다음 주는 현대문학 책을 읽는다고 선생님이 말씀하셨는데.
여 : 현대문학이라면 따라갈 수 있어. 그럼 이번 주도 수업에서의 토론은 참가 못한다고 말해 둬야지. 싫은데 겨우 읽은 책이라서 내용 파악이 어렵거든.
남 : 그것도 괜찮지 않나? 수업에서 꼭 토론에 참가할 필요는 없으니까. 토론 준비가 안 돼 있다고 결석하는 것보다 나아.
여 : 토론 참가는 하지 않아도 선생님 설명이 재미있어서 되도록 출석하려고 해. 게다가 강좌 멤버 중에 마음이 맞는 사람이 많아서 솔직히 그 사람들과 잡담하는 게 재미있어서 가는 경우도 있어.
남 : 그렇구나.

여자가 이번 주 강좌에 결석하지 않는 이유는 무엇입니까?

1. 현대문학 책으로 토론해서
2. 책은 재미없어도 토론은 즐거워서
3. 멤버와의 수다가 즐거워서
4. 선생님과의 수다가 즐거워서

6番

스크립트 8-11

男の人と女の人がオーダーメードのシャンプーについて話しています。女の人はどうしてオーダーメードのシャンプーがいいと言っていますか。

男：リーさん、気分良さそうだね。何かいいことでもあったの？
女：最近、髪の毛がよく切れるし、抜け毛も多くて心配だったんだけどね、いいもの見つけたの。
男：そう？何？
女：自分の髪質に合ったシャンプーを注文することができる通販サイトよ。知り合いがね、頭皮がかゆくて長い間、苦労してたんだけど、オーダーメイドのシャンプーを使ったらよくなったらしいの。
男：へえ。そうなんだ。
女：それにね、色や香りも選べるの。通販サイトで自分の髪質に合った成分、色、香りを選んで注文するとね、注文者の名前が記されてる容器に入れて送ってくれるの。世界でたった一つの私だけのシャンプーだなんて素敵よね。
男：もし、効果が出なかったらどうするの？
女：1週間使ってみて効果がなかったら、二回まで作り直してくれるんだって。高くても、それだけの価値があると思うわ。
男：そうか。

女の人はどうしてオーダーメードのシャンプーがいいと言っていますか。

1. 自分だけのために作られたシャンプーだから
2. 実際使ってみたら、効果があったから
3. 自分にぴったりのシャンプーを何度でも作り直してくれるから
4. シャンプーを自分が選んだ容器に入れて送ってくれるから

해석

남자와 여자가 맞춤 샴푸에 대해서 이야기하고 있습니다. 여자는 왜 맞춤 샴푸가 좋다고 말하고 있습니까?

남 : 리 씨, 기분 좋아 보이네. 뭔가 좋은 일이라도 있었어?
여 : 요즘 머리카락이 잘 끊어지고 많이 빠져서 걱정이었는데 좋은 것을 찾았어.
남 : 그래? 뭔데?
여 : 자기 모발에 맞는 샴푸를 주문할 수 있는 인터넷 판매 사이트야. 지인이 두피가 가려워서 오랫동안 고생했는데 맞춤 샴푸를 사용했더니 좋아졌다네.
남 : 어, 그렇구나.

여 : 게다가 색이랑 향도 고를 수 있어. 인터넷 판매 사이트에서 자기 모발에 맞는 성분, 색, 향을 골라서 주문하면 주문자 이름이 적힌 용기에 담아서 보내 줘. 세계에서 단 하나뿐인 나만의 샴푸라니 멋지지?
남 : 만약에 효과가 없으면 어떻게 해?
여 : 일주일 사용해 보고 효과가 없으면 두 번까지 다시 만들어 준대. 비싸도 그만큼의 가치가 있는 것 같아.
남 : 그렇구나.

여자는 왜 맞춤 샴푸가 좋다고 말하고 있습니까?

1. 자신만을 위해 만들어진 샴푸라서
2. 실제로 사용해 봤더니 효과가 있어서
3. 자신에게 딱 맞는 샴푸를 몇 번이고 다시 만들어줘서
4. 샴푸를 자신이 고른 용기에 담아 보내줘서

問題 3

page 170

1番

스크립트 8-12

テレビでアトピー性皮膚炎の患者がインタビューに答えています。
男 : 吉田さんは、アトピー治療を自然治癒に頼っているんですか。
女 : はい。自然治癒をするということは、何もせずにそのままにしておくという意味ではなく、薬に頼らず自分の力で治していくということなんです。しかし、今まで薬を使ってきた人が急に薬の使用をやめるのは危険です。薬は徐々に量を少なくしていき、自分の自然治癒力で治すことを目指します。自然治癒力を高めるには、食生活と生活環境の改善が必要です。ストレスはなるべく貯めずに発散させるようにしましょう。薬をやめて症状がひどくなった場合は、自然治癒を中止して病院に行くようにします。よくなったら、また始めればいいのですから。薬に頼らずアトピーを治していくことはとても難しいことですから、焦らず向き合っていくことが重要です。

女の人は何について話していますか。
1. アトピーの自然治癒の危険性
2. アトピーを治療する薬の効能
3. アトピーを自然治癒させる方法
4. アトピーを自然治癒させる理由

해석

TV에서 아토피성 피부염 환자가 인터뷰에 답하고 있습니다.
남 : 요시다 씨는 아토피 치료를 자연 치유에 맡기고 있는 건가요?
여 : 네. 자연 치유를 한다는 것은 아무것도 하지 않고 그대로 둔다는 의미가 아니라, 약에 의존하지 않고 자신의 힘으로 고쳐 나간다는 뜻입니다. 그러나 지금까지 약을 써 온 사람이 갑자기 약의 사용을 중지하는 것은 위험합니다. 약은 서서히 양을 줄여 나가고, 자신의 자연 치유력으로 고치는 것을 지향합니다. 자연 치유력을 높이기 위해서는 식생활과 생활환경의 개선이 필요합니다. 스트레스는 되도록 쌓아두지 말고 발산하도록 합시다. 약을 끊고 증상이 심해졌을 때는 자연 치유를 중지하고 병원에 가도록 합니다. 좋아지면 다시 시작하면 되니까요. 약에 의존하지 않고 아토피를 고쳐 나가는 것은 아주 어려운 일이니 초조해하지 말고 마주 대하는 것이 중요합니다.

여자는 무엇에 대해서 이야기하고 있습니까?

1. 아토피 자연 치유의 위험성
2. 아토피를 치료하는 약의 효능
3. 아토피를 자연 치유시키는 방법
4. 아토피를 자연 치유시키는 이유

2番

スクリプト 8-13

ラジオで男の人が話しています。

男：えー、日本の代表的な映画監督でアニメーターである宮崎駿監督の今までの作品を見てみますと、主人公が戦争や暴力行為について反感を持ち、悪に対して立ち向かって行く姿をよく目にします。また、子供の視線に立って夢と創造力に満ちた映画も多数作っていますね。こうしてみると、彼の作品が世界的に人気があるのは、子供から大人まで共感できるストーリーのおかげだと思うんです。でも、意外と彼は戦争史や兵器のマニアでもあるんですよ。彼の作品に出てくる乗り物や武器にはその知識が十分に活かされているんですね。

男の人は何について話していますか。

1. ある映画監督の戦争マニアになった理由
2. ある映画監督の意外な側面
3. ある映画監督の子供時代の夢
4. ある映画監督の戦争に反対する理由

해석

라디오에서 남자가 이야기하고 있습니다.

남 : 그럼, 일본의 대표적인 영화감독이자 애니메이터인 미야자키 하야오 감독의 지금까지의 작품을 살펴보면, 주인공이 전쟁이나 폭력 행위에 대해 반감을 가지고 악에 대해서 맞서는 모습을 자주 보게 됩니다. 또한, 아이들의 눈높이에 서서 꿈과 창조력으로 가득찬 영화도 다수 만들고 있지요. 이렇게 보면 그의 작품이 세계적으로 인기가 있는 것은 아이부터 어른까지 공감할 수 있는 스토리 덕분이라고 생각합니다. 하지만 의외로 그는 전쟁사나 병기 마니아이기도 합니다. 그의 작품에 나오는 탈것이나 무기에는 그 지식이 충분히 살려지고 있답니다.

남자는 무엇에 대해서 이야기하고 있습니까?

1. 어떤 영화감독이 전쟁 마니아가 된 이유
2. 어떤 영화감독의 의외의 측면
3. 어떤 영화감독의 어린 시절의 꿈
4. 어떤 영화감독이 전쟁에 반대하는 이유

3番

スクリプト 8-14

ピザ屋で男の人と女の人が話しています。

男：今日は新メニューに挑戦してみようか。唐辛子入りのカニピザなんかどう？

女：あ、そのピザは先週食べてみたけど、何とも言えない味だったわ。

男：おいしくないってことか。僕は辛いのが大好物なんだけどな。

女：新メニューのわりにはそんなに特徴のある味ではないの。名前に唐辛子入りってあったから、辛さを期待して食べたんだけど、思ったより辛くなかったわ。カニの量も少なかったし。

男：へえ。そうなんだ。

女：向かい側のピザ屋さんで出したエビピザが大ヒットしたものだから、無理して低価のカニピザを作ろうとしたんでしょうね。カニを期待して注文した人はがっかりするかも。まあ、カニの風味がする辛めのチーズピザだと思って食べればそんなに悪くはないんだけどね。値段も普通のチーズピザより少し高いくらいだから。

男：そうなのか。じゃ、いつものでいいや。

女の人はピザの新メニューについてどう思っていますか。

1. カニとチーズの味が強くないのに、値段が高い
2. 辛い味付けをしたカニが印象的で、値段がちょうどいい
3. 辛くないけどカニの量が多いので、値段が高くてもいい
4. 辛めのカニ味チーズピザだと思って食べれば、値段が気にならない

해석

피자 가게에서 남자와 여자가 이야기하고 있습니다.

남 : 오늘은 신메뉴에 도전해 볼까? 고추가 들어간 게살피자 같은 거 어때?
여 : 아, 그 피자는 지난주에 먹어 봤는데, 뭐라고 말할 수 없는 맛이었어.
남 : 맛이 없다는 뜻인가? 나는 매운 걸 아주 좋아하는데.
여 : 신메뉴치고는 그렇게 특징 있는 맛은 아니야. 이름에 고추가 들어 있다고 되어 있어서 매운맛을 기대하고 먹었는데, 생각보다 맵지 않았어. 게살 양도 적었고.
남 : 어. 그렇구나.
여 : 맞은편 피자집에서 내 놓은 새우피자가 대히트를 쳐서 무리해서 저가의 게살피자를 만들려고 한 거겠지. 게살을 기대하고 주문한 사람은 실망할지도 몰라. 뭐, 게살의 풍미가 있는 매운 치즈피자라고 생각하고 먹으면 그렇게 나쁘지는 않은데 말야. 가격도 보통의 치즈피자보다 조금 비싼 정도니까.
남 : 그렇구나. 그럼, 평소 먹던 걸로 할래.

여자는 피자의 신메뉴에 대해서 어떻게 생각하고 있습니까?

1. 게살과 치즈 맛이 강하지 않은데 가격이 비싸다.
2. 매운맛을 낸 게살이 인상적이고, 가격이 딱 좋다.
3. 맵지 않지만 게살 양이 많아서 가격이 비싸도 좋다.
4. 매운 게살맛 치즈피자라고 생각하고 먹으면 가격이 신경 쓰이지 않는다.

4番

스크립트 8-15

国際空港で女の人と男の人が話しています。

男:あ、田中さん。こんな所で会うなんて、本当に偶然ですね。
女:あら、高橋さん。ここにいたんですね。ついそこで、妹に高橋さんを見かけたって聞いたんです。
男:はい、アメリカのデザイン学校へ留学しに行くんです。田中さんはどちらへ？もしかして、僕の見送りにわざわざ空港まで来たんですか。わあ、感動です。
女:いえ。実は、妹もアメリカの方へ勉強しに行くんです。高橋さんがここにいるかもしれないって妹に教えてもらったんですよ。
男:そうでしたか。とにかく行く前に会えてうれしい限りです。送別会で会えなかったですから。
女:本当は、今日私も一緒に出国の予定でしたが、会社の仕事が忙しくて行く直前になってキャンセルしたんです。送別会の日も会社で残業があったんです。
男:ずいぶん忙しいんですね。あの、妹さんはアメリカのどちらへ行くんですか。僕はニューヨークの方ですけど。近かったら、お互いに助け合えるのに。
女:妹は、サンフランシスコの方なんです。荷物が多いし寂しがり屋で、一緒に行ってあげようとしたんですけどね。
男:いいお姉さんですね。

女の人は何のために空港に来たんですか。
1. 妹と一緒にアメリカに行くため
2. 男の人がアメリカに行くのを見送るため
3. 妹がアメリカに行くのを見送るため
4. 会社の出張でアメリカに行くため

해석

국제공항에서 여자와 남자가 이야기하고 있습니다.

남 : 아, 다나카 씨. 이런 곳에서 만나다니 정말 우연이네요.
여 : 어머, 다카하시 씨. 여기 계셨네요. 좀 전에 저쪽에서 여동생한테 다카하시 씨를 봤다고 들었어요.
남 : 네, 미국의 디자인학교로 유학하러 갑니다. 다나카 씨는 어디로 가세요? 혹시 저를 배웅하러 일부러 공항까지 오신 건가요? 와, 감동입니다.
여 : 아니요. 실은 여동생도 미국에 공부하러 가거든요. 다카하시 씨가 여기에 있을지도 모른다고 여동생이 알려 줬어요.
남 : 그러셨어요? 어쨌든 가기 전에 만나서 기쁘기 그지없습니다. 송별회에서 못 만났으니까요.
여 : 사실은 오늘 저도 같이 출국할 예정이었는데, 회사 일이 바빠서 가기 직전에 취소했어요. 송별회 날도 회사에서 야근이 있었어요.
남 : 꽤 바쁘군요. 저기, 여동생은 미국 어느 쪽으로 갑니까? 저는 뉴욕 쪽인데요. 가까우면 서로 도울 수 있을 텐데.
여 : 여동생은 샌프란시스코 쪽이에요. 짐이 많고 외로움을 잘 타서 같이 가 주려고 했는데 말이죠.
남 : 좋은 언니네요.

여자는 무엇 때문에 공항에 왔습니까?
1. 여동생과 함께 미국에 가기 위해
2. 남자가 미국에 가는 것을 배웅하기 위해
3. 여동생이 미국에 가는 것을 배웅하기 위해
4. 회사 출장으로 미국에 가기 위해

5番

スクリプト 8-16

大学の講演会で植物生態学者が話しています。

男 : 植物は動けないけど、お互いちゃんとコミュニケーションを取っているってことを知ってますか。草を刈った後や花の手入れをした後、辺りに広がった緑のいい香りを楽しむことができますが、実はこれ、植物のSOSのサインでもあるんです。この香りは自分を攻撃している害虫を食べる昆虫を呼び寄せているんです。また、植物は化学物質を放出することによって、他の仲間に害虫の出現を知らせることもできます。危険信号をキャッチした植物は、害虫が攻撃する前に自分の身を守る準備をすることができるんですね。植物って、思ったより賢いんです。

男の人は何について話していますか。
1. 植物が動けない理由
2. 害虫を食べる植物の攻撃性
3. 植物が害虫から身を守る方法
4. 害虫を食べる昆虫の種類

해석

대학교 강연회에서 식물 생태학자가 이야기하고 있습니다.

남 : 식물은 움직일 수 없지만, 서로 제대로 커뮤니케이션을 하고 있다는 사실을 알고 있습니까? 풀을 깎은 후나 꽃을 손질한 후에 주변에 퍼진 녹색의 좋은 향기를 즐길 수가 있습니다만, 실은 이것은 식물의 SOS 사인이기도 합니다. 이 향기는 자신을 공격하고 있는 해충을 먹는 곤충을 불러들이는 것입니다. 또한 식물은 화학물질을 방출함으로써 다른 동료에게 해충의 출현을 알릴 수도 있습니다. 위험 신호를 캐치한 식물은 해충이 공격하기 전에 자기 몸을 지킬 준비를 할 수 있는 것이지요. 식물은 생각보다 똑똑하답니다.

남자는 무엇에 대해서 이야기하고 있습니까?
1. 식물이 움직일 수 없는 이유
2. 해충을 먹는 식물의 공격성
3. 식물이 해충으로부터 몸을 지키는 방법
4. 해충을 먹는 곤충의 종류

問題 4

page 171

1番

스크립트 8-17

男：不景気なのに、給料があがったのでびっくりしています。
女：1. 景気が悪いから、減っても仕方ないですよ。
　　2. ずっと休むことなく働いたじゃないですか。
　　3. びっくりするほどでもないですよ。

해석

남 : 불경기인데 월급이 올라서 깜짝 놀랐어요.
여 : 1. 경기가 안 좋으니까 줄어도 어쩔 수 없어요.
　　2. 쭉 쉬지 않고 일을 했잖아요.
　　3. 깜짝 놀랄 정도도 아니에요.

2番

스크립트 8-18

女：部長に会議が延期になったこと、ちゃんとお伝えしましたか。
男：1. ええ。言わざるを得なかったんですよ。
　　2. はい。言わないではいられませんでした。
　　3. 金田さんがお伝えすることになっているんですが。

해석

여 : 부장님께 회의가 연기된 거 제대로 전달해 드렸나요?
남 : 1. 네. 말하지 않을 수 없었어요.
　　2. 네. 말하지 않고는 견딜 수 없었어요.
　　3. 가네다 씨가 전달해 드리기로 되어 있는데요.

3番

스크립트 8-19

男：吉田さんの婚約者ってすごく目立つ人だね。
女：1. モデル出身だけあってスリムでしょう。
　　2. 運動がきつかったせいか、筋肉痛がひどいの。
　　3. まったく恥ずかしくてたまらなかったよ。

해석

남 : 요시다 씨 약혼자는 굉장히 눈에 띄는 사람이네.
여 : 1. 모델 출신답게 날씬하지?
　　2. 운동이 힘들었는지 근육통이 심해.
　　3. 정말로 창피해서 참을 수 없었어.

4番

스크립트 8-20

女：明日、クラスの打ち上げがあるの知ってる？
男：1. 花火を打ち上げる方法なんて知らないよ。
　　2. え？ずっと休みだったから、知りっこないよ。
　　3. できないことはないけど、ちょっとね。

해석

여 : 내일 수업 종강파티가 있는 거 알고 있어?
남 : 1. 불꽃을 쏘아 올리는 방법 같은 거 몰라.
　　2. 뭐? 쭉 쉬었기 때문에 알 수가 없어.
　　3. 못할 것은 없는데, 좀 그래.

5番

스크립트 8-21

男：コンサートが終わったら、ファンが大勢寄ってきてすごかったんです。
女：1. 忘れられるものなら、早く忘れたほうがいいですよ。
　　2. 寄り道してると、コンサートが終わってしまいますよ。
　　3. 以前ほどではないにしても、まだ人気があるんですね。

해석

남 : 콘서트가 끝나면 팬이 많이 모여들어서 굉장했어요.
여 : 1. 잊을 수 있는 거라면 빨리 잊는 편이 좋아요.
　　2. 딴전 부리고 바로 안 가면 콘서트가 끝나고 말아요.
　　3. 예전만큼은 아니라고 해도 아직 인기가 있군요.

6番

스크립트 8-22

女：よくこんなにアンケートが集まったわね。
男：1. いいえ。まだ集まっていません。
　　2. 雨が降るのもかまわず、がんばりましたからね。
　　3. やってはみたものの、私には無理でした。

해석

여 : 용케 이렇게 앙케트를 모았네.
남 : 1. 아니요. 아직 안 모였어요.
　　2. 비가 오는 것도 상관하지 않고 열심히 했거든요.
　　3. 해 보기는 했지만, 저에게는 무리였어요.

7番

스크립트 8-23

男：彼女の歌には、人の心を動かすものがありますね。
女：1. 歌手はあきらめるよりほかないですよ。
　　2. 彼女の心はまだ動いていませんよ。
　　3. もうすぐ、プロデビューするに違いありません。

해석

남 : 그녀의 노래에는 사람의 마음을 움직이는 것이 있네요.
여 : 1. 가수는 포기하는 것 외에는 방법이 없어요.
　　2. 그녀의 마음은 아직 움직이지 않았어요.
　　3. 이제 곧 틀림없이 프로 데뷔할 거예요.

파이널 테스트 스크립트 229

8番

스크립트 8-24

女: わあ、このケーキおいしくてたまらないわ。
男: 1. 何？それは大変だ。
2. デザートにかけては、文句なしだね。
3. もう少し我慢したほうがいいんじゃない？

해석

여: 우와, 이 케이크 너무 맛있다.
남: 1. 뭐? 그거 큰일이다.
2. 디저트에 관해서는 두말할 필요 없네.
3. 조금 더 참는 편이 좋지 않아?

9番

스크립트 8-25

男: 先生はお部屋で、今何をしていらっしゃるんですか。
女: 1. 武田さんをお待ちになっていますが。
2. 雑誌でもお読みになりますか。
3. 近くにおこしになっているんです。

해석

남: 선생님은 방에서 지금 무엇을 하고 계세요?
여: 1. 다케다 씨를 기다리고 계시는데요.
2. 잡지라도 읽으시겠어요?
3. 근처에 와 계세요.

10番

스크립트 8-26

女: どうぞ、こちらにお掛けください。
男: 1. あちらにお掛けになったほうがいいと思いますが。
2. ロビーで待たせていただいてもよろしいですか。
3. そのことについては存じません。

해석

여: 자, 이쪽에 앉으세요.
남: 1. 저쪽에 앉으시는 편이 좋을 것 같은데요.
2. 로비에서 기다려도 됩니까?
3. 그 일에 관해서는 모릅니다.

11番

스크립트 8-27

男: 来週、引っ越すって聞いたけど、手伝おうか。
女: 1. 迷惑を掛けずに済んでよかった。
2. そんなでたらめ言わないでね。
3. さんざんお世話になってるから、いいよ。

해석

남: 다음 주에 이사한다고 들었는데 도와줄까?
여: 1. 폐를 끼치지 않아도 돼서 다행이다.
2. 그렇게 함부로 말하지 마.
3. 실컷 신세 지고 있으니까 (안 도와줘도) 괜찮아.

12番

スクリプト 8-28

女：あの、お目にかけたいものがあるんですが。
男：1. じゃ、次の機会にお願いします。
　　2. あ、それはこの間、新聞で拝見いたしました。
　　3. いつも見守っていますから。

해석

여 : 저기, 보여 드리고 싶은 것이 있는데요.
남 : 1. 그럼, 다음 기회에 부탁합니다.
　　2. 아, 그건 일전에 신문에서 봤습니다.
　　3. 언제나 지켜보고 있으니까요.

問題 5

page 172

1番

スクリプト 8-29

靴専門店で店員と夫婦が靴を乾かす方法について話しています。

女　：梅雨の時期は、靴がなかなか乾かなくて困っちゃうんです。早く乾かすいい方法はないですか。
男1：そうですね。乾燥剤を入れておくと効果ありますよ。
女　：あ、乾燥剤ですか。
男2：丸めた新聞紙を濡れた靴に隙間なく入れておけばいいよ。読み終わった新聞を再利用するんだから、お金もかからないし。
男1：あの、新聞紙は、靴が汚れてしまうことがあるので、あまりお勧めできません。
男2：そうなんですか。いつもやってて大丈夫だったから……。
女　：あの、乾燥剤ってのり缶とかに入ってるのを使ってもいいんですか。買ったものに入ってるのを捨てずに集めておけばいいかなと思って。
男1：どうでしょうかね。うちは靴専用の乾燥剤だけを使用してますので。せっかくの機会ですから、一度靴専用の乾燥剤をお使いになってはいかがですか。たしか、100円ショップでも売ってますよ。
女　：へえ、そうなんですか。帰りに近所の100円ショップに寄ってみようかしら。
男2：うん、そうしよう。やっぱりドライヤーで乾かすのが一番かなとも思ったけど、時間がかかるからね。

夫婦は靴を早く乾かすためにどの方法を選びましたか。
1. 丸めた新聞紙を入れる
2. のり缶の乾燥剤を集めて入れる
3. 靴専用の乾燥剤を入れる
4. ドライヤーで乾かす

해석

신발 전문점에서 점원과 부부가 신발을 말리는 방법에 대해서 이야기하고 있습니다.

여　 : 장마철에는 신발이 좀처럼 안 말라서 곤란해요. 빨리 말리는 좋은 방법은 없나요?
남1 : 글쎄요. 건조제를 넣어 두면 효과가 있어요.
여　 : 아, 건조제요?
남2 : 둥글게 만 신문지를 젖은 신발에 틈새 없이 넣어 두면 좋아. 다 읽은 신문을 재활용하는 거니까 돈도 안 들고.
남1 : 저기, 신문지는 신발이 더러워질 수가 있어서 별로 추천하지 않습니다.
남2 : 그런가요? 언제나 하고 있는데 괜찮았거든요.
여　 : 저기, 건조제는 김통 같은 것에 들어 있는 것을 사용해도 되나요? 산 물건에 들어 있는 것을 버리지 않고 모아 두면 되나 해서요.
남1 : 글쎄요. 저희는 신발 전용 건조제만을 사용하고 있어서요. 모처럼의 기회니까 한번 신발 전용 건조제를 사용해 보시는 것은 어떨까요? 아마 100엔 샵에서도 팔고 있을 거예요.

여 : 어, 그래요? 집에 가는 길에 근처 100엔 샵에 들러볼까.

남2 : 응, 그렇게 하자. 역시 드라이어로 말리는 게 제일인가 하고 생각했는데, 시간이 걸리니까.

부부는 신발을 빨리 말리기 위해 어떤 방법을 선택했습니까?

1. 둥글게 만 신문지를 넣는다.
2. 김통의 건조제를 모아서 넣는다.
3. 신발 전용 건조제를 넣는다.
4. 드라이어로 말린다.

2番

스크립트 8-30

電気屋で販売員と女の人が話しています。

女：あのう、電気スタンドを探しているんですけど。女の子の机の上に置くスタンドです。値段は高めじゃない方がいいですね。

男：そうですか。それでは、こちらの白と黒のシックなスタンドをお勧めしますが。最近は子供用でも、お姫様風じゃなくてシックなのが人気なんです。それから、こちらの星型のスタンドは部屋を暗くして電気をつけると天井一面に星空が広がるので、男女問わず大人気の商品ですよ。

女：うーん。星がちらちら見えると気が散って勉強しなくなりそうですね。

男：ああ、お子様の勉強用のスタンドをお探しなんですね。でしたら、火を使わないし、煙も出ないキャンドル型のLEDスタンドはどうですか。値段はLEDでもそんなに高くありませんし、目にやさしいので勉強に集中できますよ。あと、今セール中のスタンドの中で、首が自在に曲がるLEDスタンドもありますよ。

女：あの、セール中の電気スタンドはいくらぐらいなんですか。

男：そうですね。セール中でも、ご紹介したスタンドの中で一番高いですね。

女：そうなんですか。どうしようかな。うちの子は確かにシック系だけど、勉強に集中できるスタンドを買わないといけませんね。値段はあまり高くない方がいいです。

女の人はどの電気スタンドを買うことにしましたか。

1. シックなスタンド
2. 星型のスタンド
3. キャンドル型のLEDスタンド
4. 首が曲がるLEDスタンド

해석

전자제품점에서 판매원과 여자가 이야기하고 있습니다.

여 : 저기, 전기 스탠드를 찾고 있는데요. 여자아이 책상 위에 놓을 스탠드예요. 가격은 비싸지 않은 게 좋겠네요.

남 : 그렇습니까? 그럼 이쪽의 흰색과 검정색의 시크한 스탠드를 추천합니다만. 요새는 아이용이라도 공주풍이 아니라 시크한 게 인기랍니다. 그리고 이쪽의 별 모양 스탠드는 방을 어둡게 하고 불을 켜면 천장 한 면에 별이 가득한 하늘이 펼쳐져서 남녀불문 대인기 상품이에요.

여 : 음…. 별이 깜박깜박 보이면 산만해서 공부가 되지 않을 것 같네요.

남 : 아아, 자녀분의 공부용 스탠드를 찾으시는군요. 그렇다면 불을 사용하지 않고 연기도 나지 않는 양초 모양의 LED 스탠드는 어떠세요? 가격은 LED라도 그렇게 비싸지 않고, 눈에 편해서 공부에 집중할 수 있습니다. 그리고 지금 세일 중인 스탠드 중에서 목이 자유자재로 굽혀지는 LED 스탠드도 있어요.

여 : 저기, 세일 중인 전기 스탠드는 얼마 정도예요?

남 : 글쎄요. 세일 중이라도 소개해 드린 스탠드 중에서 가장 비싸네요.

여 : 그래요? 어떻게 하지…. 우리 아이는 확실히 시크 계통이지만, 공부에 집중할 수 있는 스탠드를 사지 않으면 안 되겠네요. 가격은 너무 비싸지 않은 게 좋아요.

여자는 어느 전기 스탠드를 사기로 했습니까?

1. 시크한 스탠드
2. 별 모양의 스탠드
3. 양초 모양의 LED 스탠드
4. 목이 굽혀지는 LED 스탠드

3番

스크립트 8-31

歌で習う日本語講座の先生が、教室で学生たちに話しています。

女1：みなさん、夏の日本語講座では歌で授業をすることにします。4種類のジャンルのうち、興味がある2つを選んでください。では説明しますね。まず、一番目は、日本民謡です。日本民謡は、外国の学生たちにはよく知られてないので、「どじょうすくい」や「盆踊り」など親しみやすい民謡の踊りと歌を交えた授業になると思います。二番目は、童謡です。歌のメロディーも歌詞も難しくないので、日本語を気軽に学ぶことができます。三番目は、演歌です。演歌は、感情表現が豊かな歌詞が多いだけでなく流行語も少ないので、正しい日本語の勉強に役立ちます。四番目は、Jポップです。人気ドラマの主題歌の中で、日本語が聞き取りやすいスローテンポな曲で教えるつもりでいます。

男　：今度は歌で勉強するのか。春の講座の、映画の台詞で勉強するのもよかったけどね。

女2：再登録している学生が多いから、同じ内容じゃ授業にならないんじゃない？私は、日本ならではの踊りを習いながら歌も勉強するのって、ユニークで面白そうだと思うよ。

男　：そうか。僕は、踊りは苦手なんだよね。子供向けの歌は慣れてないし、ドラマの主題歌は聞き飽きたし。

女2：民謡の踊りって複雑じゃないから、踊りが苦手な人でも大丈夫だと思うけどね。じゃあ、どうするの？

男　：そうだな。今度は、正しい日本語を習うことにしようかな。実を言うと、映画やドラマでばかり勉強してると、流行語しか耳に入らないことがあるんだよ。

女2：そうなの。じゃあ、私たちはこの2つを選ぶことにしよう。ああ、私たちが選んだジャンルで勉強できたらいいのにね。

質問1　男の人はどのジャンルで勉強したいと思っていますか。

1. 日本の民謡
2. 日本の童謡
3. 日本の演歌
4. Jポップ

質問2　女の人はどのジャンルで勉強したいと思っていますか。

1. 日本の民謡
2. 日本の童謡
3. 日本の演歌
4. Jポップ

해석

노래로 배우는 일본어 강좌의 선생님이 교실에서 학생들에게 이야기하고 있습니다.

여1 : 여러분, 여름 일본어 강좌에서는 노래로 수업을 하기로 하겠습니다. 네 종류의 장르 중에 관심 있는 두 개를 선택해 주세요. 그럼 설명해 드릴게요. 우선, 첫 번째는 일본 민요입니다. 일본 민요는 외국 학생들에게는 잘 알려져 있지 않아서 '도조스쿠이(미꾸라지를 소쿠리에 잡아넣을 때 부르는 노래)', '본오도리(음력 7월 15일 정령을 위로하기 위해 남녀가 원을 그리고 추는 춤)' 등 친해지기 쉬운 민요의 춤과 노래를 섞은 수업이 될 것입니다. 두 번째는 동요입니다. 노래의 멜로디도 가사도 어렵지 않아서 일본어를 가볍게 배울 수 있습니다. 세 번째는 일본 트로트입니다. 일본 트로트는 감정 표현이 풍부한 가사가 많을 뿐만 아니라 유행어도 적어서 올바른 일본어 공부에 도움이 됩니다. 네 번째는 J-POP입니다. 인기 드라마의 주제가 중에서 일본어가 잘 들리는 느린 템포의 곡으로 가르칠 생각입니다.

남　: 이번에는 노래로 공부하는 건가. 봄 강좌 때 영화 대사로 공부하는 것도 좋았는데 말야.

여 2 : 재등록한 학생이 많으니까 같은 내용이면 수업이 안 되는 거 아냐? 나는 일본 특유의 춤을 배우면서 노래로 공부하는 거 독특하고 재밌을 것 같아.

남　: 그렇구나. 나는 춤은 잘 못 춰. 아이들용 노래는 익숙하지 않고, 드라마 주제가는 질리도록 들었고.

여 2 : 민요의 춤은 복잡하지 않으니까 춤을 잘 못 추는 사람도 괜찮을 것 같은데. 그럼 어떻게 할 거야?

남　: 글쎄. 이번에는 올바른 일본어를 배우기로 할까? 솔직히 말하면, 영화나 드라마로만 공부하면 유행어밖에 귀에 안 들어오는 경우가 있거든.

여 2 : 그렇구나. 그럼, 우리는 이 두 개를 선택하기로 하자. 아, 우리가 고른 장르로 공부할 수 있으면 좋겠는데.

질문 1　남자는 어느 장르로 공부하고 싶다고 생각하고 있습니까?
1. 일본 민요
2. 일본 동요
3. 일본 트로트
4. JPOP

질문 2　여자는 어느 장르로 공부하고 싶다고 생각하고 있습니까?
1. 일본 민요
2. 일본 동요
3. 일본 트로트
4. JPOP

일본어 능력시험 청해 N2 파이널 테스트 정답

파이널 테스트 ❶

問題 1

1	2	3	4	5
2	2	4	1	3

問題 2

1	2	3	4	5	6
3	2	1	4	3	3

問題 3

1	2	3	4	5
3	4	2	1	2

問題 4

1	2	3	4	5	6	7	8	9	10	11	12
1	3	1	2	1	2	3	1	2	1	2	1

問題 5

1	2	3(1)	3(2)
2	1	3	2

파이널 테스트 ❷

問題 1

1	2	3	4	5
2	2	3	3	2

問題 2

1	2	3	4	5	6
3	4	2	3	2	3

問題 3

1	2	3	4	5
2	4	1	2	2

問題 4

1	2	3	4	5	6	7	8	9	10	11	12
2	1	2	2	3	2	1	2	3	1	2	3

問題 5

1	2	3(1)	3(2)
2	4	2	3

파이널 테스트 ❸

問題 1

1	2	3	4	5
3	4	2	3	1

問題 2

1	2	3	4	5	6
4	2	3	2	3	1

問題 3

1	2	3	4	5
3	2	4	3	3

問題 4

1	2	3	4	5	6	7	8	9	10	11	12
2	3	1	2	3	2	3	2	1	2	3	2

問題 5

1	2	3(1)	3(2)
3	3	3	1

N2 聴解 解答用紙

受験番号 Examinee Registration Number

名前 Name

< ちゅうい Notes >

1. くろいえんぴつ (HB、No.2) でかいてください。
   Use a black medium soft (HB or No.2) pencil.
2. かきなおすときは、けしゴムできれいにけしてください。
   Erase any unintended marks completely.
3. きたなくしたり、おったりしないでください。
   Do not soil or bend this sheet.
4. マークれい Marking examples

よい Correct	わるい Incorrect
●	⊘ ◐ ◑ ○ ◉ ①

問題 1

1	①	②	③	④
2	①	②	③	④
3	①	②	③	④
4	①	②	③	④
5	①	②	③	④

問題 2

1	①	②	③	④
2	①	②	③	④
3	①	②	③	④
4	①	②	③	④
5	①	②	③	④
6	①	②	③	④

問題 3

1	①	②	③	④
2	①	②	③	④
3	①	②	③	④
4	①	②	③	④
5	①	②	③	④

問題 4

1	①	②	③
2	①	②	③
3	①	②	③
4	①	②	③
5	①	②	③
6	①	②	③
7	①	②	③
8	①	②	③
9	①	②	③
10	①	②	③
11	①	②	③
12	①	②	③

問題 5

1		①	②	③	④
2		①	②	③	④
3	(1)	①	②	③	④
	(2)	①	②	③	④

N2 聴解 解答用紙

受験番号 Examinee Registration Number

名前 Name

〈 ちゅうい Notes 〉
1. くろいえんぴつ (HB、No.2) で かいてください。
   Use a black medium soft (HB or No.2) pencil.
2. かきなおすときは、けしゴムで きれいにけしてください。
   Erase any unintended marks completely.
3. きたなくしたり、おったりしないで ください。
   Do not soil or bend this sheet.
4. マークれい Marking examples

よい Correct	わるい Incorrect
●	⊘ ◯ ◐ ⊖ ⊙ ◍

問題 1

1	①	②	③	④
2	①	②	③	④
3	①	②	③	④
4	①	②	③	④
5	①	②	③	④

問題 2

1	①	②	③	④
2	①	②	③	④
3	①	②	③	④
4	①	②	③	④
5	①	②	③	④
6	①	②	③	④

問題 3

1	①	②	③	④
2	①	②	③	④
3	①	②	③	④
4	①	②	③	④
5	①	②	③	④

問題 4

1	①	②	③
2	①	②	③
3	①	②	③
4	①	②	③
5	①	②	③
6	①	②	③
7	①	②	③
8	①	②	③
9	①	②	③
10	①	②	③
11	①	②	③
12	①	②	③

問題 5

1		①	②	③	④
2		①	②	③	④
3	(1)	①	②	③	④
	(2)	①	②	③	④

N2 聴解 解答用紙

受験番号 Examinee Registration Number

名前 Name

< ちゅうい Notes >

1. くろいえんぴつ (HB、No.2) で かいてください。
   Use a black medium soft (HB or No.2) pencil.
2. かきなおすときは、けしゴムで きれいにけしてください。
   Erase any unintended marks completely.
3. きたなくしたり、おったりしないで ください。
   Do not soil or bend this sheet.
4. マークれい Marking examples

よい Correct	わるい Incorrect
●	⊘ ◊ ◉ ◐ ◑ ○

問題 1

1	①	②	③	④
2	①	②	③	④
3	①	②	③	④
4	①	②	③	④
5	①	②	③	④

問題 2

1	①	②	③	④
2	①	②	③	④
3	①	②	③	④
4	①	②	③	④
5	①	②	③	④
6	①	②	③	④

問題 3

1	①	②	③	④
2	①	②	③	④
3	①	②	③	④
4	①	②	③	④
5	①	②	③	④

問題 4

1	①	②	③	
2	①	②	③	
3	①	②	③	
4	①	②	③	
5	①	②	③	
6	①	②	③	
7	①	②	③	
8	①	②	③	
9	①	②	③	
10	①	②	③	
11	①	②	③	
12	①	②	③	

問題 5

1		①	②	③	④
2		①	②	③	④
3	(1)	①	②	③	④
	(2)	①	②	③	④

N2 聴解 解答用紙

受験番号 Examinee Registration Number

名前 Name

〈ちゅうい Notes〉

1. くろいえんぴつ (HB、No.2) でかいてください。
 Use a black medium soft (HB or No.2) pencil.
2. かきなおすときは、けしゴムできれいにけしてください。
 Erase any unintended marks completely.
3. きたなくしたり、おったりしないでください。
 Do not soil or bend this sheet.
4. マークれい Marking examples

よい Correct	わるい Incorrect
●	⊘ ◐ ◑ ○ ◉ ①

問題 1

1	①	②	③	④
2	①	②	③	④
3	①	②	③	④
4	①	②	③	④
5	①	②	③	④

問題 2

1	①	②	③	④
2	①	②	③	④
3	①	②	③	④
4	①	②	③	④
5	①	②	③	④
6	①	②	③	④

問題 3

1	①	②	③	④
2	①	②	③	④
3	①	②	③	④
4	①	②	③	④
5	①	②	③	④

問題 4

1	①	②	③
2	①	②	③
3	①	②	③
4	①	②	③
5	①	②	③
6	①	②	③
7	①	②	③
8	①	②	③
9	①	②	③
10	①	②	③
11	①	②	③
12	①	②	③

問題 5

1		①	②	③	④
2		①	②	③	④
3	(1)	①	②	③	④
	(2)	①	②	③	④